ESPADAS
SACRAS

Jihad na Terra Santa
1097-1291

James Waterson

Introdução de Terry Jones

ESPADAS
SACRAS

Jihad na Terra Santa
1097-1291

Tradução:
Giancarlo Soares Ferreira

MADRAS®

Publicado originalmente em inglês sob o título *Sacred Swords – Jihad in the Holy Land 1097-1291*, por Greenhill, Grã-Bretanha.
© 2010, Frontline Books.
Direitos de edição e tradução para todos os países de língua portuguesa.
Tradução autorizada do inglês.
© 2012, Madras Editora Ltda.

Editor:
Wagner Veneziani Costa

Produção e Capa:
Equipe Técnica Madras

Tradução:
Giancarlo Soares Ferreira

Revisão da tradução:
Guilherme Miranda

Revisão:
Silvia Massimini Felix
Jaci Albuquerque
Sônia Batista

Dados Internacionais de Catalogação na Publicação (CIP)
(Câmara Brasileira do Livro, SP, Brasil)

Waterson, James
Espadas sacras : Jihad na Terra Santa, 1097-1291 / James Waterson ; tradução Giancarlo Soares Ferreira. - São Paulo : Madras, 2012.

Título original: Sacret swords : Jihad in the Holy Land, 1097-1291
Bibliografia

ISBN 978-85-370-0760-0

    1. Cruzadas 2. Império islâmico - História militar 3. Império islâmico - História - 750-1258 4. Império islâmico - Relações exteriores - 750-1258 I. Título.

    12-03817   CDD-909.07

    Índices para catálogo sistemático:
    1. Império islâmico : História militar 909.07

É proibida a reprodução total ou parcial desta obra, de qualquer forma ou por qualquer meio eletrônico, mecânico, inclusive por meio de processos xerográficos, incluindo ainda o uso da internet, sem a permissão expressa da Madras Editora, na pessoa de seu editor (Lei nº 9.610, de 19.2.98).

Todos os direitos desta edição, em língua portuguesa, reservados pela

MADRAS EDITORA LTDA.
Rua Paulo Gonçalves, 88 – Santana
CEP: 02403-020 – São Paulo/SP
Caixa Postal: 12183 – CEP: 02013-970
Tel.: (11) 2281-5555 – Fax: (11) 2959-3090
www.madras.com.br

ÍNDICE

Lista de Ilustrações 7
Uma Palavra sobre a Transliteração 13
Agradecimentos 15
Introdução 17
Prefácio 21

1 Uma Terra Distraída e Esgotada
A Síria é invadida pelos *franj* 23

2 Agitações de uma Resposta
Jihad xiita e expedições sunitas 55

3 A Pena e a Espada
Jihad no norte da Síria 77

4 O Mártir Zengi
Nasce uma tradição do jihad 87

5 O Rei Puro, Nuredin
Institucionalização do jihad 99

6 A Sorte Faz o Rei
As realizações de Saladino 125

7 Calma e Competição
Os descendentes de Saladino 191

8 Jihad e Nêmesis
A máquina mameluca de guerra 209

Epílogo
Uma Costa Assombrada
As consequências do jihad 233

Referências Bibliográficas 237
Índice Remissivo 245

وَأَعِدُّواْ لَهُم مَّا ٱسْتَطَعْتُم مِّن قُوَّةٍ وَمِن رِّبَاطِ ٱلْخَيْلِ تُرْهِبُونَ بِهِۦ عَدُوَّ ٱللَّهِ وَعَدُوَّكُمْ وَءَاخَرِينَ مِن دُونِهِمْ لَا تَعْلَمُونَهُمُ ٱللَّهُ يَعْلَمُهُمْ ۚ وَمَا تُنفِقُواْ مِن شَىْءٍ فِى سَبِيلِ ٱللَّهِ يُوَفَّ إِلَيْكُمْ وَأَنتُمْ لَا تُظْلَمُونَ ﴿٦٠﴾

Contra eles, prepara-te com o máximo de tuas forças, incluindo corcéis de guerra, a fim de destilar o terror nos inimigos de Deus e de ti, e em outros também, dos quais tu talvez não saiba, mas Deus sim. O tanto que gastares na causa de Deus será retribuído a ti, e não receberás tratamento injusto.

Corão: Sura 8, Ayat 61

يَـٰٓأَيُّهَا ٱلَّذِينَ ءَامَنُواْ خُذُواْ حِذْرَكُمْ فَٱنفِرُواْ ثُبَاتٍ أَوِ ٱنفِرُواْ جَمِيعًا ﴿٧١﴾

Ó fiéis, ficai prevenidos contra o adversário, e avançai por destacamentos, ou avançai em massa.

Corão: Sura 4, Ayat 71

Lista de Ilustrações

Mapas

Anatólia 9
Norte da Síria e Jazira, 1260 10
Palestina e Síria, 1260 11
Egito e Sinai 12

Figuras

As figuras estão localizadas entre as páginas 133 e 150

1 Pequeno escudo
2 A grande mesquita de Damasco
3 Castelo de Karak na Jordânia
4 Um trabuco de contrapeso
5 Uma manganela *qarabugha*
6 Primeiras granadas
7 Sepultura do sultão mameluco Baibars em Damasco
8 Uma das sepulturas de Saladino na grande mesquita de Damasco
9 Emblema de leão do Sultão Baibars
10 Pôster do filme egípcio *al-Nasir al-Saladin*
11 Pôster de publicidade do filme *A busca por Saladino*
12 Igreja conquistada por Cruzadas convertida em mesquita
13 Muros da cidade e cidadela de Damasco
14 Portão principal de Alepo
15 Visão do século XIX de Jaffa
16 Página do *Shahnama* (Livro dos Reis), de Firdawsi
17 Cena de caça de *Khusraw u Shirin*, romance de Nizami
18 Gravura do século XIX de "Saladino, o Vitorioso"
19 Ilustração de uma partida de polo do poema "Guy u Chawgan"
20 Cantil da Era Aiúbida
21 Prato da Era Fatímida ....

22   Recipiente mameluco de vidro
23   Prato decorado da Era Seljúcida
24   Descendente de cavalo de guerra árabe em dias atuais
25   Página do *Tarikh-i alam-aray-i Shah Ismail*
26   Estátua de Saladino em Damasco
27   Brasões mamelucos de alvenaria
28   Cidadela de Alepo
29   O *mihrab* do ilcã mongol Oljeitu na grande mesquita de Isfahan
30   Domo da Rocha, Jerusalém
31   Igreja do Santo Sepulcro, Jerusalém
32   As muralhas de Antioquia
33   Portões de Herodes e seção das muralhas de Jerusalém
34   A Batalha de Ascalon, 1099
35   Armadura dos *askari*
36   Capacetes muçulmanos

Igreja do Santo Sepulcro em Jerusalém

Anatólia

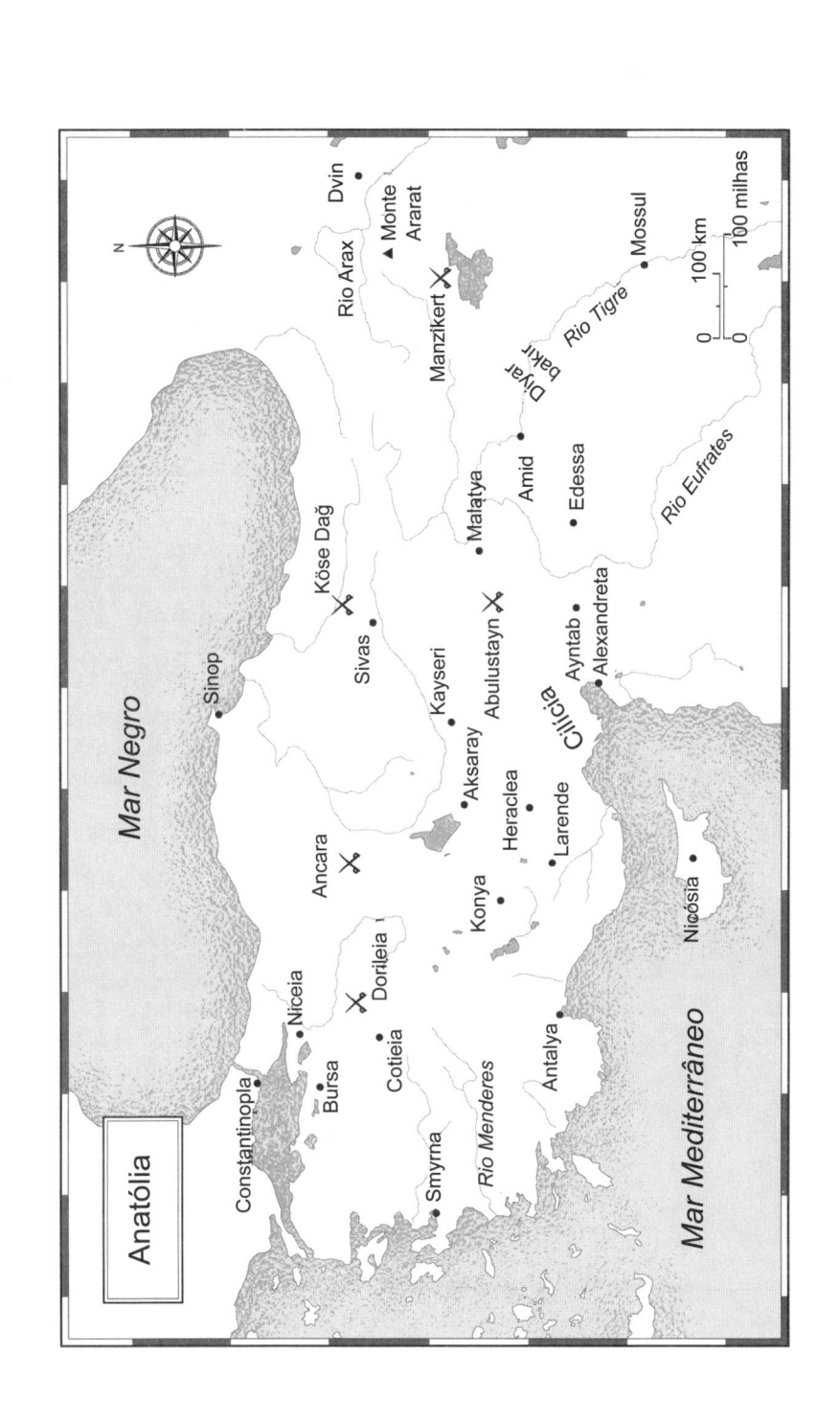

Norte da Síria e Jazira em 1260

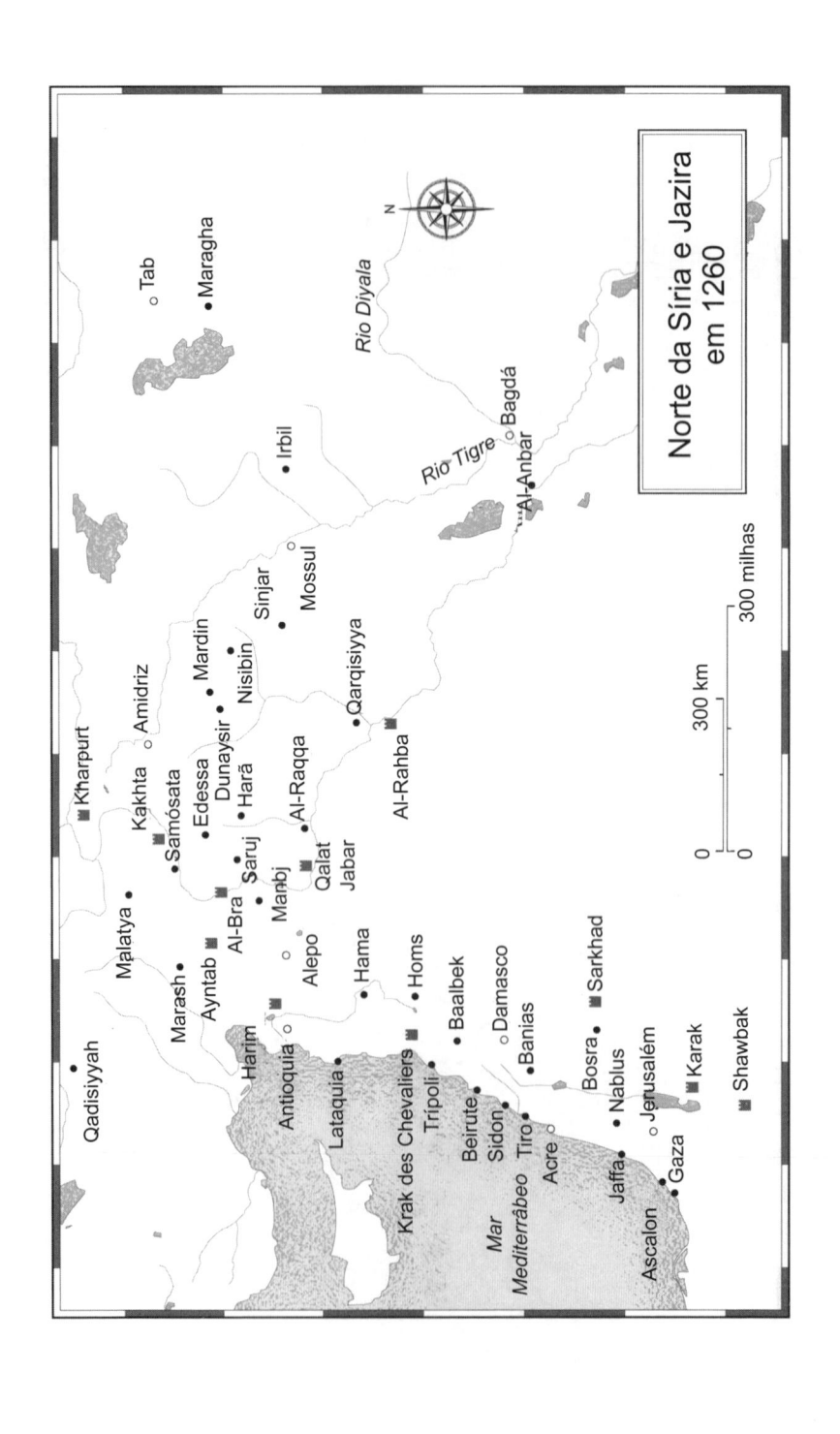

Palestina e Síria em 1260

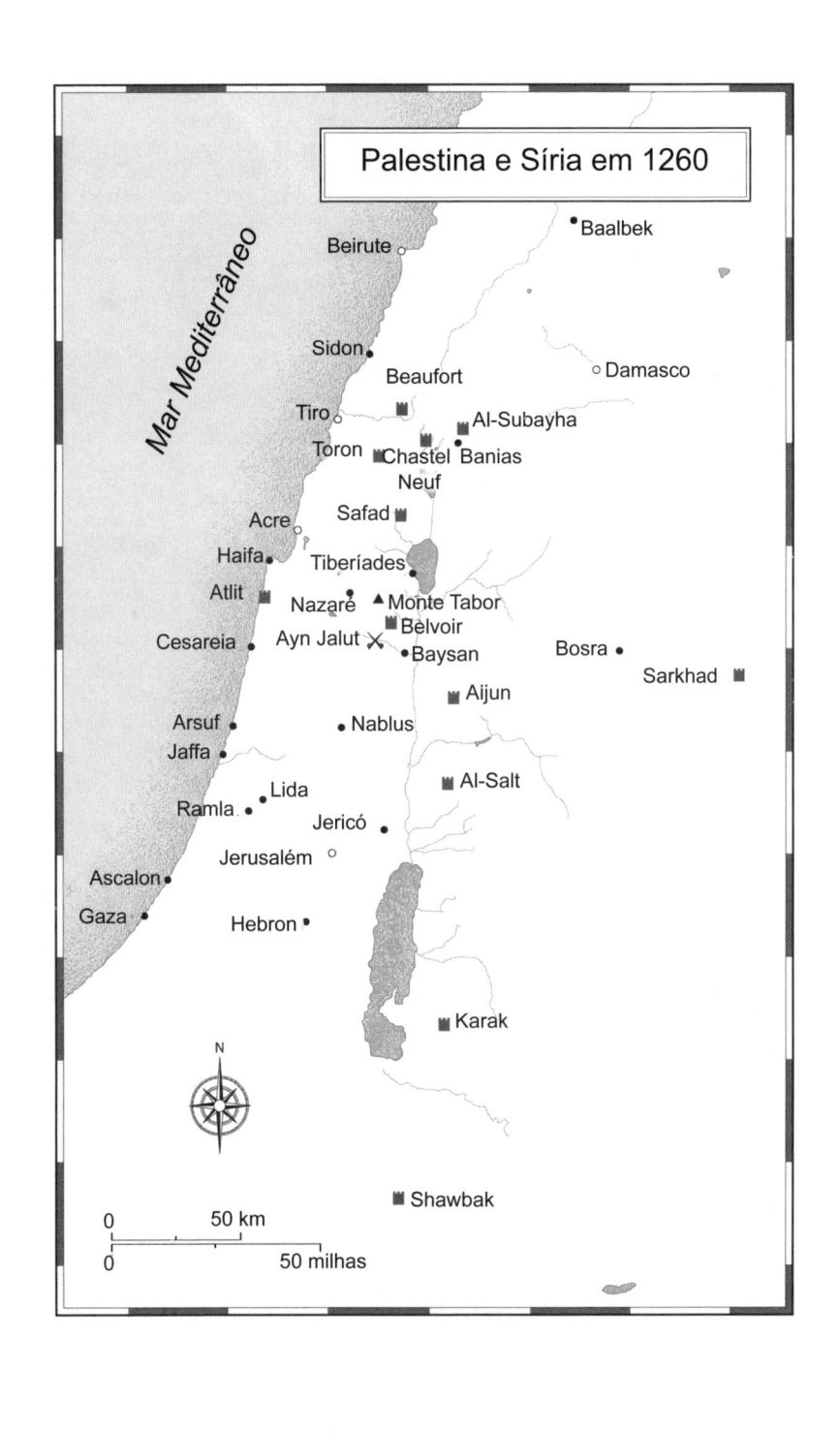

Egito e Sinai

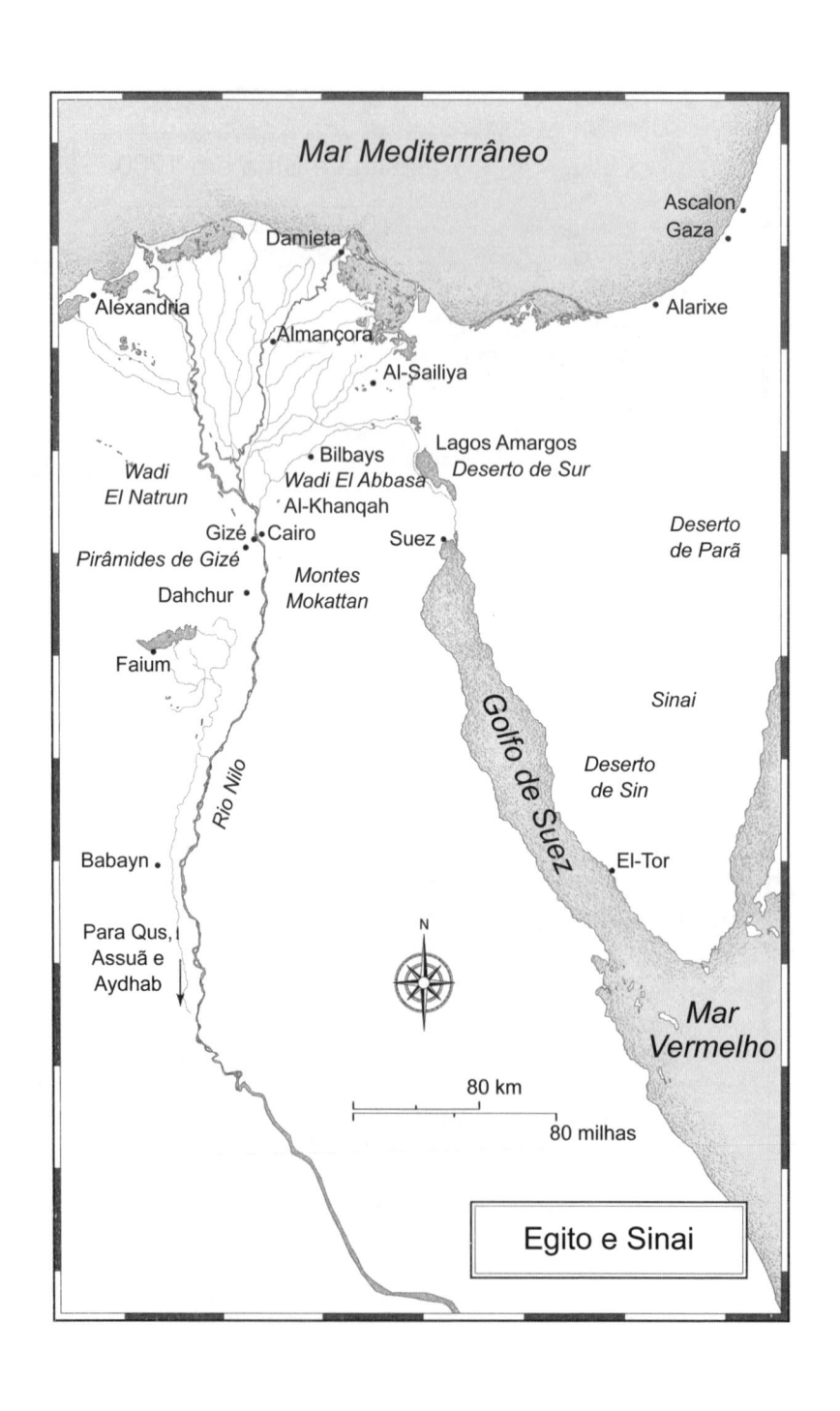

Uma Palavra sobre a Transliteração

Existem muitíssimas formas de traduzir as línguas persa, árabe, turca e mongol. Geralmente optei pelas formas "simples" dos nomes que são mais usadas, em vez daquelas mais acadêmicas, simplesmente porque a variedade de nomes que o leitor encontra ao ler qualquer história sobre o Oriente Médio medieval é tão grande que qualquer rosto familiar é bem-vindo.

Para os nomes de cidades e países, usei a nomenclatura da época. As cidades conquistadas por Cruzadas recebem seus nomes francos em vez dos árabes, pois é assim que são chamadas na maioria dos textos que o leitor talvez seja levado a examinar. A Pérsia ficou no lugar de Irã, pois, como entidade medieval, ela compreendia uma área geográfica maior do que o Irã de hoje em dia. Da mesma forma, a Síria medieval era bem maior do que o atual Estade do mesmo nome e abrangia toda a área que hoje é Líbano e Israel.

E, claro, os acontecimentos no Oriente Médio medieval foram registrados por escritores islâmicos, da época, de acordo com o calendário árabe, que é baseado no ciclo lunar e começa na Hijra, a viagem do profeta Maomé de Meca até Medina. Utilizei, no entanto, o calendário cristão e todas as datas são de depois de Cristo, já que queria que o leitor fosse capaz de traçar um paralelo entre os eventos descritos e o que acontecia na Europa ao mesmo tempo.

Agradecimentos

Agradeço novamente aos amigos e conselheiros que me encorajaram enquanto eu escrevia este livro e àqueles que vieram antes deste. É preciso uma menção especial ao dr. David Morgan por sua grande bondade e a Robert Irwin por plantar as sementes deste volume em particular na minha mente enquanto flutuávamos de maneira suave e agradável, bem acima da enseada em um dos canais de Dubai durante a última primavera.

Obviamente ficarei para sempre em dívida com Terry Jones por ter encontrado tempo entre as inúmeras outras coisas em que ele está sempre ocupado, ou em processo de criação, ou tentando terminar ou sonhando em fazer, para escrever uma introdução que complementa de verdade o que uma boa história deve ter, que prova a máxima de Benedetto Croce em sua totalidade: "Todo julgamento histórico dá à história o caráter de contemporânea porque, independentemente de como os eventos recontados pareçam remotos, a história na realidade se refere a necessidades presentes e a situações presentes em que esses eventos reverberam".[1]

Gostaria de agradecer à minha editora Deborah Hercun por sua *pazienza* e também gostaria de pedir desculpas à minha querida esposa Michele, por arrastá-la repetidas vezes a alguns dos lugares mais empoeirados do Oriente Médio, e também por ter dito, há dois anos, "este é o último livro", quando não era.

---

1. Em Croce, B., *La Storia Come Pensiero e Come Azione*, Naples: Bibliopolis, 1938/2002, p. 42.

Introdução

Em 1995, meu amigo e colaborador Alan Ereira sugeriu que fizéssemos uma série sobre as Cruzadas para a BBCTV. Minha primeira resposta foi indiferente, porque eu não achava que tinha algum interesse em guerras religiosas que aconteceram há tanto tempo e que eram pouco relevantes hoje. No entanto, quando descobri que o objetivo era contar a história do ponto de vista árabe, fui fisgado. Fui cativado pela ideia de explorar uma cultura que conhecia tão pouco e pela ideia de apresentar a história daqueles que foram agredidos, em vez dos contos heroicos dos agressores.

Agora, no século XXI, quando o complexo militar industrial ocidental escolheu o Islã para substituir o comunismo, a história tem ainda mais ressonância e existe muita necessidade de se entender o mundo muçulmano. É por isso que este livro de James Waterson é importante. Por mais que esteja abordando eventos que aconteceram há quase mil anos, as lições a serem aprendidas com a agressão do Ocidente ao Islã durante os séculos XI a XIII são tão vitais hoje quanto foram na época.

Um pouco antes da Primeira Guerra do Golfo em 1990-1, comprei uma cópia de uma revista interna da indústria militar chamada (se bem me lembro) *Weapons Today*. O editorial falava de como a indústria militar estava em calmaria desde a *perestroika* e o colapso do comunismo. No entanto, continuava o editorial, temos Saddam Hussein como nosso inimigo agora e, no futuro, a indústria de defesa poderia pensar em colocar o Islã no lugar do comunismo para assegurar que as encomendas continuassem acontecendo.

Na época, parecia uma afirmação totalmente absurda, mas não agora, não neste novo século. A chamada "Guerra ao Terror" se transformou na salvação da indústria de armas, e os comentaristas nem mencionam a linda coincidência do fundamentalismo islâmico se encaixando no buraco deixado pelo comunismo. Tampouco mencionam como essa agradável substituição deve ter trazido um alívio à indústria de armamentos, que, acredito eu, esteve trabalhando duro em segredo desde 1990 para jogar lenha na futura fogueira criada entre o Ocidente e o Islã.

Da mesma forma que a indústria de armamentos hoje precisa de um inimigo, não importa quem, a Igreja da Idade Média precisava afastar a cultura violenta e militar da cavalaria de destruição do Cristianismo, e os acontecimentos na Terra Santa providenciaram a desculpa perfeita.

É claro que existem diferenças entre aquele tempo e hoje. No século XI, o papa podia apelar ao fervor religioso e à indignação entre os cristãos a respeito do que estava acontecendo na distante Terra Santa, ao passo que os governos ocidentais de hoje se apoiam em um clima de medo instaurado por eles mesmos.

Mesmo assim, existem semelhanças. Agora, como há mil anos, o primeiro passo é fazer com que o Islã pareça ser o agressor. Então, no lugar do monstruoso califa al-Hakim, que destruiu a Igreja do Santo Sepulcro em 1009, nós temos (ou tivemos) Saddam Hussein. Em ambos os casos, um inimigo que amamos odiar. Da mesma forma, o pânico gerado pelo 11 de Setembro deu ao governo dos Estados Unidos carta branca para invadir o Iraque, assim como em 1071 o desastre na Manzikert induziu o pânico em Bizâncio e, como James Waterson afirma, "começou a cadeia de eventos que levaram Urbano II ao púlpito em Clermont, em 1095".

Na Idade Média, a Igreja estereotipava os muçulmanos como "idólatras", o que mostra de forma nítida como eles conheciam (ou melhor dizendo, não conheciam) seu inimigo. Na época, assim como hoje, precisamos nos conhecer melhor. *Espadas Sacras*, com intenção ou não, faz exatamente isso. Ele traz à luz o mundo islâmico dos séculos XI a XIII, bem como suas tentativas de se defender contra os mongóis do leste e os cristãos do oeste. Conta uma história bastante focada no aspecto militar e nas campanhas políticas, mas também contém uma riqueza de detalhes que traz o mundo islâmico da época à vida.

James Waterson, por exemplo, aponta que o Império Seljúcida era baseado em iniciativas familiares, mas que filhos do mesmo pai muitas vezes tinham mães diferentes e que, por isso, várias guerras civis daquela época foram resultado de "ambições de mães intrometidas" em relação aos seus filhos. Outro detalhe que me intrigou foi que, depois da derrota dos cruzados pelos turcos na Dorileia, tornou-se elegante entre os cavaleiros alemães fingir que tinham turcos na árvore genealógica!

Ele retrata uma figura complacente do grande líder turco Nuredin e honra seu senso de justiça, mas, ao mesmo tempo, registra como ele permitiu que Balduíno III de Jerusalém mandasse ajuda a Antioquia, que estava então sendo ameaçada por um dos sultões amigos de Nuredin, o qual considerava Antioquia como assunto de família e não queria que nenhum outro sultão se intrometesse nela.

James Waterson também dá uma explicação perspicaz para o "confuso retrato político" da década de 1170 e das façanhas de Saladino ao tentar unificar o mundo muçulmano.

Talvez a mensagem mais relevante seja como o ataque cristão forçou os muçulmanos a criar uma máquina militar crescente, até que, na época de Baibars, no século XIII, o Estado havia se transformado de fato no exército mameluco, o único exército, diga-se de passagem, que foi capaz de fazer os mongóis recuarem.

Terry Jones

PREFÁCIO

A maior parte das histórias arquiteta as Cruzadas de um ponto de vista ocidental, e existem muitas dificuldades inerentes à abordagem desse período sob a perspectiva muçulmana. "Seria em vão a busca nas escrituras históricas muçulmanas por uma história específica e complexa sobre as guerras contra os francos"[2] e o "problema com os francos" deve ser visto como apenas um elemento dentro de um mundo mais amplo de políticas sírias, iraquianas e até mesmo persas com as quais os líderes muçulmanos tinham de lidar. O outro problema é que as pessoas que fizeram os registros dessa história eram, na sua maioria, escritores religiosos que escreveram com o princípio de que a história se desdobra como quer a vontade de Alá. Eles tendem, portanto, a designar como *jihad* quase todas as ações contra a ameaça franca, mais pelos simples termos de descrença do que pela complexidade do fervor religioso, dos interesses comerciais, das rivalidades e das ambições pessoais que eram o que realmente estava em jogo. Dito isso, eles não eram piores do que seus contemporâneos latinos, que, ao tentarem chegar a algum conhecimento sobre seus inimigos muçulmanos, apenas criavam construções fantásticas que não os lembravam em nenhum aspecto.

Entretanto, mesmo com tudo isso levado em consideração, ainda é válido abordar a época da perspectiva do *Dar al-Islam* e focar naqueles indivíduos que criaram a resposta islâmica às Cruzadas, pois, assim, podemos descobrir muito mais sobre as ações ocorridas e as motivações dessas pessoas, além de trazer mais luz ao nosso entendimento sobre a disputa pela Terra Santa.

---

2. Gabrieli, F., *Arab Historians of the Crusades*, traduzido para o inglês por E. Costello, Berkeley: University of California Press, 1969, Introduction.

1

Uma Terra Distraída e Esgotada

A Síria é invadida pelos *franj*

E verás que os mais implacáveis dentre os homens na inimizade com os muçulmanos fiéis são os judeus e os pagãos, e que os mais próximos em afeição a eles são os que dizem:

"Nós somos cristãos."

Isso é porque entre eles há padres e monges, e porque eles são livres de orgulho.

Corão: Sura 5, v. 82

Muitas histórias sobre as Cruzadas começam suas narrativas com a descrição do exército bizantino sofrendo uma derrota esmagadora nas mãos de um exército turco-muçulmano em Manzikert, em 1071, e como isso levou a um pedido de ajuda ao papa e aos reis da Europa, que responderam um pouco atrasados com uma expedição para a Terra Santa. No entanto, na nossa narrativa, embora sem dúvida veremos essa batalha, precisamos mudar o ponto de convergência de oeste para leste e simular o ponto de vista dos muçulmanos que estavam do outro lado da resposta do Cristianismo ocidental à tensão em Bizâncio. Isso nos permitirá entender a resposta inicial dos príncipes da Síria para a chegada de exércitos peregrinos no Levante do fim do século XI.

O que fica evidente ao se rever as fontes muçulmanas quase contemporâneas é que nenhuma conexão foi feita entre Manzikert e a Primeira Cruzada, tampouco os muçulmanos sabiam que os cruzados tinham Jerusalém como seu objetivo. Isso não é nenhuma surpresa, dado que os cruzados eram apenas uma das ameaças ao Islã na época.

É então impossível enxergar como os príncipes islâmicos poderiam ter criado uma estratégia forte para enfrentar os cruzados, visto que eles falharam ao entender os objetivos e as motivações de seus oponentes. A meta da campanha de guerra defensiva é causar, no adversário, danos ou perdas o suficiente para ele desistir de seu objetivo, e os muçulmanos, nas primeiras fases do encontro, não tinham essa informação, tampouco compreendiam o quanto Jerusalém era importante para os francos, ou *franj*, como são chamados nas fontes árabes. Os príncipes islâmicos eram educados na arte da guerra, mas a Primeira Cruzada não se adequava ao ideal de campanha militar como a que um comandante muçulmano do século XI entendia. Guerras religiosas haviam formado o Império Islâmico nos séculos VII e VIII e construído o primeiro Estado fatímida no Egito. No entanto, no século XI, a guerra no Oriente Médio era um esforço profissional, centrado em assegurar a vantagem econômica pela aquisição de novos recursos agrários e centros comerciais. O principal objetivo era a preservação das forças, e a exterminação do inimigo não era importante, desde que o alvo da campanha – muitas vezes a aquisição da cidade que controlava a região – fosse atingido.

A crônica de Ibn al-Qalanasi, de 1096-7, mostra como a chegada dos francos no Levante foi inesperada:

> Neste ano, começaram a aparecer uma sucessão de relatos de que exércitos de francos apareceram da direção do mar de Constantinopla com forças que não devem ser contadas pela multidão. Assim que esses relatos cresceram um após o outro e se espalharam no boca a boca por grandes distâncias, a mente do povo se tornou ansiosa e angustiada.
>
> Durante o *Shaban* um cometa apareceu no Oeste; ele continuou a subir por um período de 20 dias e então desapareceu.[3]

Até mesmo Ibn al-Athir, que escreveu no século XII, com o benefício da experiência e de um intelecto impressionante, tendo conseguido criar um reconhecimento unificado, talvez um pouco oblíquo, do mundo islâmico desde a Espanha até além das fronteiras da Pérsia, não conseguiu entender a motivação dos *franj*. Suas palavras sugerem, porém, algum entendimento das tensões que corriam pela política dos europeus do Ocidente e que seriam cruciais na inevitável queda do reino cruzado.

Em 1097, os *franj* atacaram a Síria. Foi assim que tudo começou: Balduíno, o rei deles, conterrâneo de Rogério, o Franco, que dominou

---

3. Ibn al-Qalanasi, "*Dhayl Tarikh Dimashq*", em *Damascus Chronicle of the Crusades*, traduzido para o inglês por H. A. R. Gibb, London: Luzac and Company, 1932, p. 41-3. O mês muçulmano de *Shaban* equivalia a julho em 1097. Cometas, assim como no Ocidente medieval, eram vistos como arautos de pragas, guerras e outros desastres.

a Sicília, montou um grande exército e mandou um recado a Rogério dizendo: "Montei um grande exército e agora estou a vosso caminho, para usar vossas bases para minha conquista da costa africana. Assim seremos vizinhos".

Rogério reuniu seus companheiros e os consultou sobre essas propostas. "Isso será bom tanto para eles como para nós", responderam eles, "pois significa que as terras serão convertidas à fé!".

Nesse momento, Rogério levantou uma das pernas, soltou um peido forte e jurou que isso era mais útil que o conselho deles. "Se esse exército vier até aqui, ele precisará de provisões e esquadras para transportá-lo à África, assim como reforços das minhas próprias tropas. Então, se os francos conseguirem conquistar esse território, tomá-lo-ão e precisarão de recursos da Sicília. Isso me custará o lucro anual da colheita. Se eles não conseguirem, retornarão aqui e serão um estorvo para mim em meus domínios. E também com isso o emir da Tunísia dirá que faltei a fé para com ele e que quebrei nossos tratados, e nossa relação amigável e as comunicações entre nós serão interrompidas. Pelo tanto que sei, a África estará sempre lá. Quando formos fortes o suficiente, tomá-la-emos."

Ele chamou o mensageiro de Balduíno e disse-lhe: "Se decidirdes entrar em guerra com os muçulmanos, vosso melhor caminho é libertar Jerusalém do comando deles e então obter grande honra. Eu estou preso a certas promessas e tratados de aliança com os senhores da África". Então os francos se prepararam para atacar a Síria.[4]

Assim, as potências islâmicas confundiram as intenções dos cruzados e, por consequência, o caminho e a estratégia que seu inimigo empregaria, mas isso não é o suficiente para dar uma explicação completa para a falha deles em encarar o desafio da Primeira Cruzada de maneira efetiva. Os líderes do mundo islâmico nessa conjuntura eram, afinal, homens da espada, e um texto quase contemporâneo mostra o grau de desenvolvimento da arte da guerra no Oriente Médio. Ele mostra claramente a necessidade de espionagem confiável sobre um alvo: "Se um homem regular um comprometimento de acordo com boatos, ele estará construindo sobre possibilidades; mas, se ele o regular de acordo com o que vê com os próprios olhos, ele construirá sobre certezas".[5] Um resumo da abordagem cautelosa à da guerra usado por guerreiros turcos diz que o *tadbir*, ou planejamento baseado em uma percepção "real" do inimigo em vez de "aproximações", é usado em parceria com *hila*, ou truque, para garantir a utilização eficaz da *quwwa*, ou força.

---
4. De *Kamil al-Tawarikh* (ou História Perfeita), em Gabrieli, p. 3-4.
5. Dekmejian, R., and Thabit, A. "Machiavelli's Arab Precursor: Ibn Zafar al-Siqilli", *British Journal of Middle Eastern Studies*, novembro de 2000, p. 125-37.

O fator mais importante para o insucesso da resposta islâmica à Primeira Cruzada não foi o fato militar por si, mas sim o colapso do sistema político que controlava essas forças. O Oriente Médio era uma região que continha dois blocos de poder nas vésperas da Primeira Cruzada, o Império Fatímida do Egito e do sul da Síria e o Império Turco Seljúcida que controlava a Pérsia, o Iraque, o leste da Anatólia e o norte da Síria. Ambos os impérios ostentavam grandes exércitos e rendas de comércio para sustentá-los, mas os dois estavam em declínio. No caso dos fatímidas, tratava-se de um colapso mais lento. No caso dos seljúcidas, o Estado foi estilhaçado em 1092.

No começo do século XI, parecia bastante possível que o império fatímida xiita saísse do Egito e da Síria e fosse para Bagdá a fim de conquistar o califado sunita abássida. No entanto, o califa fatímida al-Hakim desapareceu misteriosamente no ano de 1021 e criou-se um beco sem saída para os dois lados, dos fatímidas com a Síria, mas sem poder avançar até o Iraque. Com a morte de al-Hakim, o Estado fatímida perdeu todo o seu dinamismo e o ímpeto violento do Islã xiita, e o culto às personalidades baseado no *Mahdi,* que levou a dinastia da obscuridade dos desertos do norte da África para a conquista do Egito, foi dissipado. Al-Hakim era o resumo do *Madhi,* que tinha inspirações divinas, e, embora seu comportamento fosse tido como insano por muitos historiadores, ele deve ser visto como um líder que sempre caminhou entre as leis divinas e terrenas. Mesmo com seu comportamento bizarro – como dar vales-brindes selados que, à sua apresentação, garantiam ao portador execução imediata; o prazer que ele tinha em cortar as mãos de seus secretários e ministros e depois recompensá-los em dinheiro; e o fato de forçar cristãos a usar crucifixos gigantes e os judeus a vestir sinos –, ainda que preocupante às suas companhias mais próximas, isso não pode diminuir o fato de que a conversão ao xiismo fatímida foi extensa na Síria e até no Iraque durante seu reinado. O Ocidente se lembra de al-Hakim, graças ao chamado de Clermont pela liberação da Terra Santa feito pelo papa Urbano II em 1095, como o cruel califa que ordenou a destruição da Igreja do Santo Sepulcro, em Jerusalém, em 1009. Entretanto, existe uma grande reverência a ele nas terras muçulmanas. Ao que parece, ele foi assassinado durante uma viagem de caça no deserto por ordem de sua irmã, que provavelmente achou que era melhor atingi-lo primeiro antes que ele tivesse vontade de matá-la. Seu corpo nunca foi encontrado e seu retorno é ainda aguardado pelos seguidores de *duruz,* ou religião dos drusos.[6]

---

6. Uma análise concisa do reino de al-Hakim pode ser encontrada em Kennedy, H., *The Prophet and the Age of the Caliphates: The Islamic Near East from the Sixth to the Eleventh Century* London: Longman, 1986, p. 330-7.

Depois da morte de al-Hakim, os califas fatímidas agiram mais como marionetes de ministros antigos e vizires ambiciosos, muitos dos quais eram, na verdade, sunitas e todos haviam sido soldados profissionais turcos ou armênios. A dinastia decaiu, mas seu império manteve poder econômico em razão do controle do Mar Vermelho e do enorme comércio europeu; além disso, seu exército era grande e diversificado. A importação e o uso de soldados escravos e mercenários de terras turcas do Cáucaso começaram no final do século X e garantiram ao exército fatímida os muito necessários arqueiros montados a cavalo. A cavalaria berbere com que o exército havia contado não estava à altura da tarefa de enfrentar os turcos da Síria. Entretanto, o maior problema dessa reforma militar era que não havia mais um líder carismático como al-Hakim a ser seguido. Isso significava que não havia mais identificação entre os soldados e a dinastia, e assim mortíferas batalhas internas eclodiam com frequência entre as tropas dos negros africanos e os "novos" turcos. Para acabar com essas miniguerras entre as duas facções – guerras que por várias vezes quase destruíram grandes partes do Cairo –, os fatímidas tiveram de escolher um lado e ficaram com os turcos. As tropas de negros africanos continuaram lá, mas sob circunstâncias piores, sendo forçadas até a comer cachorros para sobreviver em 1025.[7]

A tentativa dos fatímidas em converter todo o Islã para o xiismo ismaelita estava de fato acabada no primeiro quarto do século XI. O projeto foi então colocado de lado pela ascensão dos turcos seljúcidas ao poder na Pérsia e no Iraque.

Os turcos vinham entrando nas terras mais ao leste do Império Islâmico, em grandes números, pela Ásia Central desde o começo do século X. De fato, os califas de Bagdá vinham importando muitas crianças escravas das terras turcas para treiná-las como guarda-costas pessoais desde o começo do século IX. Os califas foram até, algumas vezes, usados como fantoches desses ex-pretores palacianos, além de terem sido presos políticos da dinastia xiita chamada de Buyide, que se originou nas montanhas ao norte da Pérsia e tomou Bagdá em 945. No entanto, no século XI o número de nômades turcos das estepes que começaram a entrar na Pérsia pelo leste era tão grande que os cronistas árabes da época começaram a diferenciá-los dos "antigos" mamelucos ou dos soldados escravos turcos[8] e dos turcos de Gaznavida, que eram os soberanos do leste da Pérsia.

---

7. Lev, Y., "Army, Regime, and Society in Fatimid Egypt, 358-487/968-1094", em *International Journal of Middle East Studies*, agosto de 1987, p. 33-65.
8. Para a evolução da instituição da escravidão militar no começo do Islã, veja Waterson, J., *The Knights of Islam: The Wars of the Mamluks*, London: Greenhill Books, 2007

Eles chamavam esses novos e mais bárbaros recém-chegados de turcomenos.

O grupo mais significativo de turcomenos foi aquele formado pelas tribos oguzes e, dentro dessa divisão, o clã mais importante a entrar para o Islã na época foi o dos seljúcidas. É provável que estes tenham sido convertidos de suas religiões tribais ao Islamismo sunita por sufis que perambulavam ou homens santos nas terras selvagens do leste da Pérsia. Em 1040, o chefe deles, Toghril Beg, se autoproclamou sultão e, sob seu comando, um vasto exército seljúcida-oguz, formado quase inteiramente por arqueiros montados em cavalos, derrotou os gaznavidas na batalha de Dandanqan, ao norte de Marv. Nessa batalha, os seljúcidas tomaram todo o leste da Pérsia.

Os seljúcidas consolidaram sua nova conquista e foram em frente com uma série de campanhas de um ano. Eles se deslocaram pelo Azerbaijão e para o Norte do Iraque, mas foram parados e derrotados pelos curdos no país montanhoso perto de Mossul. Ao se virar para o sul, eles marcharam até Bagdá, removeram os Buyides e "libertaram" o califa sunita em 1055. O califa aceitou a ideia de um sultão seljúcida de prontidão e um pouco de redefinição política habilidosa permitiu que os negócios continuassem normais para o mundo sunita. Na nova fórmula de poder, a autoridade constituinte era do sultão, que designava o califa, mas, para a validação do governo do sultão, era necessário um pacto de aliança com o califa, o qual apontava o sultão e emitia um diploma para tal. A autoridade institucional do califa ficava na comunidade sunita e sua autoridade funcional, na charia.[9] Essa fórmula complexa era vital para o estágio seguinte do renascimento sunita. Os seljúcidas tentaram retomar as terras perdidas da Síria para os fatímidas. Isso requeria não apenas força militar, mas também um rearmamento intelectual e teológico do sunismo, e o grande vizir do Estado seljúcida, Nizam al-Mulk, providenciou isso. Uma longa seção de seu *Siyasatnama*, ou *Livro do Governo*,[10] é dedicada à exigência da "religião certa" para manter o Estado funcionando de forma harmoniosa. Para esse fim, ele construiu e foi patrono da Nizamiyya: a grande *madrasa* ou universidade islâmica em Bagdá para desafiar a do ismailismo xiita al-Azhar *Dar al-Ilm*, ou Casa do Conhecimento, no Cairo. Ela virou modelo para as outras *madrasas* sunitas que foram construídas em todas as regiões que os

---

9. Lambton, A.K.S., "The Theory of Kingship in the Nasihut al-Muluk of Ghazali", em *Theory and Practice in Medieval Persian Government*, London, Variorum Reprints, 1954.
10. Darke, H., *The Book of Government or Rules for Kings: The Siyar al-Muluk or Siyasatnama of Nizam al-Mulk*, London, Routledge, 1960.

seljúcidas retomaram dos fatímidas, assim como o norte da Pérsia, onde outros grupos xiitas dissidentes, como os assassinos ismaelitas, tinham suas fortalezas.[11]

As invasões dos seljúcidas na Síria começaram em 1063. Em 1077, foi feita uma tentativa de invadir o próprio Egito e, em 1079, os turcos tinham tropas em Damasco e Jerusalém e *madrasas* propagando o credo sunita em Alepo, Damasco e Mossul. Durante essa incursão a oeste, quase de modo inadvertido, os turcos encontraram os bizantinos em batalha. O sultão Alp Arslan tentou o seu melhor para negociar com o imperador bizantino, Romano Diógenes e, assim, evitar o confronto. O sultão pediu desculpas pelos excessos de seus irregulares turcomenos, mas o imperador não quis saber. Ele havia levado um exército impressionante para Anatólia e estava sob forte pressão política no império para obter uma vitória decisiva sobre os turcos. Na verdade, os turcomenos que estavam invadindo o território bizantino, e cujas incursões haviam levado o imperador e seu acampamento militar a Anatólia, eram oportunistas que mal estavam sob o comando do sultão nem nos melhores dias; quando ele foi incapaz de dar certeza aos bizantinos sobre a continuidade do bom comportamento deles, o imperador decidiu entrar em guerra de forma precipitada. Seu exército foi dizimado em Manzikert em 19 de agosto de 1071 por um "clássico" ataque turco. Os exércitos se encontraram em um vale e, enquanto os bizantinos avançavam, os turcos simplesmente bateram em retirada. Os arqueiros turcos cavalgaram para cima e para baixo dos flancos bizantinos, despejando flechas e então fugindo, mas não havia nenhuma força em si para Romano combater. Ao final de um dia de perseguição inútil, o imperador decidiu que não poderia se mover mais além do seu acampamento e o exército deu meia-volta para remontar seus passos. Naquele momento, quando o exército bizantino estava desordenado e as tropas estavam mudando suas posições para bater em retirada, os seljúcidas atacaram com uma investida de arqueiros montados que quebrou a coluna bizantina em pequenos grupos de homens em pânico. Muitos dos mercenários gregos fugiram do campo na hora, assim como os nobres bizantinos, que eram a retaguarda do imperador. Os bizantinos foram destruídos e Romano foi levado como prisioneiro. O pânico que essa derrota induziu nos bizantinos começou a cadeia de eventos que levou Urbano II ao púlpito de Clermont em 1095.

---

11. Para uma história abrangente da gênese da seita dos Assassinos e da percepção que Nizam al-Mulk tinha de sua ameaça ao estado, veja Waterson, J., *The Ismaili Assassins: A History of Medieval Murder,* London: Frontline Books, 2008, capítulos 2 e 3.

Na verdade, os seljúcidas não estavam interessados em conquistar Constantinopla.[12] Isso iria esperar por outra geração de turcos. Os seljúcidas ainda tinham assuntos a terminar com os fatímidas e, por volta de 1092, apenas a costa síria restava a ser conquistada. Os fatímidas conseguiram segurar as cidades costeiras em virtude de sua força naval, uma situação que iria se repetir com os cruzados no lugar dos fatímidas.

Tanto a expansão como a própria coesão do Estado seljúcida acabaram na década de 1090, quando os líderes políticos foram assassinados ou morreram de forma inesperada. O ano de 1092 viu a morte de Nizam al-Mulk pelos assassinos, e a morte do sultão Malikshah em meio a rumores do envolvimento do califa. A mulher do sultão, seu neto e outros políticos antigos também morreram logo depois. A força centrípeta do governo de Nizam al-Mulk estava perdida e o império seljúcida tinha se fragmentado. Isso não era surpresa: o império era, como muitos outros empreendimentos medievais, um negócio de família, e a morte de seu chefe era o bastante para formar o caos. A tradição turca piorou a situação, uma vez que a cada filho foi intitulada uma parte igual das posses do pai e, assim, o Estado estava repartido. Além disso, embora todos esses filhos tivessem o mesmo pai, cada um tinha uma mãe diferente. Guerras civis causadas pelas ambições de uma mãe intrometida parecem um pouco absurdas, mas, nos anos que encerraram o século XI, eram mais que um fato na região do Iraque e da Síria. Senhores militares poderosos, os emires, usaram suas forças para suas próprias vantagens e formaram alianças instáveis com candidatos ao sultanato. Em meio a essa atmosfera venenosa, os líderes regionais ficaram desconfiados uns dos outros e a unidade do Estado desapareceu.

O califa abássida al-Muqtadi também morreu em 1094, porém mais importante foi a morte do irmão do sultão Malikshah, Tutush, o soberano de Damasco. Quando Tutush ouviu sobre a morte de Malikshah, ele fez uma jogada pelo império seljúcida inteiro. Reuniu seu exército e, entre 1092 e 1095, conduziu campanhas sangrentas contra Alepo e Antioquia, que trouxeram a infraestrutura já fraca da Síria quase ao colapso. Então desafiou seu jovem sobrinho Berkyaruq ao trono seljúcida em 1095. Falhou em sua maior iniciativa: Berkyaruq marchou de Bagdá e derrotou seu irmão na Batalha de Dashlu. Tutush foi morto em batalha

---

12. Uma tentativa, no entanto, foi feita pelo normando Roussel de Bailleul, que desertou o imperador logo antes da batalha para construir um Estado normando na Galácia durante as consequências caóticas. Ele acabou fracassando, mas tais aventuras e o uso constante de forças mercenárias ocidentais na Anatólia, pelos bizantinos acabariam confundindo os muçulmanos sobre o significado e os objetivos da Primeira Cruzada.

e a Síria ficou em destroços e sem rumo, uma presa vulnerável para os cruzados, que estavam prestes a sair dos portos europeus.

O oeste da Pérsia e o Iraque se transformaram então no palco principal para a disputa entre os filhos de Malikshah. Uma guerra civil entre Berkyaruq e seu meio-irmão Muhammad continuou até a morte de Berkyaruq, em 1105, quando os cruzados já haviam conquistado Jerusalém e consolidado sua posição sem interferência do maior poder da região. Ibn al-Jawzi escreveu que o sultão Berkyaruq, durante um de seus breves períodos no controle de Bagdá e antes da queda de Jerusalém, havia montado uma força para combater os *franj* na Síria, mas que "então essa firmeza acabou esmaecendo".[13] É difícil contemplar como essa expedição poderia ter sido fundada, dada a absoluta exaustão do tesouro do Estado, que se esvaiu pelo fato de Bagdá ter sido ocupada por exércitos opostos por volta de 30 vezes entre 1099 e 1101, assim como as "propinas" dadas aos emires durante as guerras civis. De fato, al-Bundari descreveu mais tarde como o sultão Muhammed não tinha fundos nem para providenciar sua concessão diária de cerveja.[14] A opinião de Ibn al-Athir sobre o isolamento do sultanato, no que dizia respeito aos assuntos sírios, durante esse momento parece muito válida: "Os sultões não concordavam entre si e, por esse motivo, os *franj* conseguiram tomar conta do país".[15]

As campanhas de Tutush também deixaram a Síria com a política e as finanças estilhaçadas, mas isso apenas agravou problemas já existentes. Aconteceu um "colapso das economias agrárias nos distritos que haviam sido eleitos do califado abássida" entre 950 e 1050,[16] e o banditismo das tribos beduínas como Banu Kalb e Banu Kilab destruiu a vida comercial ao redor de Alepo e Damasco, os maiores centros da Síria. A praga afetou as duas cidades, em 1097, e as revisitou em 1099 e 1100. Todos esses fatores e as contínuas colheitas fracas, em particular no norte da Síria, contribuíram para a relutância das forças de Alepo e

---

13. Em Hillenbrand, C., *The Crusades: Islamic Perspectives*, Edinburgh, Edinburgh University Press, 1999, p. 78.
14. Lambton, capítulo 8, p. 255.
15. Ibn at-Athir in Maalouf, A., *The Crusades through Arab Eyes*, traduzido para o inglês por J. Rothschild, London, Al-Saqi Books, 1983, p. 55. Ibn al-Athir escreveu muito depois dos eventos, mas uma profecia contemporânea no estilo de Cassandra foi feita em 1105 por um certo cidadão de Damasco, al-Sulami, que escreveu uma dissertação sobre a Guerra Santa muito clara dizendo que, se os muçulmanos continuassem desunidos, os *franj* iriam tomar toda a costa da Síria. Veja Irwin, R., "Church of Garbage", *London Review of Books*, 3 de fevereiro de 2000, p. 38-9.
16. Kennedy, p. 293-338.

Damasco em enfrentar os cruzados. Uma longa guerra contra os invasores talvez não tivesse sido acessível a nenhuma das cidades.[17]

Talvez, se Damasco e Alepo tivessem em mente a unificação em sua resistência contra os *franj*, poderia haver alguma esperança para as primeiras respostas sírias e muçulmanas contra os cruzados, mas a "divisão do patrimônio"[18] das posses de Tutush por sua morte significou que seus filhos, Ridwan e Duqaq, ficaram com uma cidade cada um: Alepo e Damasco respectivamente. Desde o início dessa disposição havia apenas animosidade e suspeita entre os dois irmãos. Em 1096, Ridwan falhou duas vezes em suas tentativas de conquistar Damasco; da mesma forma, em 1097, Duqaq fracassou ao tentar tomar Alepo. Esses fracassos não surpreendem muito, dado que as forças que cada um herdou do pai estavam esgotadas, uma vez que a maioria das forças turcomenas, com quem Tutush havia contado, estava voltando para o Iraque, onde podiam continuar a se envolver no negócio lucrativo das guerras civis seljúcidas.

Pelo menos na Síria, estavam acabados os dias em que um mar de homens entrava em campo sob um comandante seljúcida. Alp Arslan, de acordo com Ibn al-Qalanasi, levou 400 homens com ele a Anatólia em 1071 e, embora possamos duvidar do modo como o cronista coloca, existem testemunhas de que ele levou um mês para transportar um exército seljúcida através do Oxo, em 1072. As cidades sírias não podiam pagar por exércitos tão grandes e, em todo caso, os soldados turcos e emires teriam deixado a Síria, mesmo se um pagamento triplo fosse oferecido. Cada homem era pago em parte por recompensas, mas a maior fração de seus salários vinha pelo sistema *iqta*. O *iqta* de um soldado seljúcida era parecido com o feudo para um cavaleiro ocidental, uma vez que pagava seu salário. O *iqta*, no entanto, era mais complexo, já que poderia simplesmente ser um pedaço de terra, como o feudo dos cavaleiros ocidentais, ou uma "parte" de uma indústria, como um comércio de temperos ou um centro de produção têxtil. Diferentemente de um cavaleiro ocidental, o dono do *iqta* não precisava morar na terra da qual o *iqta* era tirado. Oficiais de tesouraria administravam e coletavam os aluguéis para ele. O *iqta*, em teoria, também não era hereditário como um feudo, então, de algumas formas, era pago por serviço corrente em vez de por uma história de fidelidade da família ao soberano.

---

17. El-Azhari, T. *The Seljuqs of Syria during the Crusades: 1070-1154*, traduzido para o inglês por Winkelhane, Berlin, Schwartz-Verlag, 1997, p. 117.
18. Bosworth, C., "The Political and Dynastic History of the Persian World 1000-1217", em J. Boyle (ed.), *The Cambridge History of Persia*. Volume cinco: *The Saljuq and Mongol Periods*, Cambridge: Cambridge, University Press, 1968, p. 111.

A distribuição dos *iqtas* era então uma maneira poderosa de assegurar lealdade ao sultão e de recompensar os emires. No final do século XI, o problema era que muitos *iqtas* prósperos da Pérsia de seljúcidas "sírios" estavam sendo devastados pelos oguzes, então eles abandonaram a Síria para defender suas fontes de renda no leste.

Isso poderia sugerir que tudo que os cruzados tinham de fazer para acabar com o Levante dos muçulmanos era "chutar a porta da frente", mas isso estava longe de ser verdade. Uma grande quantidade de soldados muito fortes e comandantes habilidosos se mantinha firme entre a expedição e seu objetivo de Jerusalém. Não podemos duvidar, portanto, de que a Primeira Cruzada era uma força de luta efetiva e que foi liderada por alguns indivíduos excepcionais. Sua bravura foi atestada por um elogio ambíguo de Usama Ibn-Munqidh, um guerreiro siro-árabe que lutou com eles e contra eles no meio do século XII. Ele escreveu que "os francos não possuem nenhuma das virtudes dos homens, exceto pela coragem".[19] O tamanho da força é estimado em 75 mil pessoas, incluindo não combatentes, no começo da Cruzada. Existe muito debate acerca das vantagens táticas e tecnológicas que os cruzados talvez tivessem sobre os adversários muçulmanos, com historiadores debatendo tanto a favor do determinismo tecnológico, no caso da besta, como pela superioridade tática no desenvolvimento da investida dos *franj*. Na verdade, o contrário mais o caso, pelo menos em termos de guerra terrestre; foi e a única vantagem que os cruzados parecem ter tido sobre os muçulmanos durante a Primeira Cruzada foi sua a energia fanática, a coragem e uma "mentalidade de tudo ou nada"[20] que cresceu durante a empreitada. É difícil imaginar os cruzados se autodeclarando como "nosso grupo feliz, nosso rebanho de irmãos" durante o terrível cerco a Antioquia, sobre o qual Peter Tudebode escreveu que "as ansiedades e dificuldades eram mais do que eu poderia contar",[21] e durante as inúmeras privações que eles suportaram em meio à Cruzada; mas dessas experiências veio uma coesão quase inquebrável da força. Essa coesão foi mantida apenas no começo do Estado latino, mas era central para seu nascimento.[22] Também não podemos exagerar a importância do fervor religioso que

---
19. Hitti, P.K., *An Arab-Syrian Gentleman and Warrior in the Period of the Crusades: Memoirs of Usama Ibn Munqidh*, Columbia, NY, Columbia University Press, 1929, p. 93.
20. France, J., *Victory in the East: A Military History of the First Crusade*, London, Cambridge University Press, 1994, p. 367.
21. Peters, E., *The First Crusade: The Chronicle of Fulcher of Chartres and Other Source Materials*, segunda edição, Philadelphia, University of Pennsylvania Press, 1998, p. 202.
22. De fato foi sugerido que a Primeira Cruzada foi única e irreproduzível por natureza. Veja Tyerman, C., "Were there any Crusades in the Twelfth Century?", *English Historical Review*, junho de 1995, p. 553-77

se agarrou aos cruzados em tempos difíceis. A "tensão" psicológica da Jerusalém celestial era poderosa e Guilherme de Tiro escreveu de forma vívida o forte efeito da procissão da "relíquia da verdadeira cruz" nas tropas antes da Batalha de Ramla em 1105.[23]

Os defensores muçulmanos da Terra Santa estavam do outro lado da dicotomia dessa mostra de unidade e paixão pela causa dos francos. Mesmo assim, quando a Cruzada dos Mendigos[24] – que, apesar de sua aparência quase amadora, era uma poderosa força, que continha mais de 500 soldados e um grande corpo de infantaria – encontrou as forças turcas do sultão pouco importante Kilij Arslan da Niceia, no outono de 1096, foi aniquilada sem demora. Dois grupos de cavaleiros italianos e alemães entraram em apuros por promover pilhagens no norte da Anatólia e então tentar capturar Xerigordos, uma fortaleza dentro das terras de Kilij Arslan. Eles foram rapidamente cercados pelo sultão e seus *askari* (guarda-costas) e logo se renderam, depois de descobrir que a fortaleza não tinha provisões de água. Kilij Arslan então seguiu o procedimento de guerra projetado por Ibn Zafir al-Siqilli. Ele trabalhou primeiro no *hila* (artifício), enviando espiões locais de Anatólia para o acampamento dos *franj,* para descrever como os italianos e os alemães obtiveram sucesso em sua aventura e também para informar sobre a força que o confrontava. O estratagema deu certo, mesmo com a chegada de um fugitivo do desastre em Xerigordos no acampamento dos cruzados, o que levantou dúvida sobre a história dos espiões. A Cruzada então se moveu para dentro do país, sob Gualtério Sem-Haveres, para se juntar ao sucesso de seus companheiros. Táticas turcas, como as vistas na Batalha de Manzikert, funcionavam melhor quando se lutava contra um inimigo que estivesse em meio a uma marcha. Em geral, o inimigo tinha de ser levado à batalha antes de ter a chance de se organizar, com o uso de ataques relâmpago e perseguição à retaguarda. Contudo, em 21 de outubro de 1096, a Cruzada dos Mendigos se ofereceu para uma batalha que se adequava perfeitamente às forças de Kilij Arslan. O sultão foi muito caluniado por seus fracassos posteriores contra a Primeira Cruzada, mas sua emboscada habilidosa à Cruzada dos Mendigos e a esmagadora artilharia arqueira que suas tropas descarregaram nela mostram que ele era mais do que capaz de utilizar a *quwwa* (força) em sua efetividade total, dadas as condições certas. A narrativa de Alberto

---

23. Edbury, P., e Rowe, J., *William of Tyre, Historian of the Latin East*, Cambridge, Cambridge University Press, 1988, p. 156

24. O movimento popular criado pelas pregações de Pedro, o Eremita, que havia marchado na frente das forças principais da Primeira Cruzada.

de Aquisgrão põe o seguinte discurso na boca de Kilij Arslan: "Observem que os francos, contra quem marchamos, estão à disposição. Retiremo-nos da floresta e das montanhas e vamos para uma planície aberta, onde poderemos entrar em batalha com eles e eles não encontrarão refúgio". Alberto então relata de forma rápida como "quando eles viram os turcos, começaram a encorajar um ao outro em nome do Senhor. Então Gualtério Sem-Haveres caiu, perfurado por sete flechas que haviam penetrado sua cota de malha".[25]

Parece evidente que os turcos começaram a atirar as flechas de uma distância fenomenal do exército franco – os turcos foram avistados pelos francos e então Gualtério caiu quase na mesma hora, atingido por sete flechas –, e que essas flechas foram atiradas com uma força capaz de penetrar a cota de malha dupla dos cavaleiros. A força Cruzada se repartiu rapidamente depois desse massacre, e os turcos perseguiram os remanescentes por quase cinco quilômetros e os cercaram em uma fortaleza costeira abandonada. Os turcos então mostraram outro princípio da doutrina de guerra do Oriente Próximo antes da chegada dos *franj* no Levante: preservação da força. A guerra turca enfatizava o enfraquecimento do inimigo pela diminuição de sua força em vez de tentar destruí-lo de uma vez, o que acabaria resultando na perda de poderio humano daquele que promovera a investida. Então, em vez de fazer assaltos frontais na fortaleza, os turcos usaram um "fuzilamento em forma de chuvisco", para criar uma chuva de flechas a cair sem trégua nas cabeças dos defensores. Os poucos cruzados que restaram foram salvos apenas com a chegada da força bizantina.

Kilij Arslan havia conseguido uma vitória impressionante na abertura da "campanha", mas, ainda assim, parece que, apesar da grande rede de espionagem do sultão, baseada em comerciantes e mercadores em Constantinopla, ele tinha pouca ideia das intenções dos francos. Ele estava, portanto, mal informado sobre o novo exército franco que estava chegando, fragmentado durante a primavera e o verão de 1097, no norte da Anatólia. Ele também foi distraído por um emir rival, Danishmend, que havia cercado a cidade de Malatya no nordeste da Anatólia. Quando ele ouviu sobre o avanço franco de Bósforo, o sultão já estava engalfinhado em sua campanha contra Danishmend. Ele enviou pequenos destacamentos para o oeste, mas podia dividir poucas tropas, uma vez que o cerco a Malatya se arrastava. Então, Kilij Arslan foi surpreendido por notícias de outro cerco: o dos *franj* contra sua capital, Niceia.

---

25. Veja Peters, p. 146-9

Relatos declararam que o inimigo era bem mais numeroso do que as forças com que o sultão havia lutado no ano anterior, e que estava acompanhado por unidades bizantinas. Dada essa nova informação, o sultão se esforçou para negociar uma trégua com Danishmend e, antes mesmo de concluí-la, começou a enviar uma quantia considerável de suas forças para defender a capital. Se Kilij Arslan pensou que a chegada de seu exército nas proximidades de Niceia seria o bastante para deter os francos e seu cerco à cidade, ele iria se desapontar. O *Gesta Francorum* registra como o cerco estava avançado:

> Começamos a atacar a cidade de todos os lados, e a construir máquinas de madeira e torres de madeira, com as quais talvez sejamos capazes de destruir as torres na muralha. Atacamos a cidade de uma forma com tamanha bravura e contundência que até destruímos sua muralha.

O *Gesta* também nos dá um relato sobre a tentativa prematura de Kilij Arslan de salvar a cidade:

> Os turcos que estavam na cidade, horda bárbara que eram, enviaram mensagens a outros que apareceram para ajudar. A mensagem correu desta maneira: que eles poderiam aproximar-se da cidade com ousadia e em segurança, e então entrar pelo portão do meio, porque daquele lado ninguém se iria opor a eles ou os colocaria em aflição. Tal portão foi cercado naquele mesmo dia, o Sabá depois da Ascensão do Senhor, pelo conde de St. Gilles e o bispo de Puy. O conde, que se aproximou de outro lado, estava protegido por força divina e com seu exército mais poderoso glorificou-se na força terrestre. E então encontrou os turcos, vindo contra nós aqui. Armado em todos os lados com o sinal da cruz, lançou-se contra eles violentamente e os subjugou. Eles volveram em fuga e a maioria deles foi morta. Eles voltaram novamente, reforçados por outros, jubilosos e triunfantes com a certeza de vitória em batalha, e carregando consigo as cordas com as quais nos prenderam a Khurasan. Vindo felizes, além disso, começaram a descer do cume da montanha em uma pequena distância. Os tantos que desceram continuaram aqui com suas cabeças decepadas pelas mãos de nossos homens...[26]

Parece, de acordo com a evidência disponível, que o sultão correu para a batalha porque sua sultana estava dentro das muralhas da cidade, e que ele temia que, quanto mais suas forças tivessem de contemplar o tamanho do exército *franj*, menor seria a probabilidade de elas se comprometerem com a batalha. Seu exército foi repelido pelos francos enquanto tentava alcançar o portal central, e a narrativa do *Gesta* também indica que os turcos vieram em ondas e então simularam a retirada, mas

---

26. Veja o *Gesta Francorum* em Krey, A. C., *The First Crusade: The Accounts of Eyewitnesses and Participants*, Princeton, Princeton University Press, 1921, p. 101-3.

não conseguiram chamar os francos para um campo aberto onde talvez os destruíssem com um fuzilamento de flechas. Parece também que St. Gilles não perseguiu os turcos a nenhuma grande distância, mesmo depois de obter sucesso em seu assalto a eles, o que foi muito sábio. O terreno também favorecia os francos, uma vez que era improvável que ocorresse uma batalha móvel e dispersa – na qual os arqueiros montados seriam capazes de penetrar as formações dos cruzados –, já que os lagos e as dobras montanhosas em todos os lados do acesso à cidade limitavam as opções de flanco e protegiam os flancos de St. Gilles e de seus cavaleiros, conforme faziam sua investida.

Niceia agora se tornava uma causa perdida e Kilij Arslan se retirou de campo. A cidade, no entanto, não cedeu facilmente aos cruzados, e uma forte resistência foi mantida pelas tropas. Por fim, a cidade "cedeu" para Aleixo, o imperador bizantino. Tendo ajudado os francos em um grande grau abastecendo seu exército, ele então manobrou seus próprios aliados ao assegurar a rendição de Niceia apenas para Bizâncio. Tropas gregas não opositoras entraram na cidade pelos portões do lado do Lago Ascênsio.

Enquanto isso, Kilij Arslan recuou para se recuperar da derrota. Suas forças haviam sofrido apenas perdas leves durante o empreendimento em Niceia, mas seu prestígio como chefe guerreiro com certeza sofreu danos. Ele passou as semanas seguintes juntando guerreiros nômades turcomenos para seu estandarte e negociando com chefes, como Danishmend, para se unir contra os invasores. Pode parecer um pouco forte sugerir, como fez Ibn al-Qalanasi, que ele "saiu coletando forças, subindo taxas e carregando a obrigação da Guerra Santa",[27] mas com certeza ele atraiu tanto nômades como, o que é mais importante, os *askari* de seu irmão para sua bandeira.

É comum chamar os *askari* de um príncipe turco como "guarda-costas", mas esse termo é um tanto quanto impróprio. Para um potentado menor essa tradução é adequada, mas para um príncipe seljúcida, os *askari* eram mais como uma larga companhia de cavalaria pesada, em volta da qual poderiam ser implantados turcomenos irregulares de armamentos leves. Nas histórias das Cruzadas, é frequente ver a noção de que os turcos eram armados de forma leve e poderiam ser afastados do campo com uma investida de cavaleiros "pesados" com cotas de malha, desde que os cruzados tivessem sobrevivido à iniciativa turca dos arqueiros montados. Isso é verdade no que diz respeito aos turcomenos, mas, quando se trata de um *askari* mameluco, está longe

---
27. Al-Qalanasi, p.42.

de ser correto. O *Gesta Francorum* nos fala sobre os *askari*, a cavalaria muçulmana que andava em cavalos com armadura, um fenômeno desconhecido no Ocidente naquele momento. Essas eram provavelmente as tropas pesadas dos *askari*. O problema era que, até um tanto quanto tarde nas Cruzadas, não havia *askari* mamelucos muito unidos sob um líder para contra-atacar os cavaleiros que os cruzados traziam em cena.

Kilij Arslan juntou suas forças e obviamente esperava usá-las com muito mais utilidade do que fez em Niceia. Seus turcomenos, nômades que caçavam em sela diariamente, eram especialistas em batidas-relâmpago. Ibn al-Qalanasi escreveu: "Ele marchou pelos riachos, trilhas e estradas em que os francos deveriam passar e não mostrou misericórdia a ninguém que passasse por suas mãos".[28] Devastar as duas colunas do exército franco enquanto eles se moviam para seu alvo seguinte, a cidade de Antioquia, não seria, entretanto, o bastante para deter os cruzados. Kilij Arslan notou isso e percebeu que seu exército, composto de alianças temporárias e lealdades efêmeras dos turcomenos, iria se quebrar sem um comprometimento decisivo e as recompensas que a batalha poderia trazer. Ele então decidiu ir de encontro aos francos com força total em um terreno adequado a uma emboscada. Quando os francos atravessavam um desfiladeiro em uma estrada perto do posto militar abandonado bizantino de Dorileia, ele fez seu ataque. Fulquério de Chartres escreveu que ficou horrorizado com as "nuvens de flechas" atiradas contra os cruzados por aqueles que os atacavam e que, de início, parecia que o massacre seria suficiente para quebrar os *franj*. Boemundo, o líder dessa divisão dos francos, ordenou que sua infantaria montasse acampamento, quando percebeu que os turcos se aproximavam e tentou enfrentá-los com sua cavalaria. A mobilidade e as habilidades de seus adversários, contudo, bloquearam o normando e sua cavalaria foi logo pressionada contra a infantaria. Os francos foram acuados em um canto pelas tropas de Kilij Arslan, mas isso se transformou em um problema para os turcos, visto que as tropas do sultão não poderiam quebrar a formação dos cruzados em ilhas de homens que então seriam cercados e mortos com flechas. Conforme os francos foram sendo pressionados cada vez mais, eles apresentaram uma "parede" defensiva formidável, na qual os turcos não conseguiam encontrar uma fraqueza. Somado a isso estava o fato de que Boemundo era um general habilidoso, que logo viu que a desvantagem inicial de não conseguir sair do campo estava agora provando ser uma força. É preciso lembrar-se da descrição da primeira grande vitória dos francos sobre os muçulmanos em Tours, em

---

28. Al-Qalanasi, p. 43.

732, quando, sob o comando de Carlos Martel, "as nações do Norte se mantiveram firmes como um muro e impenetráveis como uma zona de gelo, e então mataram os árabes com a lâmina da espada".[29] Talvez Kilij Arslan pudesse ter tido sucesso com sua cavalaria *askari* pesada, ao passo que as tropas leves do século VIII de Abd al-Rahman falharam, mas a chegada de outro destacamento dos cruzados, depois de cinco horas, acabou com essa esperança e o ataque deles ao seu flanco o fez recuar mais uma vez derrotado do campo de batalha.

Kilij Arslan foi para o Oeste; embora sua estratégia de queimar e estragar tudo que pudesse ser útil aos francos durante a retirada possa ter feito os cruzados avançarem com mais dificuldade, ele praticamente abandonou os acessos à Síria. Isso não foi muito surpreendente, já que a batalha lhe custou 3 mil homens. Como registrou Ibn al-Qalanasi, "os *franj* cortaram o exército turco em pedaços. Eles mataram, pilharam e levaram muitos prisioneiros, que foram vendidos como escravos".[30]

Com a retirada de Kilij Arslan, a informação sobre os cruzados estava perdida novamente. É claro que o tanto de tempo que levava para uma larga tropa viajar nas condições áridas da Anatólia e do norte da Síria significava que, para os príncipes muçulmanos da região, os cruzados estavam "fora do radar" por um longo período. O inimigo chegou a ser avistado perto da vila de al-Balana, no norte da Síria, e a cavalaria foi mandada para interceptá-lo e sequer encontrou seu rastro. Então os *franj* apareceram em Heracleia, cuja pequena tropa logo desertou a fortaleza com sua chegada. A força Cruzada então se dividiu novamente. Uma pequena força foi mandada ao sul pelos Portões Sicilianos nos Montes Tauro, enquanto o corpo principal do exército tomou uma rota mais longa pelos Montes Antetauro. As duas tinham como objetivo Antioquia, antiga posse do Bizâncio que havia sucumbido aos turcos depois de Manzikert. Contudo, a força menor tinha como tarefa secundária se aliar com os armênios da região, que agora estavam livres dos senhores turcos e queriam estabelecer uma Armênia independente.

É difícil avaliar o quanto a população da Síria, com sua etnia complexa e sua combinação religiosa, impediu uma resposta muçulmana efetiva à Primeira Cruzada. Com certeza, as pequenas tropas turcas de cidades menores temiam seus próprios súditos (uma mistura de árabes, gregos e armênios), e os turcos, com suas altas taxas, eram vistos como estrangeiros tiranos, o que significava que a dominação turca era

---

29. Creasy, E. S., *Fifteen Decisive Battles of the World: From Marathon to Waterloo*, London, Bentley, 1851, p. 250.
30. Al-Qalanasi, p. 44.

construída em fundações muito instáveis. A visão depreciativa que os árabes tinham dos turcos é ilustrada pelo poeta al-Basri em seus versos do século X:

> Dizem-me: ficas muito tempo em casa; e então respondo:
> Não é mais divertido andar pelas ruas, pois com quem encontro quando olho por aí?
> Macacos montados em cavalos.[31]

Os curdos também criaram Estados independentes dentro das terras turcas, e manter o controle no sul da Síria também estava mostrando ser difícil para os fatímidas graças à oposição das poderosas coalizões tribais árabes emergentes. A presença dos cristãos maronitas nas montanhas da Síria, dos xiitas alauítas no norte do país e dos drusos no sul também impediu a comunicação entre as cidades costeiras e Alepo e Damasco, no interior. Em partes da Síria e da Anatólia, os cristãos formavam a maioria da população e existe evidência de que eles deram assistência direta aos cruzados. Os cristãos de Artah, a última cidade-fortaleza antes de Antioquia, massacraram sua guarnição turca com a aproximação dos cruzados; Tarso caiu rapidamente depois que as tropas turcas fizeram um assalto desconexo aos cruzados e então pensaram melhor sobre esse objetivo de defender uma cidade de população armênia, que não estava muito interessada em ser defendida.

Os cruzados se remontaram como um exército antes de tomar a Sirat Farfar, ou "Ponte de Ferro", que atravessava o Orontes, e então começaram o investimento em Antioquia. Antioquia resume os problemas dos lordes turcos na Síria. Ibn al-Athir nos diz que, quando seu governante, Yaghi Siyan, foi informado da aproximação dos francos, "ele temia a possível insubordinação dos cristãos da cidade". Então decidiu expulsá-los, o que foi feito de uma forma um tanto astuciosa:

> Quando Yaghi Siyan ouviu sobre a aproximação deles, não estava muito certo sobre como o povo cristão da cidade reagiria, então fez os muçulmanos irem para fora da cidade cavar suas trincheiras e, no dia seguinte, mandou os cristãos sozinhos para completarem a tarefa. Quando estavam prontos para voltar à casa no fim do dia, ele recusou-se a deixá-los entrar. "Antioquia é vossa", disse ele, "mas tereis de deixá-la comigo até eu ver o que acontece entre os francos e nós." "Quem protegerá nossas crianças e mulheres?", inquiriram eles. "Delas cuidarei por vós."[32]

---

31. Em Haarman, U. W., "Ideology and History, Identity and Alterity: The Arab Image of the Turk from the Abbasids to Modern Egypt", *International Journal of Middle East Studios*, maio de 1988, p. 175-96.
32. Gabrieli, p. 5. Citações precedentes e subsequentes também são da mesma fonte.

Ibn al-Athir vai mais a fundo e diz que, se todos os francos que morreram durante o cerco a Antioquia tivessem sobrevivido, teriam devastado as terras do Islã, e ele afirma que o governante era de "coragem e sabedoria sem paralelos". Isso exagera o caso um pouco, mas o cerco quase quebrou os cruzados, e Yaghi Siyan administrou bem a defesa da cidade.

Antioquia era uma criação bizantina; seus seis portões fortificados, 5 mil metros de muralhas (que chegavam a três metros de profundidade em alguns pontos) e 360 torres se mostraram um obstáculo impressionante para os cruzados, assim como o fato de que a muralha dava para um precipício, em um dos lados, e um rio corria junto à seção frontal das muralhas. Além disso, sua cidadela localizava-se quase no topo do Monte Silpius, que ficava dentro dos muros da cidade e a tropa de defesa, embora reduzida, ainda assim era de 5 mil homens. A cidade também estava bem suprida de alimento e tinha fontes de água suficientes.

A guerra de defesa do castelo era uma arte bem desenvolvida no mundo islâmico da época: a resistência em Antioquia durou nove meses, enquanto Tiro e Trípoli fizeram frentes ainda mais impressionantes aos *franj*. Muito se aprendeu durante as antigas campanhas árabes contra as cidades fortificadas bizantinas: tratados sobre *naft* (incendiários), manganelas e armas de defesa foram produzidos, muitas vezes pelos *manjaniqiyin*, os engenheiros que desenhavam e produziam engenhos de cerco para o mundo islâmico.[33] Uma descrição detalhada da abrangente organização das defesas de Tarso no século X nos foi deixada,[34] e um tratado mais recente escrito para Saladino nos conta sobre o *jarkh*, uma besta gigante que precisava de um molinete para recarregar e que atirava *nabalah* (flechas pesadas). É provável que o *jarkh* fosse importado da Pérsia e que tivesse até influência chinesa sobre sua construção.[35]

O problema para Yaghi Siyan era a falta de um exército de campo eficaz, na região, que pudesse aliviar o cerco e ameaçar os *franj,* que o sitiavam. Em um plano de guerra de castelo clássico, como o praticado com habilidade exemplar pelos cruzados da Síria no século XII (até a

---

33. Um construtor de mecanismos de cerco de Bagdá era Ibn Sabir al-Manajaniqi (d. 1220). Seu *nisbah*, ou alcunha, é derivado da palavra *manjaniq*, que normalmente é traduzida como manganela, mas na verdade se refere a qualquer instrumento atirador de projéteis. Seu tratado, famoso em sua época e citado por outros autores, infelizmente se perdeu no tempo. Veja al-Sarraf, S., "Mamluk Furusiyah Literature", *Mamluk Studies Review*, volume 8, nº 1, 2004.
34. Bosworth, C., "Abu 'Amr 'Uthman al-Tarsusi's Siyar al Thughur and the Last Years of Arab Rule in Tarsus", *Graeco Arabica*, volume 5, 1993, p. 183-95.
35. Nicolle, D., "Medieval Warfare: The Unfriendly Interface", *Journal of Military History*, volume 63, nº 3, julho de 1999, p. 579-99.

perda do exército de campo pelo rei Guy na Batalha de Hattin), os defensores de um lugar fortificado procuravam se manter até a chegada do exército de campo do Estado.[36] O problema para os muçulmanos sírios, no final do século XI, era que não havia tal força enquanto Damasco e Alepo estavam em conflito uma com a outra e com Antioquia. A base de força alternativa mais próxima fora da Síria era Mossul: suas forças eram pequenas e seus soberanos estavam muito envolvidos com as guerras civis seljúcidas no Iraque.

Com um impasse de duas semanas, tempo durante o qual os cruzados perceberam que não poderiam investir somente contra as muralhas de Antioquia, os turcos iniciaram a disputa pela cidade abrindo fogo com os suas ofensivas de arqueiros das montanhas em volta de Antioquia. Esquadrões da cavalaria também foram despachados pelo Portão da Ponte, que ficava de frente para o Orontes. Eles conseguiram atacar com relativa impunidade por um tempo, porque o rio os protegia durante as batidas com arqueiros. No entanto, essas táticas-relâmpago não conseguiram diminuir a quantidade de homens dos francos a um grau apreciável, porque eles sabiamente se recusavam a chegar perto dos inimigos, mas conseguiram tomar os cavalos dos cruzados, o que seria importante mais tarde na luta. Os turcos da fortaleza de Harim também fizeram emboscadas aos destacamentos dos *franj* que iam buscar alimentos, e os cruzados ficavam cada vez mais vulneráveis quanto mais longe iam dentro do campo a fim de caçar comida para seu vasto exército.

Os francos responderam a esses desafios com duas iniciativas. Primeiro, eles protegeram uma ponte de barcos através do Orontes e Boemundo resolveu o problema com Harim por uma pequena e hábil armadilha. Ele enviou uma pequena patrulha para cavalgar por áreas que ele sabia serem perigosas e levou um esquadrão maior para seguir o primeiro de uma distância segura. Quando a primeira equipe foi atacada, ela recuou, e o segundo destacamento de cavaleiros de Boemundo emboscou e matou as tropas turcas. A ameaça de Harim estava acabada em meados de novembro. Antioquia agora estava sozinha e seu porto, São Simeão, havia sucumbido a uma frota inimiga. A habilidade dos francos em manter uma presença naval forte no leste do Mediterrâneo, uma peça chave a partir dos dois séculos seguintes de guerra, começou com a queda do São Simeão.

Yaghi Siyan estava perdendo a disputa, mas tinha um estoque de comida, ao passo que os suprimentos dos francos estavam acabando. Ele também havia mandado seu filho o príncipe de Damasco, a Duqaq, e outros príncipes, de cidades menores da região, em julho, e deve ter

---

36. Ver France, p. 24-6.

esperado que o alívio estivesse a caminho. Por volta de dezembro, a fome havia atingido o acampamento dos cruzados e nem mesmo as execuções de turcos capturados ante as muralhas de Antioquia faziam dano aparente ao moral das tropas de defesa. Eles respondiam com execuções equiparáveis dos cristãos armênios e com a suspensão regular pelos pés do patriarca da cidade sobre os muros. Ibn al-Qalanasi nos conta do estocamento de comida gigante a que os francos recorreram no final de dezembro de 1097. Ele diz que os francos enviaram por volta de 30 mil soldados para o distrito montanhoso de Jabal al-Summaq, mas era provável que fossem cerca de 400 cavaleiros montados com infantaria de suporte liderados por Boemundo e Roberto de Flandres; essa força pilhou a cidade de al-Bara.

Enquanto isso, Duqaq de Damasco estava indo em direção a eles com uma grande força na rota de Antioquia. Mais cedo, na manhã da véspera do Ano-Novo, os damascenos surpreenderam o acampamento dos francos; usando duas manobras de flanco, eles tentaram cercar os cruzados. A estratégia de Boemundo e a mobilidade disciplinada dos seus normandos mais uma vez salvaram os cruzados. Boemundo havia aprendido muito sobre seus adversários, pelo contato com os mercenários turcos durante suas campanhas contra os bizantinos e as lutas com Kilij Arslan. Uma vez que era, sem dúvida, o mais inteligente dos príncipes cruzados, teve um grande interesse em todas as instruções que o imperador Aleixo, seu antigo inimigo e agora (admitidamente não confiável) aliado, deu aos cruzados sobre o método de guerra dos turcos. Os bizantinos tinham uma tradição de investigar com cuidado as ações de todos os seus inimigos. Por exemplo, o famoso *Taktika* de Leão, o Sábio, nos conta sobre os inimigos muçulmanos da época:

> Exércitos sarracenos utilizam camelos para bagagem, em vez de bovinos, burros ou mulas, porque esses animais causam medo [atacam] à cavalaria. Eles também usam címbalos e tambores para amedrontar os cavalos dos inimigos; seus próprios cavalos estão acostumados a isso. Eles costumam manter os camelos e outros animais de bagagem no centro de seus exércitos, onde prendem bandeiras. Gostam da guerra e são acompanhados por muitos "sacerdotes". Têm o sangue quente e não gostam do clima frio. Sua infantaria é composta de etíopes que carregam arcos longos. Ficam à frente de sua cavalaria enquanto os cavaleiros se preparam para atacar. A cavalaria também carrega a infantaria na garupa quando a expedição não está perto da fronteira deles. [A cavalaria] é armada com espadas, lanças e machados.[37]

---

37. Do *Taktika*, traduzido para o inglês por M. Joly de Mazeroi, em Nicolle. Não havia núbios para lutar nas forças turcas que os cruzados haviam encontrado até então, mas haveria nos exércitos fatímidas que eles encontrariam mais ao sul. Os exércitos muçulmanos utilizaram bandas marciais com tambores gigantes e címbalos para amedrontar os inimigos

Boemundo havia descoberto como contra-atacar a ameaça turca e como permitir que os cruzados se aproximassem de seu inimigo e desferissem sua investida. As tentativas turcas de cerco foram frustradas pela divisão da força Cruzada entre as unidades de frente e de retaguarda. A retaguarda tapava os buracos em volta da unidade da frente, permitindo que esta organizasse sua investida de cavaleiros atrás da infantaria pesada. Raimundo de Aguilers descreveu como tudo isso aconteceu no dia em questão:

> Boemundo seguiu à distância com o resto e protegeu as linhas traseiras. Pois os turcos têm este costume em batalha: mesmo que estejam em menor número, sempre tentam cercar seus inimigos. Eles tentaram fazer isso nessa batalha também, mas, por previdência de Beomundo, os ardis do inimigo foram evitados. Quando, no entanto, os turcos e os árabes, vindo de encontro ao conde de Flandres, viram que o assunto não seria resolvido à distância com flechas, mas de perto com espadas, volveram em fuga. O conde os seguiu por quase três quilômetros e, nesse espaço, viu os corpos dos mortos caídos como feixes de grãos ceifados nos campos.[38]

A tática foi um sucesso e a investida de Roberto rompeu o exército de Damasco, que fugiu do campo, mas os príncipes cruzados estavam em tão menor número que de pronto desertaram sua infantaria e seu saque, fugindo para Antioquia. Do ponto de vista estratégico, a ventura em busca de comida havia sido um sucesso, pois fez Duqaq voltar a Damasco. Do ponto de vista operacional, porém, constituiu um revés para os francos, pois eles haviam perdido um destacamento de infantaria, o que era muito significativo, visto que, naquele momento, muitos cavaleiros estavam agindo como infantaria graças à tática turca de antes, que matou os corcéis cruzados. Além disso, a partida de Boemundo e Roberto encorajou os turcos de Antioquia a lutar com as forças reduzidas em suas muralhas. Em 29 de dezembro, Yaghi Siyan havia mandado um destacamento pelo Portão da Ponte, que tinha sido perseguido por um corpo de cavaleiros provençais sob o comando de Raimundo de Toulouse, até que estivesse em campo aberto. Os turcos, então, deram meia-volta e se lançaram contra eles, impulsionando-os confusos contra a Ponte de Barcos dos francos, onde houve aglomeração e pânico. Os turcos mataram poucos cavaleiros, mas roubaram uma bandeira da Virgem Maria

---

até o fim do período das Cruzadas. *O tabarzin*, um grande machado usado pela cavalaria antiga, seria reintroduzido pelos mamelucos do Egito no século XIII como parte de seu formidável armamento pessoal.
38. Krey, p. 136-9.

do porta-estandarte, o bispo de Le Puy, e se deleitaram em mostrá-la sobre as muralhas da cidade ao retornarem.

O cerco continuou durante o inverno. Ibn al-Qalanasi nos diz: "óleo, sal e outras necessidades se tornaram caras e difíceis de conseguir em Antioquia", mas então, "tanto era contrabandeado para a cidade que ficaram baratos novamente".[39] Fora das muralhas, os francos ferviam cardos e buscavam sementes no esterco de animais. A essa altura, Yaghi Siyan deve ter considerado que já tinha ganhado o duelo. Havia notícias animadoras de um massacre de 600 "civis" cruzados que procuravam desesperados por comida, longe de seu exército e nas mãos de um dos destacamentos dele, assim como deserções de *franj*, tanto de seu próprio exército como do contingente grego sob o comando do tenente de Aleixo, Tácito. A quase traição da cidade pela família de um aristocrata turco capturado foi frustrada pela retirada de uma das principais torres do portão do cuidado deles e, então, os cruzados executaram seu refém quando o plano falhou. Em fevereiro de 1098, chegou a informação de que Ridwan de Alepo estava a caminho com 12 mil homens para romper o cerco. O lorde de Alepo veio ao socorro de Antioquia não por motivos elevados, mas porque suas terras estavam sendo afetadas pelos assaltos francos.

O exército de Ridwan formou duas linhas de batalha, com o Orontes à direita e o sopé do Monte Staurin à esquerda. Isso foi insensato, pois eles tornaram o rio e a montanha barreiras a qualquer manobra de flanco que pudesse ter conduzido contra o pequeno número de cavaleiros montados que enfrentaram. Contudo, o plano de Ridwan pode ter sido forçar os francos a batalhar. Como os outros príncipes seljúcidas, ele estava sempre pensando em possíveis revoltas domésticas quando estava longe da sua capital e queria retornar a Alepo o mais rápido possível. Ele também cometeu o erro básico de muitos comandantes da história e também do nosso tempo: lutou não para derrotar os cruzados, mas para preservar sua força e vencer os francos. Como Heródoto diria, a falha do ataque era garantida, porque foi exercido com a "tendência mais perigosa da guerra: o desejo de vencer sem morrer no processo". A batalha de fronte estreita e compromisso limitado que Ridwan escolheu lutar se adequava muito bem aos cruzados. Boemundo arrumou suas tropas montadas em seis linhas, com seus próprios cavaleiros na última linha. A infantaria ficou com a tarefa de repelir as invasões da Antioquia. Os turcos se aproximaram dos *franj* muito mais rápido do que os comandantes seljúcidas esperavam. A cavalaria dos *franj* pode

---
39. Al-Qalanasi, p. 48.

ter ficado escondida em uma dobra de terra, e a vanguarda de Ridwan estava em batalha com a primeira linha de francos montados antes que alguma salva de flechas pudesse ser disparada. Os turcomenos com armas leves com que os cruzados entraram em luta nesse primeiro estágio logo caíram. Foi apenas quando os francos encontraram os *askari* nas últimas filas do exército turco que eles foram detidos, pelo menos por hora. O *Gesta Francorum* nos conta sobre esse momento da batalha, quando o resultado ainda estava em dúvida, conforme os *askari* soltaram suas flechas e então iam à frente para enfrentar os *franj* com maças, espadas e lanças:

> O clamor ressoou aos céus, chuvas de armas escureceram o firmamento. Quando suas tropas de maior valor, que estavam atrás, apareceram, atacaram nossas forças de forma brusca, e nossos homens recuaram um pouco.

A batalha foi dos francos simplesmente por causa de sua liderança inspirada, a qual Ridwan não podia alegar ter, e porque os cruzados tinham um fervor religioso que faltava muito aos turcos de Alepo. Isso é claro até no meio da hipérbole do *Gesta*:

> Quando o homem mais viajado, Boemundo, viu isso, ele grunhiu. Então ordenou a seu oficial (...) "vai o mais rápido que puderes como um homem bravo e lembra-te dos nossos ilustres e corajosos ancestrais. Sê sagaz no serviço de Deus e do Santo Sepulcro, e tem em mente que essa batalha não é carnal, mas espiritual. Sê então o mais corajoso dos atletas de Cristo. Vai em paz. Que o Senhor esteja contigo em todos os lugares". E, então, aquele homem, fortificado em todos os lados pelo sinal da cruz, entrou nas linhas dos turcos como um leão que, faminto por três ou quatro dias, vai da sua caverna enraivecido e sedento do sangue das bestas e, correndo de forma inesperada em meio aos rebanhos de ovelhas, rasga-lhes em pedaços enquanto elas fogem aqui e acolá. Tão violentamente ele pressionou sobre eles que pedaços de seu renomado estandarte voaram sobre as cabeças dos turcos. Ademais, conforme as outras linhas viam que a bandeira de Boemundo era levantada de forma gloriosa ante eles, volviam para batalhar mais uma vez e, em harmonia, nossos homens atacaram os turcos que, atônitos, fugiram.[40]

A derrota não terminou até que Harim estava queimando e a vitória se dava com as execuções dos prisioneiros nos muros de Antioquia, como uma advertência terrível contra a continuação da resistência.

Mesmo levando em conta as falhas óbvias de Ridwan como comandante e a mentalidade de "tudo ou nada" dos cruzados, a derrota turca ainda parecia surpreendente, visto que seu exército era muito

---

40. Krey, p. 136-9.

grande e o suprimento de cavalos dos francos havia sido diminuído tanto pelos arqueiros turcos como pela fome e por doenças. Contudo, deve ser lembrado que as forças seljúcidas regulares disponíveis para Ridwan e seu irmão Duqaq eram poucas em número. Alepo e Damasco não tinham mais que mil soldados regulares cada, ao passo que o *Livro do Governo* de Nizam al-Mulk dá como exército permanente ou guarda-costas do grande sultão seljúcida, no alto de seu poder, pouco mais de 4 mil homens, a maioria desmontada. O exército seria então composto em sua maioria de turcomenos com lealdades duvidosas ao impopular príncipe Ridwan. Grandes exércitos regulares permanentes turco-muçulmanos não seriam vistos na Síria por mais 150 anos, visto que os homens da Primeira Cruzada fizeram uma coesão poderosa e uma familiaridade entre eles, pelo menos no campo de batalha, o que lhes permitia operar bem como um exército, em vez de como grupos distintos de guerreiros. Sugeriu-se que a investida europeia evoluiu durante as Cruzadas, porque os cruzados tinham uma unidade de propósito que permitia aos homens e cavalos se moverem com igualdade. Sem tal unidade, a investida é inútil e seu impacto é dissipado se os membros da unidade chegam aos poucos.[41] Seria necessária uma revolução no governo e nos militares islâmicos para que uma força do mesmo tipo surgisse entre os muçulmanos. Contudo, quando aconteceu, foi devastadora aos Estados cruzados.

Ibn al-Athir dá uma introdução ao encontro seguinte dos muçulmanos com os *franj* e olha mais atrás na história da Síria na década de 1070 para apontar: "Os fatímidas do Egito temiam ao ver os seljúcidas estendendo seu império ao longo da Síria até Gaza, até que eles alcançaram a fronteira egípcia e então [os seljúcidas] invadiram o Egito. Na sequência, eles convidaram os francos a invadir a Síria e proteger o Egito dos muçulmanos [sunitas]".[42]

Ibn al-Athir escreveu para a família do herói sunita Nuredin e viu a história sob a luz do jihad sírio-sunita, que havia evoluído no final do século XII para o maior desafio dos francos. De fato, não há evidência nos textos contemporâneos disponíveis a nós de que os enviados fatímidas que apareceram no acampamento cruzado em fevereiro de 1098 tenham proposto a divisão das posses seljúcidas da Síria entre os cruzados e os fatímidas.[43] Dito isso, é factível que os fatímidas não tenham

---

41. France, p. 34-8.
42. Gabrieli, p. 4.
43. Quem sugeriu isso foi Steven Runciman em seu estudo magistral *A History of the Crusades,* volume um*: The First Crusade and the Foundation of the Kingdom of Jerusalem,* Cambridge, Cambridge University Press, 1951, p. 139. A ideia é insustentável dadas as evidências disponíveis e dado o fato de que os fatímidas aprisionaram enviados francos ao Cairo em 1098.

ficado descontentes com a formação do Estado latino no norte da Síria. Al-Azimi narrou que, em 1095-6, "o imperador bizantino escreveu [aos fatímidas] sobre a aparição dos francos".[44] Os fatímidas podem ter tentado utilizar a força estrangeira em sua estratégia para enfrentar a ameaça seljúcida. Eles foram usados para contar como a "terceira força" na Síria: as operações bizantinas no norte da Síria eram comuns no século XI e os fatímidas eram muitas vezes informados de seus objetivos. Os fatímidas também conseguiram reconquistar Jerusalém e o litoral sul da Síria dos seljúcidas, enquanto seus inimigos estavam distraídos por lutas internas ou com os francos.

O cenário mais provável é que a tomada de Jerusalém pelos fatímidas, em julho de 1098, tenha sido uma reação à possibilidade de assalto franco no sul da Síria, em vez de ser parte de um acordo entre o Cairo e os cruzados por uma divisão do Levante. Dá-se crédito à ideia de que o assalto fatímida a Jerusalém teve relação direta com o sucesso franco na Antioquia pelo tratamento dado a esses dois eventos por al-Qalanasi, na *Crônica de Damasco*. Ali, o autor descreve a queda de Antioquia em junho de 1098 e, então, imediatamente discute a tomada de Jerusalém pelo vizir al-Afdal em julho:

> Ele acampou na frente de Jerusalém, onde, naquela hora, havia dois emires e um grande corpo de turcos, e enviou cartas a eles demandando-lhes que entregassem Jerusalém sem guerra nem derramamento de sangue. Quando recusaram seu pedido, ele lançou um ataque sobre a cidade e, tendo armado manganelas contra ela, que fizeram uma brecha nas muralhas, ele a capturou e recebeu a rendição do Santuário de Davi. Al-Afdal retornou, então, com seus *askari*, ao Egito.[45]

Talvez tenha começado a aparecer nas lideranças fatímidas, durante suas discussões com os príncipes cruzados, que os *franj* não eram um exército mercenário bizantino com quem poderiam negociar. Contudo, faltam evidências de tal entendimento das motivações e intenções dos francos nas fontes escritas muçulmanas da época. Pode-se ter certeza, porém, que as negociações entre os cruzados e os fatímidas na Antioquia foram vitais para a sobrevivência do exército cruzado no momento em que estava em condições fracas, quando tinha acabado de sobreviver ao inverno e à incursão de Ridwan. Uma frase famosa de Churchill diz que, "conversar é sempre melhor do que guerrear", e os cruzados ganharam um valioso espaço para respirar de uma agressão egípcia em potencial, em um momento no qual a Cruzada estava em risco de colapso.

---

44. Em Hillenbrand, p. 44.
45. Al-Qalanasi, p. 45.

O aspecto mais importante da reocupação fatímida de Jerusalém e da reafirmação do controle no sul da Síria foi que eles não tiveram tempo de consolidar o controle sobre a região antes que ele fosse retirado deles pelos cruzados, em julho de 1099. A campanha deles contra os turcos, em última análise, só beneficiou os francos.

Antioquia foi afinal entregue aos francos depois que eles pagaram o defensor de uma das torres da cidade, chamado Ruzbih, ou Firuz, com uma "fortuna em dinheiro e terras", como diria Ibn al-Athir, para deixar os normandos de Boemundo entrarem na cidade em um ponto perto do Portão de São Jorge. Os normandos se infiltraram na torre durante a noite:

> Outro bando deles subiu a torre com cordas. Ao amanhecer, quando mais de 500 deles estavam na cidade e os defensores estavam cansados depois do turno da noite, eles soaram as trombetas. Yaghi Siyan acordou e perguntou o que significava o barulho. Disseram-lhe que as trombetas soaram da cidadela e que ela devia ter sido tomada. Na verdade, o som não veio da cidadela, e sim da torre. Yaghi Siyan entrou em pânico, abriu os portões da cidade e fugiu em terror, com uma escolta de 30 escudeiros. Seu comandante do exército chegou, mas, quando descobriu por indagação que Yaghi Siyan havia fugido, escapou por outro portão. Isso muito ajudou os *franj*, pois se ele tivesse se mantido firme por uma hora, eles teriam sido aniquilados. Eles entraram na cidade pelos portões e a saquearam, matando todos os muçulmanos que lá encontraram.[46]

Essa incriminação de Yaghi Siyan e do comandante é um pouco ilusória. Os francos fizeram um ataque de distração na cidadela, o que, somado ao caos criado pelas tropas de Boemundo levantando suas bandeiras dentro das muralhas e gritando "Deus Lo Volt!", praticamente assegurou uma resposta muçulmana em pânico. Os cristãos armênios dentro de Antioquia também haviam entregado as defesas turcas e, depois de matá-las, abriram mais portões para os cruzados. Considerando-se esse colapso rápido da situação, a "deserção" de Yaghi Siyan não parece tão imprudente e covarde. Ele com certeza pagou o bastante por isso: sua cabeça foi apresentada aos cruzados por um armênio dias depois. Agora, apenas a cidadela restava nas mãos dos turcos, sob o filho de Yaghi Siyan, Shams al-Dawla.

Outro motivo para a derrota dos turcos antioquianos, na manhã de 3 de julho de 1098, foi que eles estavam esperando a chegada iminente

---

46. Ibn al-Athir, em Gabrieli, p. 6.

de Karbuqa, o *atabeg*⁴⁷ turco de Mossul, com uma unidade de reforço. Para combater isso, Boemundo mais uma vez mostrou o nível de sagacidade que ultrapassava seus contemporâneos, quando fez com que uma grande parte do exército partisse do cerco na tarde de 2 de junho, supostamente para enfrentar o exército de Karbuqa, que diziam estar chegando logo. Ver isso parece ter deixado as defesas com a guarda perigosamente baixa.

As tropas de Antioquia também haviam tido uma falsa sensação de segurança com as notícias do tamanho do exército que Karbuqa estaria trazendo consigo. Ele estava preparado, ao contrário de Duqaq e Ridwan, para comprometer uma força impressionante para o reforço da Síria e, mais importante, permanecer na região e talvez até tentar anexar o norte da Síria às suas terras na Jazira perto de Mossul. Isso se tornaria comum no futuro, com os príncipes islâmicos lançando assaltos contra os cruzados e, ao mesmo tempo, tentando conquistar de Mossul parte do império sírio para eles mesmos. Infelizmente, para conseguir uma força grande o bastante para enfrentar os cruzados, Karbuqa foi forçado a formar uma coalizão que o uniu com possíveis competidores por qualquer ganho territorial na Síria. As forças vinham de Damasco, Homs e Hama, e também de Mossul.

Grupos de batedores chegaram a Antioquia em 5 de junho, e houve escaramuças imediatas com cavaleiros cruzados em volta das muralhas da cidade. O exército principal já havia tomado a Ponte de Ferro ao norte de Antioquia e tinha massacrado sua tropa Cruzada. O exército muçulmano então acampou a três quilômetros da cidade e começou a tentar fazer contato com os sobreviventes da defesa de Antioquia, que ainda mantinham a cidadela, bem como a sondar as fraquezas na defesa da cidade. Eles então resolveram tentar reduzir o forte cruzado que guardava a estrada para São Simeon, pela qual os cruzados recebiam seus suprimentos. Karbuqa enviou um destacamento de tropas para enfrentar a guarnição, e a mesquita convertida se rendeu em 9 de junho. Sua guarnição fugiu para Antioquia sob a furiosa pressão dos homens de Karbuqa. A captura do forte permitiu que Karbuqa então fizesse um cerco completo aos já famintos cruzados. Naturalmente, ele havia recebido informações da cidadela de que os francos estavam em uma posição muito enfraquecida. Tanto Ibn al-Qalanasi como Ibn al-Athir registraram

---

47. *Atabeg*, literalmente, "pai-senhor", era um guardião do mundo turco, em geral de um príncipe infante. Na verdade, o *atabeg* mediava o poder político e, muitas vezes, casava-se com a mãe do príncipe para legitimar seu governo. *Atabeg* também muitas vezes substituíam a linhagem real com sua própria dinastia.

como os francos foram "reduzidos a comer carniça", como "os ricos comiam seus cavalos (...) e os pobres comiam folhas das árvores", e que uma embaixada mandada pelos cruzados para Karbuqa pedindo por passagem segura por suas terras se eles abandonassem Antioquia foi respondida com: "Tereis de lutar por sua saída".

Reforçando a cidadela e colocando tropas no sopé do Monte Silpius, Karbuqa agora completava seu cerco à cidade. Isso, somado ao risco de uma invasão da cidade pela cidadela, forçou os francos a um ataque direto ao acampamento de Karbuqa, com a esperança de deixar os muçulmanos em pânico e, assim, fazê-los desistir do cerco. No começo, o golpe ousado pareceu triunfante, mas Karbuqa foi capaz de organizar e lançar um contra-ataque rápido, que varreu os *franj* de seu acampamento e gerou uma debandada em pânico entre a infantaria Cruzada de volta para os portões da cidade, durante a qual muitos soldados foram pisoteados até a morte. Tentando usar esse êxito, Karbuqa então lançou um ataque de duas pontas a Antioquia. Enquanto as tropas faziam uma incursão da cidadela, os defensores cruzados também eram enfrentados por tropas nas muralhas do sul. A amplitude do ataque foi concebida para dispersar o efetivo reduzido dos cruzados. Uma ideia do número de soldados empregados por Kabuqa na briga é dada pelos cronistas latinos, que noticiaram ondas sem-fim de agressores muçulmanos entrando em batalha no período de cerca de quatro dias, e pelo fato de que Boemundo estava preparado para sacrificar parte da cidade incendiando-a, em uma tentativa de prevenir mais deserções dos cruzados, em frente ao grande número de adversidades, e para negar aos muçulmanos uma grande frente de ataque. A defesa estava desesperada, mas ficou claro para Kabuqa que atacar apenas as muralhas do sul não levaria à queda da cidade. Portanto, ele se retirou do assalto em 14 de junho e reimplantou suas forças em uma seção das muralhas ainda mais ampla. No entanto, isso deu aos cruzados uma pausa: ao dar essa pequena prorrogação, Karbuqa quebrou uma das regras da guerra de cerco que al-Ansari descreve como a chave para a redução de lugares fortificados:

> Quando a investida está em andamento, não deve haver pausa no descarregamento das manganelas contra eles e não deve haver abatimento na quantidade de fogo das manganelas em nenhuma hora do dia ou da noite. Desistir do ataque contra eles é um dos elementos que diminui seu temor e reforça seus corações.[48]

---

48. Al-Ansari em Scanlon, G., *A Muslim Manual of War*, Cairo, American University of Cairo, 1961.

Com certeza, Karbuqa não saberia que os *franj* teriam sua fé revigorada por um aparente milagre na cidade, ou que isso iria sustentar tanto a resistência como a vontade de vencer deles, não importasse o preço. Como um homem não militar, Ibn al-Athir também pode ser desculpado por não compreender o mesmo que Napoleão, que "o moral está para o físico em uma razão de três para um". Sua descrição do descobrimento da Santa Lança de Longino não compreende bem o que esse evento significou na disputa pela cidade, apesar de que, embora de forma cínica, ele sugeria que esse evento estava diretamente relacionado com a decisão dos cruzados de entrar em batalha no dia 28 de junho:

> Havia um homem santo que tinha grande influência sobre eles, um homem de pouca astúcia que proclamava que o Messias tinha enterrado uma lança [na Igreja de São Pedro] em Antioquia. "Se a encontrardes, sereis vitoriosos e, se falhardes, decerto morrereis." Antes de falar isso, ele enterrara a lança em um lugar certo e escondeu seus rastros. Ele os estimulou a correr e se arrepender em três dias e, no quarto dia, os levou ao lugar com seus soldados e escavadores, que cavaram por toda a parte e encontraram a lança como ele havia dito. Então ele gritou: "Rejubilai-vos! A vitória é certa!".[49]

Não havia motivo para esperar qualquer dificuldade na vitória sobre os francos. Eles estavam em menor número e quase sem cavalos de guerra. Contudo, Karbuqa tinha seus próprios problemas, que vinham da complexa natureza de sua força. Seria improvável que um cerco extenso não tivesse deserções de muitos líderes que haviam levado suas tropas a seu serviço. Ibn al-Athir também nos conta que Karbuqa era um líder arrogante que provocava a antipatia dos outros príncipes. Portanto, é possível que Karbuqa quisesse que os francos entrassem em uma batalha de tudo ou nada. Isso explicaria por que foi dado bastante tempo a Boemundo para que ele arranjasse suas, agora amplas, formações baseadas em infantaria fora das muralhas de Antioquia e, assim, ganhasse a vantagem da proteção do seu flanco direito pelo Rio Orontes. Ele pôde até enviar um destacamento de infantaria e cavalaria para alcançar a terra alta a quase três quilômetros de distância, para proteger seu flanco esquerdo. Cada destacamento de cruzados cobria a coluna do seguinte, conforme se movia em linha e se ligava ao destacamento à esquerda. O planejamento de Boemundo era perfeito, mas existe pouca dúvida de

---

49. Em Gabrieli, p. 8. Ibn al-Athir dá a descrição da descoberta da lança sagrada e então vai direto para a Batalha de Antioquia em sua narrativa. Ele conta da recusa de Karbuqa a dar passagem segura aos francos antes do "milagre" da lança sagrada. As fontes ocidentais colocam a negação de Karbuqa à retirada negociada algum tempo depois da descoberta, o que parece estranho, dado o efeito eletrizante que a lança teria causado nos francos.

que Karbuqa tenha evitado que seus comandantes se lançassem sobre os francos. Como Napoleão disse, "não se deve interromper seu inimigo quando ele está cometendo um engano".

No entanto, Karbuqa não percebeu que sua estratégia estava sendo considerada covardia por seus aliados. Ele também errou a hora do ataque da sua força principal, tanto que este foi desferido contra os cruzados somente depois que eles haviam repelido ataques dos contingentes turcos, que guardavam as muralhas do sul e do oeste. Se ele tivesse soltado seus arqueiros montados conforme os ataques eram feitos pelas "tropas da muralha", a batalha teria acabado da maneira turca clássica: com o inimigo destruído por disparos de arqueiros por todos os lados. Como aconteceu, a força tardia de Karbuqa encontrou as forças que se precipitavam em retirada dos portões, o que, somado à diminuição da confiança de vários emires em seu comandante, foi o bastante para causar a derrota de todo o exército. O fato de que o exército de Karbuqa nunca lutou com seriedade contra os cruzados e que sua fuga do campo foi precipitada é tornado evidente pelas poucas baixas que ele sofreu e pelo abandono de suas mulheres e tendas ao inimigo. A cidadela também caiu rápido para as tropas de Boemundo.

Um elemento crucial da vitória Cruzada em Antioquia foi o fervor religioso que se apoderou dos cruzados. Demoraria um pouco mais para uma paixão assim ser acesa em meio aos militares turcos da Síria, mas os cruzados agora seguiam para enfrentar um novo inimigo, os fatímidas, que imporiam a Guerra Santa contra os invasores com toda a força que tinham.

2

AGITAÇÕES DE UMA RESPOSTA

Jihad xiita e expedições sunitas

> Isso é guerra,
> E o homem que evitar o redemoinho para salvar sua vida
> irá ranger os dentes em penitência.
> Isso é guerra,
> E a espada do infiel está nua em sua mão,
> Pronta para ser revestida novamente em pescoços e crânios de homens.
> Isso é guerra,
> E aquele que jaz na tumba em Medina
> parece levantar sua voz e urrar: "Ó filhos de Hashim!".
>
> *Al-Abiwardi, poeta iraquiano do século XII* [50]

A resistência muçulmana entrou em colapso depois da Batalha de Antioquia, e o caminho dos cruzados para Jerusalém estava livre. Apenas a logística e as brigas entre os líderes cruzados atrasaram o avanço à cidade. Divisões de busca de suprimentos entraram cada vez mais no território para garantir suprimentos de comida e forragem. Alguns cavaleiros "desertaram" a causa de Jerusalém e, em vez disso, foram para Edessa buscar serviços com Balduíno de Bolonha. Balduíno havia conseguido tirar o controle de Edessa das mãos do seu senhor armênio durante uma expedição dissidente da Cruzada no final de 1097. Seu fornecimento de cavalos armênios, para os cruzados antes da Batalha de Antioquia, e as três semanas que Karbuqa havia passado sitiando

---

50. Em Gabrieli, p. 12. "Aquele que jaz na tumba" é o profeta Maomé. "Os filhos de Hashim" são seus sucessores indignos, os califas da Bagdá do século XII.

Edessa, antes de ir para Antioquia, foram fatores cruciais para a sobrevivência da Cruzada.⁵¹

Uma força Cruzada também foi em direção a Maarrat al-Numan. Seus ataques à cidade são interessantes em vários aspectos. Primeiro, o *Gesta Francorum* registra como os sírios cristãos haviam ajudado os cruzados durante o cerco à cidade. Essa "boa vontade" foi logo dissipada pela intolerância racial e religiosa dos francos. Uma carta dos cruzados para o papa resume bem suas percepções: "os hereges, gregos, armênios, sírios e jacobitas que não fomos capazes de sobrepujar".⁵² Essa incapacidade de se integrar aos cristãos locais levaria os cruzados à mesma posição, que os turcos seljúcidas estavam em 1098: soberanos isolados e impopulares com pouco apoio local com que contar quando sob pressão.

O segundo ponto digno de nota sobre Maarrat é que os francos ficaram com uma reputação de selvageria depois do cerco a Maarrat. Independentemente do que tenha ocorrido em Maarrat – e nós temos a opção entre Fulquério de Chartres, que diz que os francos ficaram famintos até se tornar canibais, e Raul de Caen, que os relata como fanáticos devoradores de crianças –, os muçulmanos, a partir de então até a queda de Jerusalém, pareciam de fato temer os francos e relutavam a combatê-los. Cidades fortificadas como Homs e Trípoli agradavam aos francos com montarias novas e suprimentos. É claro que havia certo grau de oportunismo em tudo isso. Como eram governantes ínfimos, eles não podiam confrontar os francos sozinhos e, ao ajudar a marcha Cruzada, eles os empurravam para o Nahr al-Kalb, ou Rio Canino, que marcava o começo das terras fatímidas. Na verdade, *houve* resistência quando os francos se recusaram a negociar: como na cidade costeira de Arqa, onde a brutalidade franca – resumida de forma clara por um poeta de Maarrat: "Eu não sei se minha terra natal é um pasto para animais selvagens ou minha casa..."⁵³ – foi, na verdade, contraproducente. A clemência poderia ter obtido melhores resultados naquela região, em que os turcos eram impopulares mesmo entre os muçulmanos sírios.

O último ponto sobre Maarrat é que o primeiro assalto cruzado foi derrotado por uma força de tropas isoladas de Alepo e que, até quando os francos retornaram em bem maior número, uma milícia da cidade recrutada às pressas, que atirou colmeias sobre seus agressores enquanto eles escalavam as muralhas, segurou os francos por umas duas semanas:

---

51. Riley-Smith, J., *The Crusades: A Short History*, London, Athlone Press, 1990, p. 27.
52. Em Fink, H., *Fulcher of Chartres: A History of the Expedition to Jerusalem 1095-1127*, traduzido para o inglês por F. Ryan, Tennessee: University of Tennessee Press, 1969, p. 111.
53. Em Maalouf, p. 37.

Os habitantes defenderam sua cidade com bravura. Quando os francos perceberam a determinação ferrenha e a devoção dos defensores, construíram uma torre de madeira do tamanho das muralhas da cidade e lutaram de cima dela, mas não conseguiram causar nenhum dano grave aos muçulmanos. Em uma noite, alguns muçulmanos entraram em pânico e, em seu estado desmoralizado, pensaram que, caso se fechassem em um dos maiores prédios da cidade, conseguiriam se defender melhor. Outros os viram e seguiram o exemplo, deixando outra parte da muralha desprotegida e, com o tempo, conforme um grupo seguia o outro, a muralha inteira foi deixada sem proteção; assim, os francos subiram com escadas. A aparição deles na cidade aterrorizou os muçulmanos, que se trancaram em suas casas. Por três dias a matança não parou...[54]

Em Maarrat, até certo ponto, os cidadãos resistiram aos soldados profissionais da Cruzada, e um pequeno grupo de soldados turcos lutou ao lado de cidadãos árabes e camponeses. Os árabes do Levante não eram significativos do ponto de vista militar desde que foram tirados da folha de pagamento do Estado pelo califa al-Mutasim no século IX. Enquanto os beduínos eram cortejados como aliados pelos turcos e pelos francos no começo do século XII, os árabes das cidades eram vistos com desdém pelos soldados profissionais persas e turcos da região. Esses árabes metropolitanos formavam o grupo religioso de intelectuais, ou *ulemás*, e davam ao governo os *qadis*, ou juízes religiosos. A ação militar mais cara em que se envolveram foi a organização da *shurta*, ou polícia local.[55] O que aconteceria nos anos seguintes, em termos de resistência aos francos, seria uma união entre os *ulemás* sunitas e os homens militares turcos, que se cristalizou a partir da resistência em Maarrat.

A relutância dos senhores do norte da Síria em atacá-los fortaleceu o moral dos francos quando a Cruzada estava quase em ruínas por causa de uma doença. A febre tifoide matou 1.500 soldados recém-chegados e um importante líder, o bispo de Le Puy. Os fatímidas mostraram igual falta de vontade para enfrentá-los. Os francos passaram por diversos vales estreitos no caminho para Jerusalém, em que poderiam ser parados por um pequeno destacamento de soldados. A falha dos fatímidas em fazer isso ou em mandar um exército de alívio para Jerusalém parece inexplicável, dado que o vizir, al-Afdal, havia recebido uma carta do imperador Aleixo dizendo que a Cruzada não estava mais sob controle

---

54. Ibn al-Athir, em Gabrieli, p. 9.
55. "É espantoso ver quão cedo os árabes sumiram da história muçulmana, sendo uma exceção a Arábia em si." Ver Tritton, A. S., "The Tribes of Syria in the Fourteenth and Fifteenth Centuries", *Bulletin of the School of Oriental and African Studies*, volume 12, 1948, p. 567-73.

dos gregos e agora tinha, como objetivo exclusivo, conquistar Jerusalém. A tropa fatímida de Ramla, o último posto militar antes de Jerusalém, obviamente sabia o que os francos queriam; eles abandonaram seus postos e fugiram diante dos francos. Os cruzados alcançaram as muralhas da Cidade Santa em 7 de junho.

Al-Alfdal talvez tenha ficado confuso com o fato de os cruzados não terem tentado assegurar a cidade costeira de Jaffa antes de se lançarem ao interior em direção a Jerusalém. Ela tinha poucas defesas e uma pequena tropa e iria desempenhar um papel fundamental na campanha da Terceira Cruzada por Jerusalém. Seria impossível manter Jerusalém sem acesso ao mar ou socorro marítimo, então talvez al-Afdal tenha pensado que poderia levar os cruzados ao erro de marchar até Jerusalém e então acabar com eles no meio da Palestina; ele havia reforçado o comandante de Jerusalém, Iftikhar al-Dawla, com outras 400 cavalarias, com as quais iria retardar o progresso cruzado.

Se essa era a estratégia dele, ela foi passada para trás pela coragem e pela proficiência dos cruzados. Iftikhar, como Yaghi Siyam antes dele, se preparou para o conflito que se aproximava expulsando muitos dos cristãos da cidade e destruindo todas as fontes de água locais. Contudo, os cruzados se recusaram a repetir os erros de Antioquia. Seus 1.300 cavaleiros e 1.200 homens fizeram um ataque em cheio de forma rápida. As muralhas do norte e do sul foram atacadas já em 13 de junho. Os cruzados, em seu fervor, nem se preocuparam em construir torres de cerco e engenhos, de modo que o primeiro ataque infrutífero foi feito apenas com uma escada. Eles se reagruparam e foram alegrados pela notícia de que uma frota genovesa com apenas seis navios havia "conquistado" Jaffa, em 17 de junho, apenas aportando lá e assistindo à tropa local fugir. A carga e a tripulação dessa frota foram levadas ao acampamento, e um genovês chamado Guilherme Embriaco, cujo clã veremos no final de nossa história tramando com os sultões mamelucos que acabariam com o ultramar, foi colocado no comando de uma produção de engenho de cerco. Uma grande frota fatímida chegou e reconquistou Jaffa logo depois.

Na segunda semana de julho, os cruzados estavam prontos com torres e balistas e encheram o fosso da cidade. A tropa fatímida estava ocupada mantendo um ataque de arqueiros a qualquer cruzado, corajoso ou sedento o suficiente para se aproximar da única fonte de água sem veneno fora das muralhas, assim como a qualquer procissão religiosa que os francos ousassem tentar fazer por perto das muralhas da cidade. Eles também deixaram fardos de feno encostados nas muralhas, para diminuir o choque dos projéteis das manganelas, e moveram a artilharia para pontos onde esperavam que os francos empregassem aríetes e torres.

Em 14 de julho de 1099, o ataque começou. Ibn al-Athir oferece uma explicação sucinta sobre a mecânica da queda da cidade: "Eles construíram duas torres, uma das quais, perto de Sião, os muçulmanos queimaram, matando todos dentro dela. Ela havia acabado de começar a queimar quando um mensageiro chegou pedindo por ajuda e para trazer notícias de que o outro lado da cidade havia sucumbido. Na verdade, Jerusalém foi tomada pelo norte...".[56] O assalto cruzado à cidade havia sido planejado como um ataque simultâneo nas muralhas do norte e do sul, mas Godofredo de Bulhão, que liderava as forças na muralha do norte, também tinha vencido os defensores fatímidas. A torre de Godofredo foi desmontada com rapidez durante a noite de 13 de julho e se moveu um quilômetro para baixo das muralhas em relação à sua posição original. Os fatímidas foram incapazes de mobilizar a artilharia rápido o bastante para repelir o ataque de Godofredo. Que o estratagema de Godofredo foi um golpe de gênio é evidente pelo fato de que, dois dias depois, os fatímidas conseguiram arrasar uma torre que Raimundo de Toulouse colocou em ação no Portão de Sião ao sul. As forças muçulmanas usaram o *naft*, ou "fogo grego", com habilidade e al-Tarsusi deixou algumas dicas para seu uso:

> Derreta o alcatrão, adicione a gordura e então coloque a resina depois de derretê-la separadamente. Então, triture os outros ingredientes, cada um separado do outro, adicione-os à mistura, acenda o fogo sob ela e deixe-a cozinhar até que tudo esteja bem misturado (...), pegue a vasilha, que deve ser de barro, e um pedaço de feltro. Em seguida, jogue isso com uma manganela contra o que quer que queira queimar. O fogo jamais será apagado.[57]

Mas precisamos que o cruzado Raimundo de Aguilers nos diga como era estar no caminho dessa chuva de fogo:

> Conforme as máquinas [de guerra] se aproximavam das muralhas, os defensores faziam chover sobre os cristãos pedras, flechas, madeira e palha flamejantes, e atiravam malhos de piche, enxofre e cera acesos, com estopa e trapos contra a máquina. [Isso] causou incêndios que seguraram aqueles que as espadas, muralhas elevadas e valas profundas não desconcertaram.[58]

Os homens da artilharia fatímida também atearam fogo a um grande aríete, mas ele ainda assim destruiu o lado norte da muralha em 14

---
56. Em Gabrieli, p. 11.
57. Em Hillenbrand, p. 528.
58. Em Raymond d'Aguilers's, *Historia Francorum Qui Ceperunt Iherusalem*, traduzido para o inglês por J. e L. Hill, Paris, Bibliothèque National de France, 1969, p. 148.

de julho. Eles não conseguiram, no dia seguinte, atear fogo a uma das torres de Godofredo, apesar do uso de um "lança-chamas" quando a torre estava à distância de uma espada do muro interno; nessa hora a torre estava muito perto para as manganelas montadas na muralha atingi-la, e o atirador de fogo encanado e movido a pistão era a última defesa de artilharia da cidade.

Uma seção das muralhas pegou fogo, então, quando os cruzados também usaram fogo como arma, e os defensores da muralha do norte entraram em pânico. Os cruzados, sob a liderança de Godofredo, alcançaram os muros pela torre. A notícia da brecha causou o fim da coragem entre os defensores da muralha ao sul também. Apesar de uma resistência desconexa no Monte do Templo, e da retirada de Iftikhar e seus guarda-costas para a Torre de Davi, de onde eles foram capazes de negociar a rendição e a passagem segura para o porto de Ascalon, houve pouco que pudesse deter o saque e os assassinatos dos cruzados.

A resposta lenta de al-Afdal para a marcha dos cruzados na Palestina veio tarde demais para ajudar Jerusalém. Quando os cruzados capturaram alguns de seus batedores na costa norte de Ascalon, também descobriram onde al-Afdal estava juntando suas tropas; os cruzados tomaram a iniciativa e marcharam para o porto fatímida. O exército que foi enviado para tirá-los de Jerusalém deveria ter sido mais do que adequado: eles se encontraram no campo e estavam em maior número na proporção de dois para um. Existe um consenso entre os historiadores de que o exército fatímida era uma força decadente de soldados indisciplinados durante a época das Cruzadas. Existe verdade nisso, mas os exércitos fatímidas que enfrentaram os cruzados na virada do século XI para o XII, apesar de possuírem algumas deficiências, deveriam ter sido capazes de derrotar os *franj*. Foram a fraca liderança, a falta de sorte, a assistência naval franca e o fato de que os fatímidas estavam sempre operando longe das terras protegidas do Egito e em uma área consolidada pelos francos que os levaram à derrota.

O exército trazido à Síria por al-Afdal era, como de costume, uma mistura étnica. Fulquério de Chartres descreveu etíopes na tropa fatímida de Jerusalém, mas, na verdade, a infantaria era composta sobretudo por sudaneses. Uma ala da cavalaria árabe foi colocada ao lado de uma cavalaria mais pesada turca. Cada unidade tinha papéis táticos claramente definidos. Os 100 mil homens do exército fatímida da década de 1060 haviam sido reduzidos em virtude da diminuição das fortunas do Egito. Contudo, esse exército do começo do século XII era, na verdade, melhor por ser menor: era mais profissional e menos dividido por questões tribais, além de mais bem provisionado, pelo menos a princípio. Um tratado de al-Tarusi, mesmo que tenha sido escrito para Saladino, mostra como o exército fatímida foi dividido em papéis diferentes:

> Coloque a infantaria à frente da cavalaria para criar uma fortaleza firme. Na frente de todos os soldados a pé, coloque um escudo em forma de losango ou uma tela como proteção contra aqueles que os atacarem com espadas, lanças ou flechas. Atrás de cada par de homens, coloque um arqueiro com uma besta ou arco e flechas pesados. O papel deles é afastar os agressores. As cavalarias defensivas pesadas ficam na retaguarda e são separadas do perigo pelos arqueiros. Enquanto isso, a cavalaria ofensiva espera para uma investida. Soldados são agrupados em unidades com uma separação predefinida entre eles. Elas se abrem como unidades devidamente coordenadas, abrindo caminho assim para a investida da cavalaria. Quando a cavalaria voltar de sua investida e correr para o ponto de partida, a infantaria retorna a seus lugares originais, lembrando os elementos de uma construção. No campo de batalha, é necessário ordenar as fileiras juntas em esquadrões de soldados e com a cavalaria agrupada pavilhão por pavilhão e batalhão por batalhão. Isso deve ser feito quando for hábito do inimigo fazer investidas em massa e para garantir um impacto em destacamentos separados da força deles, como no caso dos malignos cruzados francos e dos vizinhos que com eles se parecem. De fato, a ordenação correta é a essência da disposição de batalha, e essa disposição atordoa e atrapalha esse tipo de inimigo porque, quando eles lançam sua investida contra uma fileira e dela se aproximam, as outras unidades podem atacar o inimigo dos dois lados e cercá-lo.[59]

Tudo isso parece bastante eficaz na teoria, mas a batalha é sempre incerta e não existem garantias de que o inimigo fará sua parte na estratégia. Al-Tarsusi sugere que os "malignos francos" são inimigos prováveis de se abater com esse plano de batalha em particular. Na verdade, quando o exército fatímida enfrentou os cruzados em 12 de agosto, ao norte de Ascalon, os fatímidas foram vencidos com facilidade. É difícil reconstruir a batalha a partir das fontes, mas as evidências disponíveis indicam que a força fatímida estava imóvel e era um alvo perfeito, uma massa fixa de homens, para a investida Cruzada, que transformou a "fortaleza" de soldados em grupos caóticos de homens em pânico. Uma investida foi suficiente: *pro solo impetus nostro**, registraram testemunhas latinas. Tudo indica que os fatímidas tenham sido pegos de surpresa, pela velocidade da movimentação dos cruzados para a investida. Depois de tanto tempo lutando juntos, os cavaleiros cruzados seriam capazes de

---

59. Da tradução original de Cahen. Ver Nicolle.
* N.T.: "Só para o nosso ataque".

se organizar bem rápido atrás de uma parede de infantaria organizada com a mesma velocidade. A organização dos fatímidas teria tomado muito tempo e, se estava incompleta, seria outra causa para a rápida derrota. Al-Afdal também não havia mandado batedores, e o ataque dos cruzados antes do amanhecer o pegou desprevenido.[60] Al-Afdal teve falhas óbvias como general, e essa primeira derrota estabeleceu um padrão e deu tempo aos cruzados para consolidar o controle na Palestina e na Síria.

O exército fatímida sofreu graves danos. Como resultado dessas perdas e do fato de que muitos soldados foram mortos na retirada confusa para Ascalon, demorou mais dois anos até que o vizir retornasse com seu exército para tentar expulsar os *franj* da Palestina mais uma vez. A essa altura, Godofredo, o *advocatus* do Santo Sepulcro, havia morrido[61] e sido substituído pelo rei Balduíno de Jerusalém, antigo conde de Edessa; os *franj* já tinham Jaffa, Hebron, Haifa, Arsuf e Cesareia. Um componente importante da rápida consolidação latina foi a construção de fortificações. A fortificação acabou com muitos dos problemas da falta de efetivo que os cruzados começaram a enfrentar quando os cavaleiros e sargentos voltaram para a Europa depois de terminar sua peregrinação. Balduíno foi "ofensivo" em seu programa de construção. Suas fortalezas através do Rio Jordão foram projetadas especificamente para controlar a área em volta de Damasco, ameaçar a economia agrária dos muçulmanos e impedir a rota de caravanas do Egito.

Dada essa expansão Cruzada, o vizir fatímida ficou sem nenhuma escolha a não ser tentar enfrentar os cristãos. Sua segunda expedição contra eles deixou o Egito em julho de 1101, sob o comando do emir al-Dawla. O exército partiu para Ramla com a esperança de conquistá-la e montar uma base lá. Isso separaria Jerusalém de Jaffa: ela poderia então ser cercada e pressionada até a submissão. Não é nenhuma surpresa tática o fato de que a expedição fatímida tenha começado em Ascalon, pois esse era o último porto fatímida na Palestina e a frota iria agir como apoio ao exército durante a operação. No entanto, havia uma segunda razão para a importância de Ascalon. A cidade tinha um santuário do neto de Maomé, o imame xiita Hussein, e os fatímidas com certeza viam sua guerra contra os *franj* como uma guerra santa abençoada por

---

60. Asbridge, T., *The First Crusade: A New History*, London, The Free Press, 2004, p. 324-5.
61. Todas as fontes muçulmanas dizem que Godofredo morreu por uma flecha muçulmana durante o cerco a Acre. Fontes ocidentais atestam que ele teria morrido por uma doença em Cesareia, em junho de 1100. A mudança de título de *advocatus* para rei foi significativa: Ultramar saiu do controle da Igreja e passou a ser um reino com um trono que se tornaria fonte de disputa entre facções e eventuais divisões dentro do Estado.

seus imames. Isso foi bastante negligenciado por historiadores, pois o jihad não é um ato distinto no xiismo, como é no sunismo, mas sim uma doutrina constante na religião.

O exército chegou a Ramla em setembro de 1101 e foi enfrentado pelos francos no dia 7 daquele mês. É provável que o exército fatímida estivesse com a mesma disposição que tinha em 1099. A cavalaria berbere estava andando livremente e protegida até entrar no campo pelas numerosas unidades de infantaria, arqueiros e cavalaria pesada. A pequena força Cruzada dividiu seus 260 cavaleiros em seis esquadrões, que eram enviados de trás de uma cortina de infantaria até o exército fatímida aos pares. Dessa vez, o centro fatímida resistiu e Fulquério de Chartres nos conta que Balduíno teve de cavalgar com seu último esquadrão pelas numerosas fileiras dos muçulmanos para rompê-las. De acordo com al-Qalanasi, as alas da esquerda e da direita se quebraram com o choque dessa última investida, mas al-Dawla manteve seu centro unido e chegou perto da vitória por simples desgaste. Entretanto, ele foi morto e a resistência do exército ruiu. O exército fatímida principal também caiu pela indisciplina da cavalaria berbere e pela comunicação malfeita em campo. Os berberes haviam cavalgado em campo aberto durante os danos extensivos à infantaria, mas então saíram da batalha e foram a Jaffa, provavelmente em busca de saque. A "deserção" deles permitiu que Balduíno lançasse sua última investida sem medo de ser cercado, apesar de sua infantaria ter sido destroçada pela cavalaria.

Naturalmente, é possível que os berberes não tenham se sentido capazes de enfrentar os cavaleiros cruzados. Eles não tinham a artilharia de flechas dos turcos para contar, tampouco estavam tão bem armados quanto os francos ou os *askari* mamelucos. Eles carregavam apenas uma lança e uma espada; é notável como o comprimento das lanças muçulmanas aumentaria durante as Cruzadas, visto que todo soldado muçulmano relutava a chegar ao alcance das espadas de duas mãos dos cavaleiros. A relutância berbere a continuar a lutar era um sintoma dos problemas profundos do complexo militar fatímida. Faltavam lideranças e finanças: o Egito ainda não havia se recuperado da fome, ou *shidda*, que havia afetado o país de 1066 a 1073, e os rendimentos da Síria estavam agora perdidos entre seus *iqtas*. Baixo moral do exército e brigas internas entre os comandantes sobre as alocações de *iqtas* restantes eram comuns.

Os fatímidas enfrentaram os cruzados novamente em maio de 1102 em Ramla, sob o comando do filho de al-Afdal, Sharaf. Eles derrotaram a pequena força de Balduíno, mas foram incapazes de eliminar o suficiente de seu exército para fazer a vitória valer de imediato. Também não conseguiram conquistar Jaffa, o que tornou a vitória sem valor. Novamente, Balduíno investiu contra o centro da força fatímida, mas dessa vez ela segurou firme e a investida Cruzada se desmantelou. Balduíno só sobreviveu à desintegração de sua força porque cavalgou para fora do campo e se escondeu das tropas fatímidas que o perseguiam em um matagal; ele ficou muito queimado quando seus perseguidores atearam fogo ao matagal, mas então escapou para Arsuf. Ibn al-Athir afirma que os fatímidas poderiam ter seguido em frente até Jerusalém, mas foram para Jaffa, na esperança de pilhagem. Contudo, Balduíno ainda tinha um bom número de tropas em Jerusalém e havia comprometido à batalha um pequeno contingente dos cavaleiros disponíveis, pois tinha subestimado a força dos fatímidas. Portanto, a decisão de Sharaf de ir para Jaffa era tática e não relacionada à pilhagem, e o comandante não teve sorte e perdeu seu prêmio, porque a defesa latina de infantaria da cidade era violenta. Uma frota franca também quebrou o embargo naval dos fatímidas a Jaffa e uma batalha sangrenta aconteceu entre o exército fatímida e sua própria marinha. O exército egípcio conseguiu fazer uma matança dos sobreviventes da batalha de Ramla, mas, quando Balduíno liderou novas forças de Jaffa e enfrentou Sharaf, mais uma vez as tropas fatímidas se quebraram sob sua investida e fugiram do campo. A retirada só acabou em Ascalon.

Apesar desses problemas, al-Afdal continuou a confrontar os francos com todos os meios disponíveis. Ele enviou cartas em 1102 a Damasco pedindo a ajuda de seu exército, "pelas terras muçulmanas e pelo povo muçulmano",[62] e repetiu esses apelos em 1105, pois procurava formar uma frente única com seus inimigos sunitas contra o novo inimigo. A nova "aliança" fez o sunita al-Qalanasi atestar que os xiitas egípcios estavam comprometidos com uma "Guerra Santa" contra os infiéis.

A diplomacia de al-Afdal parece ter sido correspondida em agosto de 1105, quando mais uma vez ele enviou tropas de Ascalon para Ramla. Soldados seljúcidas de Damasco vieram para ajudar sua força e foram quase o bastante para garantir a vitória. Balduíno teve de tirar esses turcos da retaguarda de seu exército antes de seguir em frente para enfrentar os fatímidas. Ele aguentou em campo até o final do dia, mas a vitória foi inconclusiva, para não dizer sangrenta, pois os egípcios fizeram uma retirada bem organizada para seu reduto em Ascalon. *Khila* fatímidas, ou vestimentas de honra, foram dadas aos líderes de Damasco: durante esse período, as *khila* eram um voto de *aman*, ou proteção,

---
62. Al-Qalanasi, p. 53.

e assim os fatímidas afirmavam que existia uma defesa mútua entre os dois Estados.

A guerra dos fatímidas contra os cruzados era jihad, mas infrutífera no campo de batalha. Mesmo quando eles ganhavam a iniciativa, como em Ramla em 1102, toda vantagem era perdida pela inaptidão dos comandantes. As estruturas de comando do exército eram excessivamente complexas. Documentos sobreviventes, que são muitos, discutem em detalhes os vários níveis de comando no exército e as regalias inerentes a esses indivíduos. Existiam os "emires de colar" e os de "corrente dourada". As paradas que aconteciam no Cairo eram muito mais fascinantes do que o desempenho do exército nas batalhas. A decadência parece ter substituído o serviço dedicado e a atenção às artes militares dos oficiais. As incursões fatímidas nas terras Cruzadas distraíram, no entanto, os francos de sua redução das cidades costeiras da Palestina, e isso não deve ser subestimado. Os saques, em uma economia agrária frágil como a da Síria, ofereciam tantas oportunidades de controlar uma região quanto vencer uma batalha difícil,[63] ou ao menos tornavam a ocupação continuada insustentável. A diplomacia damascena de al-Afdal e os esforços da frota fatímida combinados conseguiram manter o controle muçulmano sobre as cidades costeiras na primeira parte do século XII.

Isso não foi um feito fácil para a marinha fatímida. As cidades costeiras da Síria não tinham seus próprios navios de guerra e a ameaça naval turca havia sido contida pelos bizantinos seguindo o programa de rearmamento naval em massa de Aleixo, que produziu três frotas entre 1090 e 1105.[64] Os fatímidas também haviam perdido Chipre e Creta para os bizantinos, além da Sicília para os normandos, antes das Cruzadas. Essas bases mantinham forças navais de "blindagem" que cobriam as entradas marítimas para o Egito e para a Síria. Quando elas se perderam, tornou-se muito difícil garantir a segurança da costa e montar um contra-ataque às posses bizantinas.

A marinha do sultanato almôade do norte da África, que contava com 700 embarcações, a maior marinha do Mediterrâneo na época,

---

63. Posteriormente, os mamelucos impossibilitariam que os senhores cruzados mantivessem territórios simplesmente por convidarem tribos turcomenas a se acomodar na área e saqueá-la vezes seguidas. Para a importância dos saques durante as Cruzadas, veja Gillingham, J., "Richard I and the Science of War in the Middle Ages", em J. Gillingham e J.C. Holt (eds.), *War and Government in the Middle Ages: Essays in Honour of J. O. Prestwich*, Woodbridge, Boydell & Brewer, 1984, p. 78-91.
64. Angold, M., *The Byzantine Empire 1025–1204: A Political History*, segunda edição, London, Longman, 1997, p. 134.

nunca chegou a ser empregada na defesa da Terra Santa. O Egito, então, lutou a batalha naval sozinho e, mesmo assim, conseguiu manter uma campanha ordenada, ainda que onerosa, até 1124.

Depois da derrota de Jaffa em 1103, a frota fatímida se espalhou pela costa e socorreu as cidades sitiadas de Tiro e Acre. O Acre, no entanto, sucumbiu logo ao ataque combinado de Raimundo de SaintGilles e Balduíno. A chegada de 25 navios de uma só vez à costa palestina e a captura de 2 mil remeiros em 1105 foram um grande golpe à marinha, mas foi obtido sucesso em Sidon, em agosto de 1108, contra as tentativas de Balduíno de tomar a cidade. Balduíno havia cercado a cidade em 1107, mas os cidadãos pagaram para que ele fosse embora. Contudo, os dinares do povo da cidade lhe compraram apenas um ano de sossego e Balduíno voltou em 1108, conseguindo fechar o porto com navios e cercar as muralhas em terra. Ele quase conseguiu render a cidade quando a frota fatímida rompeu o bloqueio e trouxe reforço à cidade. Isso, combinado com a chegada de tropas damascenas – a quem foram prometidos 30 mil dinares, o dobro do preço que Balduíno conseguiu –, forçou a retirada dos francos.

A conduta heroica da frota fatímida em Sidon contra uma grande frota genovesa fez com que ela retornasse ao Egito para reparos, o que significou que era tarde demais para salvar Trípoli de uma operação em conjunto com os cruzados envolvendo o exército de Balduíno e uma frota genovesa, em julho de 1109. Os suprimentos e provisões para a frota e para a cidade não podiam ser feitos antes da colheita da primavera e, em seguida, um vento contrário não deixou a frota chegar a seu destino. A frota ficou parada no porto de Beirute e sofreu graves danos durante a queda da cidade em abril de 1110; também não conseguiu navegar para o resgate de Sidon em dezembro de 1110. Ibn al-Qalanasi nos conta sobre a última operação de sucesso contra Sidon:

> Então, chegou à Síria do além-mar uma frota de 60 embarcações, cheia de homens e provisões. A frota estava sob o comando de um rei dentre os francos, que desejava visitar a Cidade Santa e se tornar, conforme acreditava, digno de Deus ao guerrear contra os muçulmanos. Tal rei uniu-se a Balduíno, rei de Jerusalém, e eles chegaram a Sidon. A cidade foi pressionada do mar e da terra. Nesse momento, a frota egípcia foi detida em Tiro e não poderia vir dar assistência aos sitiados. Os francos construíram uma barricada de madeira e a fizeram bastante sólida. Também a fizeram à prova de fogo e de pedras. Então, eles começaram a atacar. Quando os habitantes viram isso, faltou-lhes a coragem e eles temeram que tivessem o mesmo destino que os habitantes de Beirute. Enviaram, então, o *qadi* da cidade e diversos de seus xeques como representantes aos francos e pediram permissão ao rei deles para se render. O

rei prometeu segurança a suas vidas, suas posses e tropas de proteção. Todos estavam livres para permanecer na cidade ou sair dela. O rei fez esses acordos sob juramento. Balduíno retornou a Jerusalém, mas pouco depois voltou a Sidon e impôs àqueles que ficaram em suas casas uma taxa de 20 mil dinares e assim os empobreceu. Eles usaram de força para extorquir dinheiro daqueles que eles sabiam que estavam escondendo.[65]

A frota egípcia foi derrotada de vez no começo do século XII, assim como as forças terrestres. As razões para isso não são difíceis de encontrar. Havia superioridade numérica nas forças disponibilizadas aos cruzados pelas repúblicas marítimas italianas. A ajuda de Gênova estava quase garantida e, no começo das Cruzadas, Gênova concedeu várias embarcações à Terra Santa. Os registros da república indicam que Gênova buscava desafiar o domínio veneziano do norte do Mediterrâneo ao tomar as bases do sul. O sermão de Urbano II era a oportunidade que eles estavam esperando. Nos primeiros 13 anos do século XII, Gênova enviou seis frotas armadas à Síria e, em algumas vezes, 60 galeões eram disponibilizados ao rei de Jerusalém para ajudá-lo em seus ataques às cidades costeiras. Os genoveses ganhavam parte de muitas das conquistas dos cruzados na costa Síria e asseguravam muito do comércio do ultramar. Eles eram a primeira república marítima a ganhar um pedaço de uma cidade, em Antioquia em 1098, e também foram recompensados com igrejas, armazéns e partes de impostos e taxas alfandegárias.[66]

É preciso lembrar que não existia algo como supremacia naval durante as Cruzadas. O controle do mar significava o controle da costa e dos portos. Nenhum galeão da época conseguia ficar no mar por tempo o bastante ou tinha alcance em alto mar o suficiente para rondar em mar aberto, tampouco para fazer um verdadeiro bloqueio naval e assim reivindicar a "propriedade" sobre o leste do Mediterrâneo. Além disso, o Mediterrâneo tem uma forte corrente que vai do oeste para o leste, junto ao litoral africano, o que, com os ventos fortes vindos em sua maioria do norte, teria feito de suas praias ao leste um perigo constante para as embarcações da época, já que nenhuma conseguiria passar pelo vento. Utilizando a força do remo, esses navios conseguiam atingir uma velocidade média de dois nós (aproximadamente quatro quilômetros por hora), e as grandes tripulações dos galeões tinham de ser alimentadas e supridas com provisões de água.[67] Então, se forças terrestres

---

65. Em Gabrieli, p. 27-8.
66. Byrne, E.H., "Genoese Trade with Syria in the Twelfth Century", *American Historical Review*, janeiro de 1920, p. 191-219.
67. Ver Pryor, J. H., *Geography Technology and War: Studies in the Maritime History of the Mediterranean - 649-1571*, Cambridge, Cambridge University Press, 1988.

controlassem os portos ou ilhas, suas frotas poderiam controlar as importantes águas em alto-mar.

Os cruzados começaram sua campanha contra Antioquia reduzindo o São Simeão; eles eram supridos pelo Chipre, sob controle bizantino, e trabalharam muito para tomar as cidades costeiras da Síria dos muçulmanos. Essa tática foi sábia e lhes pagou dividendos, tanto em suprimentos como ao neutralizar a frota fatímida. Além disso, as cidades costeiras dominadas pelos muçulmanos podiam ser conquistadas via mar pelos genoveses quando Jaffa foi consolidada como porto cruzado. Isso explica por que Sharaf desistiu de Jerusalém em 1102 e tentou conquistar Jaffa. Os portos eram a chave para o domínio italiano dos canais costeiros.

Os navios das repúblicas marítimas italianas eram superiores às embarcações muçulmanas do começo do século XII, e eram produzidos mais rapidamente com tecnologia de construção de navios mais moderna, desenvolvida na Itália, a qual construía o navio a partir de uma moldura de vigas e mastros. Os navios egípcios continuavam a ser construídos pelo método trabalhoso de entabuamento; os baixos recursos do Egito e também a falta de matéria-prima acabaram com qualquer chance dos fatímidas de ganharem uma corrida armamentista naval.[68] Tudo indica também que, durante esse período, os italianos eram melhores navegadores do que os muçulmanos. Os fatímidas nunca desenvolveram um ministério separado para a manutenção da frota ou, talvez mais importante, o treinamento de capitães. A frota ficava sob a responsabilidade do *diwan al-jihad*, ou "departamento de guerra", e foi apenas quando Saladino subiu ao poder no Egito que um *diwan al-ustal*, ou "departamento de marinha", foi criado. Sem almirantes ativos, faltavam lideranças e espírito de equipe para a marinha. Escritores muçulmanos da época sempre perdoavam a chegada tardia da marinha às cidades muçulmanas derrotadas, mas existe uma subcorrente detectável nas crônicas que diz que faltava coragem à marinha fatímida. Baixo moral, baixo pagamento e o fato de que os remadores eram forçados e não voluntários eram todas causas prováveis. Em geral, os fatímidas não navegavam no inverno, diferentemente dos italianos, e a rara captura de transportes italianos pelas patrulhas fatímidas de saque era tratada como um grande evento nas ruas do Cairo.[69]

No outono de 1111, Balduíno sitiou Tiro. Um exército sob Tughtigin, o *atabeg* turco de Damasco, respondeu com saques a terras francas

---

68. Ver White, L. Jr, "The Crusades and the Technological Thrust of the West", em V. J. Parry e M. E. Yapp (eds.), *War, Technology and Society in the Middle East*, Oxford, Oxford University Press, 1975, p. 97-112.
69. Ver Lev, Y., *State and Society in Fatimid Egypt*, Leiden, Brill, 1991, p. 110-20.

ao redor de Banias e então cruzou o Jordão e tomou um forte franco. Tughtigin estava tentando tirar os francos do seu cerco a Tiro, porque ela continha o último porto de comércio viável para Damasco: o governante da cidade a havia oferecido a ele como recompensa por resgatá-la dos francos. O trabalho obstinado de Balduíno nas muralhas de Tiro continuou, apesar dos saques de Tughtigin e, quando os francos construíram duas torres de cerco, ele foi forçado a se empenhar em um ataque para distraí-los e dar às defesas da cidade uma chance de tentar atear fogo às torres com incendiários. Os francos se entrincheiraram e conseguiram repelir os damascenos e também proteger as torres do fogo com sucesso. Tughtigin, então, destruiu uma ponte na estrada que ligava o exército de Balduíno a Sidon; quando os francos tentaram trazer suprimentos de navio de Sidon para seu exército em Tiro, ele levou uma parte de seu exército para a costa ao norte da cidade e queimou os navios de suprimentos enquanto eles estavam no porto.

Em fevereiro de 1112, no primeiro dia do Ramadã, as defesas saíram e tentaram destruir as torres mais uma vez com fogo grego, madeira e piche. A menor das duas torres se acendeu e queimou. A segunda torre pegou fogo também, mas os francos conseguiram apagá-lo. Essa situação sem saída persistiu até o fim do mês sagrado e, então, os francos fizeram mais uma tentativa com sua torre restante, mas enfrentaram um marinheiro muito audacioso:

> E, então, um oficial da frota de Trípoli, um homem observador, inteligente e experiente, pensou em fazer ganchos de ferro para puxar as cabeças e os lados dos aríetes quando eles atingissem a muralha, por cordas guiadas pelos homens da muralha, para que o puxão nelas fizesse com que a torre caísse. Os francos foram forçados a diminuir os aríetes por medo de destruir a torre. Em outros tempos os aríetes iriam se curvar e quebrar e, em outros ainda, eles eram esmagados por duas pedras amarradas e balançadas das muralhas.
>
> Mais e mais vezes os aríetes foram reparados e a torre levantada ante a muralha. Então, o marinheiro inventou outra arma. Uma viga longa de madeira não temperada foi instalada na muralha em frente à torre. Acima dela, formando uma barra em "T", colocaram outra viga suspensa por polias que eram operadas por um guincho como em um mastro de navio. Em uma ponta da viga articulada, ficava uma tranca de ferro e, na outra ponta, cordas em uma polia, pela qual os operadores podiam içar baldes de esterco e dejetos e esvaziá-los sobre os francos que operavam a torre, e assim prevenir o trabalho deles nos aríetes.
>
> Então o marinheiro encheu baldes com piche, óleo, farpas de madeira, resina e cascas de cana, ateou fogo e içou-os, da maneira descrita, à

altura da torre dos francos. As chamas tomaram o topo da torre e, tão logo os francos as apagavam com vinagre e água, os muçulmanos corriam e mandavam mais baldes com fogo; eles também atiraram pequenos potes com óleo fervente para alimentar as chamas.[70]

O fogo se espalhou e queimou a torre; a defesa de Tiro então saiu novamente e isso foi o suficiente para que os francos se retirassem. Eles queimaram seu acampamento e muitos outros navios que estavam ancorados como proteção contra as tempestades de inverno. Os cruzados partiram para o Acre e os damascenos se retiraram. A população de Tiro consertou as muralhas a fim de se preparar para o inevitável retorno dos francos.

Ibn al-Athir nos conta que Tughtigin partiu de Tiro com as palavras: "fiz o que fiz por amor a Deus e a Seus muçulmanos, não por dinheiro e poder"; a essa altura do século XII ele e seus primos turcos na Síria e na Anatólia haviam causado mais danos aos cruzados do que os fatímidas tinham conseguido.

O primeiro grande sucesso contra os cruzados aconteceu em junho de 1100, com a captura de *Baimand*, como as fontes árabes chamam Boemundo. Ele estava sitiando Afamyia e devastando suas fazendas, quando Danishmend, o senhor turco que conhecemos distraindo Kilij Arslan no cerco de Niceia, o enfrentou em batalha. Boemundo e seus cavaleiros foram pegos em uma chuva de flechas em um estreito desfiladeiro e foi capturado. O principado de Antioquia lidou com isso com calma e o sobrinho de Boemundo, Tancredo, tomou as rédeas do poder em março de 1102. Boemundo teria seu resgate pago e depois seria solto, mas seus esforços subsequentes focaram-se unicamente em seus antigos inimigos, os bizantinos. Sua saída do cenário do norte da Síria significou a perda de um dos melhores generais dos francos e impediu qualquer tentativa de consolidar as terras entre Antioquia e o posto desprotegido de Edessa. O fracasso dos cruzados em alcançar essa junção durante esse período de desunião turca se tornaria bastante importante quando os príncipes de Mossul começaram a ficar interessados nos assuntos do norte da Síria.

Também houve notícias inesperadas da morte de Godofredo, mas a oportunidade de emboscar o novo rei, Balduíno, enquanto ele viajava de Edessa para Jerusalém, foi perdida por Duqaq de Damasco, em outubro de 1101. Outro personagem importante, Raimundo de Saint-Gilles, partiu da Terra Santa para Constantinopla.

---

70. Ibn al-Qalanasi, em Gabrieli, p. 30-5.

A verdadeira vitória veio no verão de 1101. Kilij Arslan "dispersou, confundiu e quase destruiu por completo o exército dos francos".[71] Esse novo exército de algumas centenas de milhares de cruzados deixou Constantinopla sob a direção de Saint-Gilles. A primeira "leva" desse exército tomou a cidade de Ancara e então avançou através da Anatólia. A destruição que Kilij Arslan trouxe essa força, a qual estava com poucos cavaleiros, aconteceu perto de uma pequena vila chamada de Merzifun. O terreno se adequava aos turcos, pois era aberto e plano. Os turcos levaram vários dias fazendo assaltos relâmpagos à coluna e envenenando os poços para levar os cruzados à zona de morte. A batalha, então, estendeu-se por dias. Os cruzados foram detidos por um assalto frontal de arqueiros e então cercados. Kilij Arslan havia montado uma impressionante confederação de príncipes sob seu comando, que incluía Ridwan de Alepo e Karaja de Hara. Os cruzados tentaram escapar, mas falharam, e então se refugiaram em um vilarejo fortificado. No quarto dia, os cruzados fizeram uma última tentativa de quebrar o cerco, mas não conseguiram e, no fim de um dia de mortes, Saint-Gilles e os cavaleiros veteranos fugiram do campo; eles se salvaram, mas os turcos pilharam o acampamento cristão e dizimaram a infantaria restante.

Kilij Arslan repetiu seu sucesso contra um segundo exército comandado pelo conde Guilherme de Nevers, embora o conde tenha facilitado a situação para ele por sua ingenuidade e suas falhas táticas. Os cruzados saíram de Ancara e foram para o sul em uma rota direta para Jerusalém. Isso os levou pelas terras secas e inóspitas da Anatólia central, o que os enfraqueceu muito. Eles foram incapazes de conquistar Iconium e, então, partiram para Heracleia, que era uma recompensa inútil, visto que Kilij Arslan havia envenenado todas as fontes de água e esvaziado a cidade. A peregrinação agora se tornava uma marcha fúnebre conforme o exército caminhava com dificuldade pelo deserto. Então, Kilij Arslan atacou. A infantaria foi abandonada pelos cavaleiros e foi logo aniquilada. Diversas mulheres e crianças foram escravizadas. Depois disso, os cavaleiros que fugiram da batalha foram logrados pelos guias locais, que os deixaram no deserto.

Kilij Arslan terminou sua indenização pelas derrotas em Niceia e Dorileia quando esmagou um terceiro exército cruzado. Esse exército, liderado por Guilherme de Aquitânia, chegou a Heracleia em setembro de 1101. Dessa vez, os cavaleiros não abandonaram sua infantaria, mas isso não fez diferença, e apenas Guilherme e alguns de seus companheiros escaparam do desastre.

---

71. Fulquério de Chartres, em Fink, p. 165.

Alguns cronistas latinos sugerem que o imperador Aleixo tenha informado os turcos sobre o progresso dos cruzados e isso pode ter um pouco de verdade. A manutenção de um equilíbrio de poder entre os turcos e os cruzados era um ponto estratégico fundamental para a presença bizantina na Anatólia – uma importante fonte de impostos e recrutas para o exército – e para reclamar suas posses no norte da Síria. Aleixo também usou a ameaça dos francos nas suas negociações com os turcos. Ibn al-Qalanasi escreveu que Aleixo, em uma visita diplomática a Bagdá em 1111, disse ter impedido os francos até o momento, mas esse bloqueio iria cessar se não houvesse uma resposta efetiva dos muçulmanos aos avanços latinos. É notável que uma expedição muçulmana foi organizada pouco depois disso.

O fim desses dois exércitos teve extrema importância para o cenário do Levante, pois deixou os cruzados sem reforços. Edessa estava com tão poucos homens que buscou aliança com os armênios. Isso também significou o aumento do poder das repúblicas italianas no Levante, porque elas forneciam homens e materiais através das rotas marinhas seguras. Depois da conquista de Tiro, em 1124, os venezianos receberam um terço da cidade em sua partilha. Em 1131, Pisa também estabeleceu sua pequena colônia.

Apesar dos sucessos de Kilij Arslan, não existiu nenhuma ofensiva organizada contra os Estados conquistados pelos cruzados no norte, mas isso não é surpreendente. Ainda existia a questão das coalizões de curto prazo em andamento, que se rompiam quando o objetivo estava concluído; além disso, a essa altura, a Anatólia ainda estava ligada geopoliticamente ao Iraque, em vez da Síria. De fato, a política de calma com os turcos da Anatólia servia melhor aos cruzados enquanto estavam dominando as cidades do litoral da Palestina, porém, assim como não existia muita unidade de objetivos entre os muçulmanos, os francos tinham pouquíssima visão estratégica global. A influência do rei de Jerusalém entre os príncipes de Antioquia e Edessa não era absoluta, mas era mais como um *primus inter pares**.

Foi uma agressão latina, e não turca, que deixou a Antioquia com problemas em 1104. Com frequência, Tancredo devastava as terras das bordas de Antioquia, perto das muralhas de Alepo, e humilhava Ridwan forçando-o a colocar um crucifixo na torre da grande mesquita. Boemundo foi libertado sob fiança por Danishmend e os saques aumentaram e se expandiram. Um acordo foi feito entre Antioquia e Edessa para abater a cidade de Hara; isso, então, iria cercar Alepo. O momento era perfeito, pois Karbuqa, o *atabeg* de Mossul, havia morrido

---

*N.T.: "Primeiro entre iguais".

e seu sucessor, Jekermish, ainda não tinha consolidado sua autoridade e estava em guerra com seu vizinho Suqman. A ameaça dos francos, porém, uniu os dois emires e eles enfrentaram os cruzados no Rio Balkh em maio de 1104. Eles simularam uma retirada e, depois de uma longa perseguição a um inimigo que parecia derrotado, os francos foram cercados e massacrados. Ibn al-Athir nos conta isso:

> Boemundo de Antioquia e Tancredo da Galileia estavam a alguma distância do corpo principal do exército, escondidos por um morro de onde iriam lançar-se sobre os muçulmanos por trás, na altura da batalha. Quando se levantaram, viram os francos em fuga e sua terra saqueada. Eles esperaram a noite cair e então recuaram, seguidos pelos muçulmanos, que mataram e capturaram muitos deles. Boemundo e Tancredo, com seis cavaleiros, escaparam em segurança. Balduíno de Edessa fugiu com um grupo dos seus. Eles chegaram ao rio, mas seus cavalos empacaram rápido na lama e eles foram capturados por um grupo de turcomenos de Suqman.[72]

Boemundo obviamente vinha continuando com sua tática, desenvolvida na Primeira Cruzada, de manter uma retaguarda que seria usada em batalha depois, para evitar que os francos fossem cercados. Nesse momento, porém, parece que os turcos foram rápidos demais para que o estratagema fosse utilizado. Balduíno de Edessa ficou preso por cinco anos até ser solto pelo novo senhor de Mossul, Jawali. Balduíno então disputou o controle de Edessa com Tancredo e os dois queriam resolver a disputa pela força. Os dois chamaram aliados turcos para seus respectivos lados: Balduíno se uniu com seu outrora carcereiro, Jawali, e também com Joscelino de Tel-Bashir, enquanto Tancredo chamou Ridwan de Alepo para seu lado. Tancredo e seus aliados de Alepo derrotaram Balduíno, mas mesmo assim Edessa voltou a Balduíno depois de uma arbitragem patrocinada pela Igreja. Jawali perdeu Mossul na questão: foi retirado do poder por uma expedição paga pelo grande sultão de Bagdá. Ridwan tinha lutado com Tancredo por temer uma possível extensão do poder de Mossul; agora ele temia o "grande emir" Tancredo e Bagdá.

A *Realpolik* também atingiu Damasco e Ascalon: tratados sobre direitos de comércio e agricultura foram feitos entre o rei Balduíno e as duas cidades, em 1111. Os francos estavam se alinhando às políticas sírias e os muçulmanos sírios começaram a aceitar o reino cruzado como um fato real, ainda que desagradável. O estágio seguinte da "resposta" islâmica aos cruzados viria de Bagdá.

---

72. Em Gabrieli, p. 18-20. Esse "novo" Balduíno de Edessa era primo do primeiro Balduíno daquela cidade. Para aumentar a confusão, ele se tornaria sucessor de Balduíno I como rei de Jerusalém.

As guerras pela posse de Bagdá tinham acabado, enfim, com a morte do sultão Berkyaruq e a ausência de mais desafiantes ao reino do sultão Muhammad. Também aconteceram diversos protestos em larga escala em Bagdá, que incluíram arrastar o imame de seu *minbar*, ou púlpito, na principal mesquita, e então quebrá-lo em pedaços.[73] Isso foi organizado pelos ulemás de Alepo e pelos refugiados da Síria. Contudo, é claro que a expedição do sultão em 1111 foi feita para reconquistar antigas posses dissidentes como Alepo e Damasco, em vez de se vingar dos francos em nome dos refugiados. Ridwan então fechou os portões de Alepo para Mawdud, o novo governante de Mossul e general de Muhammad, e o exército do sultão destruiu a zona rural ao redor de Alepo de um jeito pior do que os cruzados tinham feito. Nada mais foi alcançado e Joscelino de Tel-Bashir até conseguiu pagar propina a alguns emires veteranos, para acelerar a desintegração da incursão.

Mawdud voltou em 1113 com ordens de juntar todos os emires da Síria para fazer um assalto aos *franj*, mas a ordem deliberadamente excluía Alepo dessa união de muçulmanos. Mawdud se estabeleceu em Damasco, que estava sob o comando de Tughtigin. Este, sendo um *atabeg*, era um governante sem a concessão do califa e sua falta de legitimidade provavelmente o forçou a aceitar Mawdud em Damasco, porque o sultão de fato controlava o califa. Tughtigin teria também, entretanto, lembrado como Jawali havia perdido Mossul nas mesmas circunstâncias, em 1108.

Tughtigin não precisava se preocupar. Mawdud morreu pelas adagas dos assassinos ismaelitas enquanto deixava a grande mesquita. O assassinato foi quase certamente patrocinado por Ridwan de Alepo,[74] mas a cumplicidade de Tughtigin não pode ser descartada. Seus atos durante a expedição de 1113 não correspondem às ações de um homem comprometido a recuperar toda a Síria para o sultão de Bagdá.

A expedição deixou Damasco em direção a Tiberíades. Eles enfrentaram uma força sob o comando do rei Balduíno e de Rogério de Antioquia, que havia sucedido Tancredo depois de sua morte em dezembro de 1112. Em uma batalha muito confusa, os francos foram derrotados depois de três investidas muçulmanas, através da ponte de al-Sinnabrah. Entretanto, depois da batalha, as forças de Damasco não

---

73. Essa era uma afirmação política poderosa, pois o *minbar* representava o poder do sultão e a *khutba*, ou invocação, do nome do sultão era feita durante as orações de sexta-feira, na principal mesquita da cidade.
74. Para uma total visão da confiança de Ridwan nos assassinos em Alepo, o assassinato de Mawdud e o impacto destrutivo da seita na política da Síria, no começo do século XII, ver Waterson, *The Ismaili Assassins*, capítulo quatro.

marcharam com o exército de Mossul para tentar capturar alguma cidade: eles se concentraram em saquear os arredores de Jerusalém e Jaffa. O senhor de Damasco estava bastante feliz em ver os francos "refreados", mas estava relutante em ver Mawdud estabelecer-se na região ao conquistar cidades fortificadas dos cruzados.

A última expedição do sultão partiu em 1115. Dessa vez, a resistência ao poder de Bagdá era clara. Damasco, Alepo e Antioquia se aliaram contra as forças do sultão. O comandante do sultão, Bursuq, foi até Antioquia, mas Rogério se moveu antes; Edessa mais uma vez tinha agido como um posto de escuta para os cruzados. Rogério estava a oeste de Alepo antes de a força do sultão ter avançado muito em sua marcha. Nesse momento, ele enfrentou as forças de Alepo e Damasco, assim como as de Il-Ghazi de Mardin. As forças deles desceram a Afamiya, de onde poderiam cobrir qualquer avanço de Bursuq contra Alepo, Damasco ou Antioquia; Rogério também pediu ajuda a Jerusalém. Bursuq foi de encontro a Hama e então acampou em Shayzar. Balduíno chegou com exércitos de Jerusalém e Trípoli.

Bursuq foi atacar o acampamento de Rogério, mas, com a notícia da chegada de Balduíno, ele seguiu para o oeste; essa retirada e o tratamento de Bursuq a seus emires mais jovens enfraqueceram sua força. Aconteceram deserções e, quando o comandante entrou em campo de novo, seu exército estava enfraquecido. Rogério foi ao campo com seus aliados muçulmanos; apenas com a ajuda de Edessa, ele enfrentou Bursuq em Tal Danith no Orontes. As forças de Bursuq estavam dando água a seus cavalos quando foram atacadas: eles foram pegos de surpresa e vencidos de maneira definitiva. Para os príncipes turcos e sírios, o resultado da campanha foi a restauração do *status quo* anterior e a liberdade deles da interferência de Bagdá. Usama Ibn-Munqidh, um guerreiro árabe de Shayzar, não estava surpreso ou ultrajado com o "estratagema do governante de Alepo" de se aliar com Rogério.[75] Os seljúcidas do Iraque não fizeram mais nenhuma tentativa de trazer a Síria de volta para a grande dobra seljúcida e a abandonaram ao seu próprio destino.

Damasco, apesar de seus tratados com Jerusalém e sua participação no pacto contra Bursuq, na verdade continuou a resistir aos francos com força no sul da Síria. Tughtigin tomou uma ocupação de proteção em Tiro em 1112 e suas forças lutaram ao lado dos fatímidas em Ascalon, em 1118. Enquanto isso, em Alepo, Ridwan tinha morrido e seu filho, que tinha certos problemas mentais, foi morto por seu guardião.

---
75. Em Hitti, p. 105.

O caos havia se instaurado, mas então o *qadi*, al-Kashab, e o líder da milícia agiram rápido para eliminar da cidade a seita dos assassinos ismaelitas, os quais Ridwan vinha favorecendo, e convidar Il-Ghazi, o governante de Mardin, a dominar a cidade. Contudo, não foi tanto a experiência de Il-Ghazi como soldado e líder que deteve maior importância; era mais o fato de que, como em Maarrat e em Trípoli, os líderes sunitas dos ulemás haviam tomado o controle de um ponto chave para a resistência aos *franj*. A autoridade religiosa do *qadi* era, em grande parte, subordinada à autoridade política de seu governante seljúcida. Então, os chamados a jihad, feitos pelos ulemás, quase sempre falhavam contra a indiferença de uma hegemonia turca, que tinha grande desdém pela intelectualidade não militar. A diferença nesse momento é que o jihad era a chance perfeita para as ambições territoriais de um príncipe como Il-Ghazi, que agora estava livre do medo da interferência de Bagdá. Rogério de Antioquia estava começando um cerco a Alepo quando Il-Ghazi chegou à cidade. Os ulemás da cidade então fizeram vários chamados para que a cidade inteira os seguisse, na companhia de Il-Ghazi, no jihad contra os cruzados. Eram apenas as agitações de uma resposta, mas o começo estava feito.

3

A Pena e a Espada
Jihad no norte da Síria

Um homem foi ter com o Mensageiro de Alá e disse: "guia-me para um feito que se iguale ao jihad".

Maomé respondeu: "Eu não encontro tal feito" e disse, então, "mas podes tu enquanto o guerreiro muçulmano saiu para o jihad, entrar na mesquita e orar sem cessar e perceber uma batida rápida e sem parar em teu peito?".

O homem disse: "Mas quem consegue?".

Hadith, O Livro do Jihad

Il-Ghazi terminou uma cerimônia de casamento apressada com a filha de Ridwan e, com sua legitimidade então assegurada, começou a juntar suas tropas e seus auxiliares turcomenos para um confronto com Rogério, que estava aumentando a pressão a Alepo, confiante de que os problemas internos a tornariam uma presa fácil. Kamal al-Din, que escreveu no século XIII "pós-Saladino", quando o conhecimento do jihad havia se espalhado entre os príncipes da Síria junto de outros mitos, nos conta que:

> Il-Gazhi fez seus emires jurarem que iriam lutar bravamente, que manteriam suas posições, que não iriam recuar e que dariam suas vidas pelo jihad. Os muçulmanos foram posicionados em pequenas levas e conseguiram tomar posições à noite ao lado das tropas de Rogério. Ao raiar do dia, os *franj* de repente viram os estandartes muçulmanos se aproximarem, cercando-os por toda a parte. O qadi, Ibn al-Khashab, avançou sobre sua égua e fez um gesto com a mão para chamar nossas forças à batalha. Ao vê-lo, um dos soldados gritou com desdém: "Viemos até aqui para seguir um turbante?". Mas o qadi marchou até as tropas, passeou pelas fileiras e se dirigiu a elas, tentando aumentar a energia delas e levantar seu moral, e fez um discurso tão eloquente que os homens choraram de emoção e sentiram

por ele grande admiração. Então fizeram a investida. Flechas voaram como uma nuvem de gafanhotos.[76]

Deixando a hipérbole de Kalam al-Din de lado, é evidente que algo havia mudado. Seja o sentimento de independência de Bagdá que os príncipes do norte da Síria tinham ou a união da pena com a espada que se cristalizara em Alepo, existe uma alteração definitiva na forma com que esses eventos foram registrados pelos cronistas. Em geral, os escritores árabes diferenciavam entre os turcos e os muçulmanos, mas essa prática acaba a partir do primeiro triunfo de Il-Ghazi. As vitórias muçulmanas também são escritas com mais detalhes e mais precisão, pois os escritores se comprometiam com os feitos dos guerreiros, assim como o *ulama* fazia.[77] É claro que, citando o conde Ciano, "A vitória tem cem pais, mas a derrota é órfã", e também como Leão, o Sábio, disse sobre os exércitos muçulmanos anteriormente, no *Taktika*, "(Eles) gostam da guerra e são acompanhados por muitos sacerdotes".[78] Em resumo, então, a união foi formada porque os homens da pena incitaram o jihad contra os *franj*, os príncipes entraram na Guerra Santa por razões terrenas e essa parceria beneficiou a ambos os grupos. É claro que esse sucesso veio com mais credo e mais envolvimento de cada grupo no empreendimento, e já existia uma tradição prévia da mesma disposição que vinha da Era de Ouro do Islã e das primeiras conquistas. Os escritores, que vinham quase exclusivamente dos ulemás, proclamavam os feitos de seus heróis, criando assim uma "coletânea" e, como todos os escritores, também gozavam da glória refletida de seus campeões.

Se isso parece cético, o antídoto para tal ceticismo é o registro de Ibn al-Qalanasi, que mostra o que essa nova união conseguiu atingir:

> Os muçulmanos investiram contra eles e os cercaram por todos os lados com golpes de espadas e chuvas de flechas. Deus garantiu a vitória ao grupo do Islã contra a ralé ímpia, nem uma hora do dia havia passado e os francos já estavam no chão, uma massa prostrada, cavaleiros e soldados, com seus cavalos e suas armas, para que nenhum deles escapasse para contar a história, e seu líder Rogério foi encontrado estirado entre os mortos. Inúmeras testemunhas relataram que alguns cavalos deitados no chão pareciam porcos-espinhos pela quantidade de flechas que neles estavam presas.

---

76. Maalouf, p. 93.
77. Nesse período inicial, baseamo-nos muito nos homens religiosos que escreveram sobre os feitos dos guerreiros turcos. Não é necessário dizer que o seu conhecimento ou mesmo interesse em *re militari* é insignificante. Só depois, no período mameluco, passamos a ter informações confiáveis dos homens militares.
78. Do *Taktika*, traduzido para o inglês por M. Joly de Mazeroi, em Nicolle.

Essa vitória foi uma das melhores e tal ajuda divina nunca acontecera ao Islã em eras passadas.[79]

O escritor então retorna à realidade do dia a dia quando registra como Il-Ghazi foi incapaz de manter sua vitória, pois seus turcomenos se espalharam para saquear. Quase nada além disso foi realizado, mesmo que a destruição do exército de campo de Antioquia era em si o bastante. A Batalha de Ager Sanguinis, ou "Campo de Sangue", conforme ficou conhecida no Ocidente – entre os muçulmanos, Batalha de Sarmada –, causou graves danos ao poderio militar de Antioquia e lançou dúvidas sobre a continuação da existência de Edessa, pois agora ela era um posto desprotegido e precário do ultramar. A vitória Il-Ghazi colocou a linha de frente entre Antioquia e Alepo. Somado a isso, está o fato de que a morte de Rogério estabeleceu uma sucessão de crises em Antioquia.[80]

Foi apenas a liderança do novo rei de Jerusalém, Balduíno II, que evitou um desastre maior para os francos. Ele se mobilizou rapidamente e marchou para a região. Il-Ghazi conseguiu cercar e tomar o castelo de Zerdana antes que as forças de Jerusalém chegassem, e Balduíno II então decidiu se retirar para Hab, em 14 de agosto de 1119. Il-Ghazi mandou tropas para atacar o exército em retirada; os cruzados estavam em coluna quando a força de Il-Ghazi fez um grande ataque à infantaria, assim como havia acontecido em Sarmada. Eles haviam ganhado o duelo de arqueiros na batalha anterior contra a infantaria franca e, dessa vez, também mataram um grande número de soldados rasos. Também conseguiram destroçar o flanco direito de cavaleiros que cobriam a coluna. Isso não foi diferente do que haviam conseguido fazer em Sarmada, onde os francos que restavam eram compostos por mercenários turcópolos[81] que foram dispersados pela primeira investida turca. O flanco esquerdo dos francos conseguiu repelir o assalto turco, assim como o flanco direito tinha conseguido em Sarmada, mas nas duas batalhas isso foi inútil, já que a verdadeira ação foi o cerceamento dos francos feito pelos velozes cavaleiros turcos. Em Sarmada, foi isso o que destruiu o exército cruzado: Rogério não havia seguido as táticas de Boemundo e não tinha nenhuma retaguarda contida. Sua reserva tinha sido posicionada cedo demais e se exaurido atacando um inimigo que

---
79. Al-Qalanasi, p. 160-1.
80. Ver Asbridge, T., "The Significance and Causes of the Battle of the Field of Blood", *Journal of Medieval History*, 1997, volume 23, nº 4, p. 301-16.
81. Mercenários turcópolos e turcomenos que eram algumas vezes convertidos ao Cristianismo, eram usados com frequência pelos bizantinos e também pelos cruzados para suprir a falta de homens.

desaparecia no flanco direito. Dessa vez, porém, Balduíno II tinha um esquadrão reserva e conseguiu usá-lo para atacar tanto pela frente como pela retaguarda de seu exército cercado; as tropas de Il-Ghazi tiveram de suspender o ataque.

Il-Ghazi morreu de cirrose alcoólica em 1122. O filho dele assumiu o trono por pouco tempo antes de ser deposto por seu primo Balak, que conseguiu, afinal, remover os últimos membros da seita de assassinos ismaelitas da cidade. A história da seita como força real na política de Alepo estava no fim. Depois de assim conquistar os sunitas, Balak deu-lhes mais um motivo para comemorar quando capturou Joscelino, o novo conde de Edessa, perto da cidade de Saruj. Então, em 1123, ele fez melhor: Balduíno II foi capturado perto das muralhas de Edessa. Os dois homens foram mantidos na fortaleza de Kharput. Joscelino foi resgatado por armênios disfarçados de monges e, então, audaciosamente atravessou o Eufrates em odres de vinho vazias, mas Balduíno não conseguiu escapar e foi mantido preso.

Infelizmente para os muçulmanos, em particular para a população de Tiro, de quem ele tinha acabado de receber um pedido de ajuda contra um cerco cruzado, Balak foi morto em 1124. Ele estava em Manbj, cercando um emir rebelde, e, enquanto inspecionava suas manganelas da frente, foi atingido por uma flecha vinda da fortaleza. Ele a puxou de seu pescoço com as palavras "esse golpe será fatal a todos os muçulmanos" e então caiu morto. Seu reinado, apesar de curto, foi logo somado aos contos de jihad, que continuavam a crescer no norte da Síria e na Jazira. Inscrições e escrituras da época refletem isso. O mausoléu de Balak contém inscrições sobre seus feitos na Guerra Santa, e os escritores da época relatam sobre guerreiros que, "com bravura, fazem seu dever lutar com heroísmo (...) derramam o próprio sangue pela Guerra Santa".[82]

Balduíno II conseguiu sua liberdade depois de pagar um resgate a Timurtash, segundo filho de Il-Ghazi e sucessor de Balak em Alepo. Balduíno lhe deu o troco ao juntar aliados beduínos e cercar Alepo enquanto Timurtash estava em Mardin. Mais uma vez, o "turbante" Ibn al-Khashab entrou em cena e conduziu a defesa da cidade. Ao não conseguir pedir ajuda a Timurtash, ele a solicitou a al-Bursuqi, o governante de Mossul; a chegada de al-Bursuqi e suas forças a Alepo foi o bastante para fazer Balduíno se retirar às pressas em janeiro de 1125.

---

82. Al-Adim In Sivan, E., *L'Islam et la Crosaide: Ideologie et Propagande dans le Reactions Musulmanes aux Croisades*, Paris, Librairie D'Amerique et D'Orient, 1968, p. 41. Tradução para o inglês por M. McCrystall.

Al-Bursuqi conquistou Alepo de forma pacífica, uma cidade que ele tentara tomar à força, em 1118, e depois começou a ameaçar o território de Edessa. Balduíno II juntou um exército que enviou para proteger seu antes companheiro de cela Joscelino e suas terras. O exército turco enfrentou Balduíno II e Joscelino na Batalha de Azaz em 13 de junho de 1125. Eles não conseguiram atirar suas flechas antes de ser confrontados pelos cruzados e então impulsionados para a luta homem a homem com lanças e espadas, não conseguira vencer. Balduíno II também havia convocado tropas de Trípoli, Antioquia e Jerusalém, e seus subordinados contavam com cerca de 1.100 cavaleiros e 2 mil homens na infantaria. Al-Bursuqi foi derrotado e Balduíno o derrotaria novamente em Marj al-Suffar, em janeiro de 1126. No entanto, nesse segundo encontro, os turcos conseguiram infligir graves danos contra os cruzados com seu corpo de arqueiros antes que Balduíno II pudesse organizar um ataque que pusesse fim à batalha. Al-Bursuqi foi morto por um assassino ismaelita logo depois de sair da grande mesquita em Mossul; Ibn al-Khashad havia sofrido o mesmo destino no verão anterior, às portas da grande mesquita de Alepo.

Alepo estava sem rumo político de novo. O assassinato era uma forte arma política no período medieval, pois muito da arena política dependia de indivíduos e suas ações. Em geral, causava uma quebra completa da ordem em qualquer Estado ou principado, como fez com o Império Seljúcida em 1092. Ainda assim, apesar de ter de pagar tributo a Boemundo II, o novo senhor de Antioquia, e de ser sempre ameaçada por Balduíno II, Alepo não cedeu. Isso aconteceu porque os príncipes de Mossul a viam agora como um protetorado, assim como havia sido a "segunda cidade" de al-Bursuqi enquanto ele era governante de Mossul. Libertos do medo da interferência de Bagdá em seus assuntos depois das expedições fracassadas do sultão, em 1111, 1113 e 1115, eles agora se aplicavam mais aos assuntos sírios do que aos iraquianos. A Antioquia ainda não havia se recuperado da Batalha de Ager Sanguinis e Balduíno II estava envolvido em assuntos damascenos com frequência, assim como sua fronte ao sul.

Os fatímidas haviam desafiado Balduíno II pela primeira vez em 1118. A diplomacia damascena de al-Afdal continuou e Tughtigin recebeu vestimentas de honra quando juntou suas tropas ao exército fatímida em Ascalon. Uma mobilização rápida de Balduíno foi o suficiente para evitar que um exército de coalizão entrasse no território franco, mas a ameaça que uma aliança damasceno-egípcia apresentava e o desastre em Ager Sanguinis forçaram Balduíno II a pedir a ajuda dos venezianos.

Em retorno, foram-lhes prometidos privilégios de comércio em todo o reino, mas, antes que os reforços combinados chegassem, Balduíno foi capturado por Balak. Apesar disso, os venezianos navegaram até Tiro, onde sua frota de cem navios de guerra começou um bloqueio, coincidindo com o cerco terrestre dos francos, em 15 de fevereiro de 1124.

A cidade se rendeu em 7 de julho de 1124 e a frota veneziana foi uma peça chave para sua queda. Tiro era quase uma ilha só alcançável por um calçadão estreito, e também era cercada por três muralhas concêntricas. Tropas damascenas defenderam o calçadão, mas eles não podiam fazer muito para deter os bombardeios causados pelos navios venezianos. Como no primeiro cerco, as defesas usaram ganchos para virar os aríetes, mas, com o fracasso da frota fatímida em quebrar o bloqueio marítimo e a morte de Balak, a resistência passou a ser considerada inútil.

O desafio egípcio aos cruzados estava decaindo rapidamente. Seu exército tinha sido dizimado em 1123 na Batalha de Yibneh, durante a campanha, que tinha o objetivo de reconquistar Jaffa, porque a composição do exército era muito inadequada para a tarefa. Suas fileiras cheias de arqueiros sudaneses a pé eram alvos estáticos para a investida dos francos e a cavalaria leve berbere era incapaz de defender a infantaria. A batalha durou apenas uma hora e a tática de distração damascena lançada às pressas não conseguiu desviá-los do massacre ao exército fatímida.

A marinha egípcia estava sumindo de cena também. Depois da queda de Tiro, o leste do Mediterrâneo foi dominado pelos navios italianos e a frota fatímida é pouco mencionada nas crônicas, a não ser por alguns saques piratas na década de 1150. Exceto por algumas pilhagens de Ascalon, pouco se falou do exército deles também. Talvez a descrição dos egípcios como "afeminados", feita por Guilherme de Tiro, fosse uma análise dura, porém justa, mesmo que não fosse total verdade. Na realidade, a retirada dos fatímidas da guerra ao longo da Síria não foi resultado apenas das vitórias francas, e a única vitória deles expôs a principal fraqueza do Estado franco: não havia soldados latinos suficientes. Levaria mais 30 anos para isso ficar bem aparente, mas a perda de mesmo uma pequena porção do exército de campo era uma sentença pesarosa para os reis de Jerusalém. O isolamento egípcio no período imediatamente após 1125 era, na verdade, resultado de diversas crises políticas. Os assassinos ismaelitas mataram o vizir al-Afdal em 1121, o que teve a provável conivência do califa fatímida, jogando o já frágil Estado em um ciclo de assassinatos e intrigas políticas à medida que os vizires e califas competiam por alianças de facções militares. Em 1130, o califa al-Amir também foi morto pelos assassinos. O Egito se voltou para suas questões internas e tornou-se em grande parte irrelevante aos cruzados até eles procurarem sua conquista três décadas mais tarde.

A morte de Tughtigin, em fevereiro de 1128, poderia ter selado o destino do sul da Síria. Ele tinha fracassado na batalha contra os francos em janeiro de 1126 e se envolvido com os polêmicos assassinos ismaelitas, apesar de ser o *atabeg* da cidade sunita mais ortodoxa da Síria, até o ponto de empregar centenas de simpatizantes ismaelitas conhecidos em seu exército. Os francos controlavam toda a costa, o Egito tinha parado com a guerra e a principal cidade da região havia acabado de perder um líder experiente. Então, Damasco quase cedeu aos ismaelitas, pois eles queriam pedir tudo que havia sido prometido a Tughtigin. Os assassinos não conseguiram tomar Damasco porque a ressurreição sunita no norte da Síria, baseada no jihad embrionário de Il-Ghazi e Balak, e no envolvimento contínuo dos ulemás nos assuntos marciais e governamentais, estava começando a aparecer no sul. O herdeiro de Tughtigin, Buri, foi rápido depois da morte de seu pai. Ele surpreendeu ao executar o vizir de seu pai, um simpatizante conhecido dos ismaelitas, e fez alianças secretas com os ulemás sunitas que controlavam a milícia da cidade para expurgá-la desse credo. Ibn al-Athir diz que existia um plano envolvendo o vizir, os ismaelitas e Balduíno II para entregar Damasco aos francos em troca de Tiro, mas nenhum cronista da época relata essa história. Buri e seus apoiadores sunitas eram minuciosos, brutais e rápidos. Ibn al-Qalanasi nos conta que muitos ismaelitas se refugiaram com oficiais que haviam antes sido seus protetores, mas que "foram capturados e seu sangue foi derramado sem medo de consequências. Na manhã seguinte, os quarteirões e as ruas da cidade estavam limpos de *Batinis*, e os cães estavam uivando e brigando por seus membros e cadáveres".[83]

Os ismaelitas nunca mais conseguiram se restabelecer na cidade, e Damasco depois se tornaria o centro do jihad sunita que retomaria Jerusalém dos francos. A seita tentou sua vingança por intermédio de Balduíno II, dando a ele seu castelo de Banias, que era uma posse estratégica, pois era perto de Damasco e ficava na estrada para Jerusalém. Usando-o como base, Balduíno juntou forças de Jerusalém, Edessa, Antioquia, das cidades costeiras e dos Cavaleiros Templários e partiu para o saque a Damasco. Buri teve de responder, então fez alianças com os turcomenos nômades e os árabes da região. Com seus *askari* e os do príncipe de Hama como um núcleo de uma força diversificada, ele

---

83. Al-Qalanasi, p. 190. *Batini* era um nome comum para os ismaelitas na Idade Média, pois a seita afirmava ser capaz de revelar o *batin*, ou natureza secreta, do Corão aos iniciados.

interceptou os francos quando marchavam para Damasco, em uma ponte de madeira a quase 10 quilômetros da cidade. Ele conseguiu colocar seus auxiliares árabes por todos os lados dos francos e esperou quebrar a coluna com incursões velozes quando eles continuassem a marcha. Contudo, Balduíno II parece ter percebido esse risco e se recusou a se mover ou batalhar. Ele também notou a natureza transitória do exército de Buri: se não houvesse recompensas ou ganhos rápidos, os árabes logo iriam desertar. Buri descobriu que os francos tinham enviado uma longa coluna a Hawrun, ao sul de Damasco, para coletar provisões para suas forças, e mandou uma grande soma de seus árabes e turcomenos para surpreender a coluna. Ele percebeu que essas forças tribais eram de pouca utilidade em uma batalha contra a cavalaria pesada dos francos; porém, apenas com os *askari* de Hama para protegê-los, eles eram perfeitos para uma emboscada em grande escala.

Os turcomenos esperaram a coluna franca em Leja, 40 quilômetros ao sul de Damasco, e Ibn al-Qalanasi nos conta que muitos dos cruzados foram mortos antes mesmo de montar em seus cavalos. Os cruzados não conseguiram organizar uma investida porque estavam sobrecarregados com bagagens e mulas de suprimento e estavam montados em seus palafréns em vez de em seus cavalos de guerra. Eles mantiveram suas posições, mas os ataques repetidos das forças muçulmanas acabaram por rompê-los. Guilherme, o condestável de Jerusalém, fugiu do campo com um grupo de cavaleiros e, depois disso:

> Os turcos e árabes fizeram um grandioso assalto e cercaram o restante com golpes de espadas, estocadas de lanças e chuvas de flechas, e um pouco mais de uma parte do dia se esvaíra quando eles tombaram ao chão e se sujaram com a poeira sob as patas dos cavalos. Os vitoriosos levaram consigo um saque com o qual encheram as mãos, consistindo em cavalos, armas, prisioneiros, soldados e mulas de todos os tipos.[84]

No dia seguinte, Buri se moveu para enfrentar o acampamento cruzado perto da ponte de madeira, mas os francos já haviam abandonado suas posições e se retirado depois de saber do desastre em Leja. Os muçulmanos entraram no acampamento e encontraram apenas feridos abandonados e um grande número de cavalos machucados. Os *askari* de Damasco foram enviados para atacar a retaguarda Cruzada e mataram diversos soldados extraviados, mas a retirada dos cruzados foi bem organizada de modo geral. Balduíno II tentou de novo conquistar a cidade no mesmo ano, mas o clima apavorante arruinou seus planos.

---
84. Al-Qalanasi, p. 198.

Buri caiu ante as adagas vingativas dos assassinos ismaelitas que tinham chegado à sua guarda pessoal mais próxima. Ele foi esfaqueado por dois guardas em maio de 1131, enquanto cavalgava de volta dos banhos. Sobreviveu ao ataque inicial, mas sucumbiu aos ferimentos um ano depois. Ibn al-Qalanasi, um cidadão damasceno, pagou seus tributos aos salvador da cidade: "Todos os corações estavam cheios de tristeza com sua perda e todos os olhos se encheram de lágrimas com o destino que caiu sobre ele". Terminou sua elegia com uma afirmação de que poucos guerreiros iriam discordar: "Quando a morte ataca com unhas como garras, nenhum amuleto se vale".[85]

O valor político da morte para os assassinos era mínimo: a ressurreição sunita que estava acontecendo na Síria era agora irrefreável. Damasco continuou ortodoxa em sua religião e em sua política, e um novo paladino sunita emergiu dos príncipes de Mossul. Ele chegaria perto de unificar toda a Síria muçulmana sob ele e começar a destruição do ultramar.

---

85. Al-Qalanasi, p. 209.

4

O MÁRTIR ZENGI
Nasce uma tradição do Jihad

> O Paraíso tem cem graus que Alá reservou para os *mujahid* que lutam em sua casa, e a distância entre cada grau é como a distância entre os céus e a Terra.
>
> *Haddith*, O Livro do Jihad

Pouco antes de ser atacado pelos assassinos, Buri havia recebido cartas de Zengi, o *atabeg* de Mossul. Zengi tinha aproveitado o caos que se instaurara em Alepo para dominá-la. Ele então escreveu para pedir a ajuda de Damasco contra os francos. Quinhentos homens dos *askari* foram enviados de Damasco para se juntar aos *askari* de Hama, que eram comandados pelo filho de Buri. Zengi logo criou falsas acusações contra o filho de Buri e aprisionou todos os homens de Damasco e Hama. Ele então capturou Hama e pediu resgate a Damasco.

Buri conhecia a história de Zengi e não era confortado por ela. Zengi tinha sido o governante de Basra em 1127, quando o califa tomou vantagem da inexperiência de um recém-entronado sultão seljúcida, para restabelecer seu poder em volta de Bagdá. Ele havia se rebelado contra os seljúcidas e o novo sultão não podia fazer muito para detê-lo, porque seu trono também estava sendo atacado por sua própria família. Ele então pediu a Zengi que empreendesse guerra contra o líder dos fiéis. O califa foi destroçado pelo soldado profissional Zengi; em troca, foi dada a Zengi a cidade de Mossul e um passe livre na Jazira. O sultão também lhe deu diplomas de autoridade sobre toda a Síria.

Buri, portanto, estava lidando com o novo homem forte da região e pagou o resgate. A essa altura, Zengi tinha movido sua base de operações de Mossul para Alepo. Ele se casou com a filha de Ridwan, para quem esse era o terceiro casamento, e transferiu os restos mortais de seu pai para a cidade, um ato muito simbólico entre o povo turco. Todos os príncipes turcos sabiam que a unificação de Mossul e Alepo sob Zengi era um grande desafio às suas independências. Com certeza, os francos sofreram em suas mãos, mas as ações dos primeiros anos da campanha síria de Zengi deixam claro que ele era tão parcial na guerra com os muçulmanos como com os latinos.

Em 1130, Boemundo II de Antioquia foi morto em batalha pelo filho de Danishmend, o homem que havia capturado o pai do desventurado príncipe cruzado. A cabeça de Boemundo foi enviada a Bagdá como um presente ao califa; talvez isso o tenha alegrado de alguma forma depois da primeira revolta fracassada contra os seljúcidas. A princesa de Boemundo, que também era filha do rei Balduíno II, então se rebelou contra uma proposta de união entre Antioquia e o reino de Jerusalém. A princesa era meio armênia, e os gregos e armênios reuniram-se em sua causa contra os latinos. Zengi enviou incursões ao território de Antioquia, mas suas tentativas de explorar a situação acabaram quando Balduíno II trouxe um exército de Jerusalém a Antioquia para domar sua filha teimosa. Os muçulmanos não conseguiram nada com o episódio, mas isso foi uma prévia do que aconteceria na próxima metade do século no ultramar. Ibn al-Qalanasi conta-nos que, depois da morte de Balduíno II, o Pequeno, em agosto de 1132, não havia "ninguém entre eles que possuísse o discernimento e a capacidade para governar".[86] Ele foi sucedido sem problemas por Fulque de Anjou, mas o Estado latino estava se dividindo, assim como a Síria muçulmana durante a chegada dos primeiros cruzados em 1097, e a ideia de um único Estado do qual Antioquia, Edessa e Trípoli eram Estados clientes do reino de Jerusalém se erodiu. Em 1139, logo depois de Zengi começar sua campanha contra ele, Raimundo de Antioquia reconheceu o imperador bizantino como seu suserano. Trípoli e Edessa também fugiram do controle real.

Zengi foi distraído por assuntos no Iraque no começo da década de 1130. O califa havia se rebelado mais uma vez e agora obtivera mais sucesso. Zengi, preocupado com sua posição caso o sultão seljúcida perdesse o Iraque, formou um exército e marchou para Bagdá. O califa o encontrou com milhares de homens em Trikrit, às margens do Tigre. Zengi sofreu uma enorme derrota e apenas escapou com vida da batalha por ter sido salvo por um soldado curdo do clã aiúbida. Em Bagdá, o sultão agora reverenciava o califa. Em junho de 1133, o califa, na esperança de extinguir a pequena, mas contínua, ameaça de Zengi, marchou para Mossul. No entanto, encontrou uma resistência tão ferrenha das defesas da cidade que não conseguiu subjugá-la mesmo depois do cerco de três meses; essa falha foi fatal para seus planos. Ele foi deserdado

---
86. Al-Qalanasi, p. 230.

pelos emires que antes o apoiaram e, em 1135, ele era de novo um cativo do sultão.

Zengi também tinha assuntos na Anatólia. A região começou a ser perturbada em 1130 pelo imperador bizantino João II, que havia começado uma campanha contra os turcos danismendidas. Muitas das terras perdidas depois de Manzikert foram recuperadas pelos gregos e eles eram considerados, mais uma vez, um poder importante na Anatólia e no norte da Síria. Havia, no entanto, uma pequena vantagem para Zengi nos avanços bizantinos, pois eles acabaram com o poder dos danismendidas no oeste da Anatólia e reduziram o risco de se formarem alianças turcomenas contra ele.

A "campanha damascena" de Zengi se focava em tomar vantagem da morte de Buri e do caos político que o herdeiro louco de Tughtigin tinha causado à cidade. Contudo, ele foi frustrado na guerra pelo comandante da cidade e, na política, com a morte do príncipe insano e sua substituição por um príncipe marionete colocado no poder pela viúva de Tughtigin. Conseguiu o reconhecimento formal de sua suserania sobre a cidade, mas pouco além disso. Ao longo da década de 1130, ele então procurou por oportunidades mais fáceis no norte da Síria, o que o levou ao inevitável confronto com os francos de Antioquia, Trípoli e Edessa. Em 1135, havia conquistado Atharib e Maarat al-Numan sem precisar lutar com nenhum exército de campo dos cruzados. Em 1137, voltou a seus assaltos a Damasco e suas posses.

A cidade de Homs sempre havia sido dominada por Damasco ou Alepo e Zengi partiu para retomá-la para o poder de Alepo em uma campanha em junho. Seu emir pediu ajuda aos *franj* e, como Homs ficava nos limites do território de Trípoli, os cavaleiros responderam rápido ao chamado. Zengi logo fez uma trégua com Homs e então cercou o castelo franco de Barin. Trípoli então chamou a ajuda do rei Fulque: ele tentou romper o cerco, mas suas forças caíram em uma armadilha perfeitamente planejada. Fulque e Raimundo de Trípoli perseguiram um grupo de cavalaria turca em fuga, mas foram surpreendidos pelo corpo principal das forças de Zengi e estripados em pedaços. Ibn al-Qalanasi nos relata que a infantaria foi retalhada e a bagagem foi tomada com uma rapidez incrível. Então, conforme Fulque tentava reagrupar os homens em seu acampamento devastado, os *askari* de Zengi o derrotaram mais uma vez e Raimundo foi morto. O rei fugiu para Barin a fim de se juntar aos sitiados e levou um bombardeio furioso dos *manjaniqiyin* de Zengi. Os suprimentos se acabaram antes que uma força de reforço pudesse chegar ao rei e ele se rendeu a Zengi. Barin ficou com Zengi e o rei foi solto por 50 mil dinares.

Zengi libertou Fulque com tal facilidade porque o imperador bizantino estava na ativa de novo; dessa vez ele estava no norte da Síria, que era o quintal dos fundos de Zengi. No começo de 1137, João II tinha as conquistas de Tarso e Adana para adicionar à vassalagem de Trípoli. Ele usou esse realinhamento de lealdades para trazer um exército bizantino-cruzado, com forças vindas de Antioquia e Edessa para o campo, na primavera de 1138, a fim de atacar Hama, Alepo e o castelo de Shayzar, que era controlado pelo clã de Munqidh, ao norte de Hama. Zengi respondeu ao desafio, em uma área que considerava ser de suas dependências, com uma operação rápida, abrangente e diplomática, e com uma resposta militar local impressionante. Ele instigou os emires turcos da Anatólia a realizarem assaltos aos territórios que João II havia reconquistado pouco tempo antes e assegurou que as agitações causadas pelos ulemás em Bagdá fizessem com que o sultão fosse forçado a enviar tropas para a defesa de Shayzar. Então seus funcionários militares mandaram cartas a todas as grandes cidades ainda sob o controle muçulmano na Síria, para que viessem ajudar na defesa de Shayzar. Ele podia fazer isso porque, apesar de suas desavenças com Damasco e suas longas campanhas contra os vizinhos muçulmanos durante os últimos anos, ele era agora o herói da resistência contra os *franj* e contra o imperador de *Rum*,[87] o mais antigo inimigo dos muçulmanos.

Como essa transformação tinha ocorrido? Pelo simples fato de Zengi agora estar comprometido com o jihad, conforme definido pelos estudiosos sunitas da época: jihad é uma ação distinta no sunismo. Zengi estava agora envolvido em um projeto que era pan-islâmico, pois as alianças que ele procurava formar eram todas focadas em derrotar os *franj*. Essas coalizões eram centradas no "espírito" do jihad. Zengi também vestiu o manto de guerreiro de fé, *ghazi* ou *mujahid*, e, embora houvesse uma cultura da poesia árabe enaltecendo os feitos de *ghazis* em uma época de conquistas, a reputação de Zengi foi, em sua maior parte, construída pelos propagandistas religiosos. Outro elemento chave do jihad é que também deve existir justiça social em uma comunidade que entra na Guerra Santa. Certamente existem evidências disso no governo de Zengi em Mossul e Alepo. Ele controlava seu exército com mãos de ferro e crucificava os transgressores de suas leis. Al-Isfahani nos conta que Zengi era "tirânico e indiscriminado",[88] o que provavelmente queria dizer severo, mas justo e imparcial em sua justiça. Ibn al-Athir conta que, "sob seu governo, os fortes não ousavam machucar os fracos" e, depois de retomar as cidades dos francos, ele devolvia as terras a todos aqueles que as reclamavam com os devidos títulos e, se esses

---
87. *Rum* é a transliteração árabe para Roma, e Roma nessa época era, claramente, Bizâncio.
88. In Hillenbrand, p. 113.

títulos estivessem perdidos, ele fazia com que os registradores locais de terra examinassem para decidir sobre a titulação. A boa opinião dos juristas sunitas era vital, por isso, manter a charia também era essencial para que a posição de Zengi como líder do jihad na Síria permanecesse intocada. Qualquer príncipe que empreendesse a Guerra Santa tinha de trabalhar com essas "tradições" de jihad para manter sua legitimidade. O jihad era e continua sendo uma guerra ideológica, e deu a Zengi autoridade legal e moral, mesmo que suas campanhas tenham sido para seu próprio engrandecimento.

As qualidades pessoais de Zengi também fizeram dele um líder natural de homens e soldados. Ele teve a persistência para viajar por toda a Síria durante 18 anos em campanhas, e sua liderança carismática e sua bravura pessoal eram o elemento chave que mantinha o exército no campo. Os turcomenos, por exemplo, não seguiriam um líder fraco por tanto tempo. No período das Cruzadas antes de Zengi, nenhum líder muçulmano tinha conseguido alcançar uma união de forças tão prolongada nem usá-la com tanta sagacidade e tamanho ímpeto.

A resposta militar local de Zengi à incursão de João II foi uma tática de atraso brilhante, que o fez ganhar tempo para sua diplomacia com os turcomenos da Anatólia, com o sultão e com os emires da Síria. Ele reforçou Shayzar com o tanto que conseguiu e então colocou um pequeno número de forças disponíveis a ele para fustigar os flancos inimigos, sem, porém, tentar uma batalha completa. João II não fez nenhum progresso com o cerco e quebrou o acampamento para fazer uma investida a Alepo, mas Zengi, com rapidez, se reorganizou e acabou com as ambições bizantinas mais uma vez. Então uma equipe da cidade derrotou as tropas do imperador; durante a retirada do exército bizantino-cruzado, os *askari* de Alepo causaram mais perdas a eles. Expedições turcomenas começaram pelo Eufrates contra os bizantinos, e as forças de Damasco e Alepo fizeram João II recuar em sua segunda tentativa em Shayzar. Seu exército voltou para seu território e as forças de Antioquia e Alepo voltaram para casa em 22 de maio. Aquela tinha sido uma união de forças infeliz, marcada pela suspeita entre os aliados cristãos, que foi fomentada pelos agentes de Zengi.

Zengi voltou para o miasma da política turco-síria. Damasco estava mais uma vez com tumultos políticos em junho de 1138, após seu príncipe ter sido esfaqueado até a morte em seus aposentos por três de seus escravos. A essa altura, Zengi havia se casado com a mãe do príncipe e parecia inevitável que a cidade caísse em suas mãos. Não foi isso que aconteceu, no entanto, graças à rápida instalação do irmão do príncipe pelos emires veteranos de Damasco, que também logo se moveram para reforçar Baalbek, o forte que ficava no meio do caminho entre Homs e Damasco. Zengi levou apenas 14 manganelas consigo para o cerco a Baalbek, mas assegurou que elas atacassem dia e noite; os ataques constantes que Zengi fez contra as defesas e a plenitude de seu bloqueio fizeram o forte se render. Ele tornou a rendição das tropas segura ao se manter na última torre, com a promessa de passagem segura a Damasco. Entretanto, ele logo renegou sua promessa e fez com que todos os homens do grupo fossem crucificados.

Apesar de seu engodo e do fato de que estava guerreando contra muçulmanos, Zengi ainda assim conseguiu utilizar a propaganda de jihad durante seus assaltos a Damasco no fim de 1139. Ele começou um cerco à cidade e, no começo, foi cauteloso para não causar muita destruição: ele precisava tomar cuidado para evitar violências excessivas contra muçulmanos. Por um de seus espiões, ele soube de uma doença terminal que afetava Jamal al-Din, o novo príncipe da cidade. Ele ofereceu outra cidade a Jamal em troca de Damasco, mas a oferta foi recusada; um enfrentamento entre a vanguarda de Zengi, que se movia para o vale de Biqa, e uma guarda avançada de Damasco aconteceu. Os homens de Jamal al-Din foram derrotados e Zengi avançou para os arredores de Damasco. A relutância dos damascenos em aceitar Zengi, o grande herói do jihad, como seu novo príncipe é atestada pelo fato de que a milícia da cidade e um grupo de camponeses próximos enfrentaram seus homens, com um resultado quase previsível:

> Houve um massacre geral. Os sobreviventes foram mortos ou aprisionados. Aqueles que conseguiram, estando ou não machucados, fugiram para a cidade. Naquele dia, a não ser pela graça de Deus, a cidade teria caído. Zengi levou seus prisioneiros de volta para o acampamento e pelos dias seguintes não fez qualquer operação. Ele enviou mensageiros e se esforçou para conseguir a paz pela cortesia e pela diplomacia, oferecendo ao príncipe de Damasco Baalbek, Homs e outras cidades. Jamal al-Din teria preferido aceitar esses termos e chegar a um acordo pacífico sem derramamento de sangue de uma maneira que trouxesse paz e prosperidade ao povo, mas seus conselheiros rejeitaram essa visão. Por diversos dias, Zengi enviou suas tropas em missões incursionistas sem empregar sua força total nem completar o bloqueio para evitar violência, e para agir como um homem controlado por suas intenções pacíficas e por sua relutância em aplicar o saque e o derramamento de sangue.[89]

Jamal al-Din morreu, apesar dos cuidados das "artes mágicas e medicinais", em 29 de março de 1140, e Zengi aproximou ainda mais suas tropas da cidade na esperança de fomentar a dissidência entre os

---
89. Ibn al-Qalanasi, em Gabrieli, p. 46.

comandantes veteranos de Damasco. Ele foi frustrado nessa empreitada, conquanto, pela sucessão do filho de Jamal, a resistência continuou. Contudo, os líderes de Damasco o presentearam com uma propaganda vitoriosa ao se aliarem com o rei Fulque, que recebeu dinheiro e reféns dos damascenos.

A estratégia franco-damascena era bem simples. Os francos iriam atacar as posses de Zengi nas proximidades de Damasco e, assim, tirá-lo do cerco e dar uma oportunidade aos damascenos de contra-atacar, forçando-o a uma guerra em duas frontes. No começo, Zengi conseguiu rebater essa abordagem com a mobilidade de suas forças e pedindo que os irregulares turcomenos atrapalhassem a operação Cruzada. Ele conseguiu atrair os turcos nômades para suas fileiras porque "seus" pregadores espalhavam o jihad. Então os comandantes cruzados e damascenos mudaram de estratégia e cercaram Banias. Eles sabiam que esse forte era vital para o bloqueio de Zengi, pois ele ficava na estrada que ia de Damasco ao Acre, e sua posse negava aos damascenos o acesso aos portos palestinos. A coalizão esperava, então, compelir Zengi a abandonar seu cerco a Damasco. Ele mandou mais turcomenos à Banias, mas em número insuficiente para romper o cerco; se ele apostava que Damasco sucumbisse antes do forte, então tinha perdido sua jogada. Banias se rendeu no começo de junho, e uma mostra de força ante as muralhas de Damasco no final do mês falhou. Zengi saqueou todos os distritos dos arredores de Damasco antes de recuar: por vingança e para pagar seu exército. Ele tinha, então, apenas um pequeno número de soldados vigiando os portões da cidade quando a milícia mais uma vez veio enfrentá-los em batalha. Dessa vez, os soldados da cidade tiveram mais sucesso e, embora não tenha acontecido nenhuma fuga precipitada do campo de batalha, os homens de Zengi se retiraram com certa pressa. Somos informados de que eles fugiram com um grande saque.

É surpreendente, dadas as distrações em Damasco, que Zengi tenha voltado para o jihad e, algumas vezes, é difícil enxergar um padrão distinto entre o jihad sírio e o da dinastia mameluca, porque os príncipes muçulmanos passam muito tempo reagindo aos eventos e oportunidades em vez de planejar as suas ações. É possível que o retorno de Zengi ao jihad tenha sido mais um acidente e que seu ataque a Edessa tenha sido puro oportunismo baseado na morte de Fulque no final de 1143, na regência da rainha Melisende ao rei infante, Balduíno III, e na crescente inimizade entre Joscelino II e Raimundo de Antioquia. Havia, no entanto, com certeza uma "cultura" de jihad em desenvolvimento sob a égide de Zengi. Dedicações em construções de Alepo, do período antes de seu assalto a Edessa, o chamam de "domador de infiéis e politeístas, líder da guerra santa, auxiliar dos exércitos, protetor dos muçulmanos".[90]

Essas "credenciais" permitiram a Zengi, mais uma vez, que pedisse para os ulemás legitimarem sua guerra e chamarem os guerreiros para o jihad. Em novembro de 1144, sabendo que Joscelino não estava em Edessa, ele atacou a cidade. A queda da cidade fez com que alguns membros da classe religiosa fossem além de exaltar apenas as ações de Zengi na Guerra Santa: eles começaram a fazer propaganda não só pelo jihad, mas também pela dinastia de Zengi. Para Zengi, a conquista de Edessa levou o apoio de intelectuais para seu clã. Ibn al-Qalanasi nos relata sobre seu chamado para o jihad e a vitória subsequente:

> Ele convocou a ajuda dos turcomenos para completar as obrigações deles na Guerra Santa. Muitos atenderam seu apelo e fizeram um cerco total à cidade, interceptando todos os suprimentos e reforços. É dito que nem os pássaros ousavam voar por perto, tão absoluta era a desolação provocada pelas armas daqueles que promoviam o cerco e tão ininterrupta sua vigilância. Manganelas colocadas de frente para as muralhas atacavam sem cessar e nada interrompeu a luta impiedosa. Destacamentos especiais de escavadores de Khurasan e Alepo começaram a trabalhar em diversos lugares adequados, cavando diversos buracos na terra até que seus túneis, reforçados com vigas e equipamentos especiais, chegassem às torres da muralha da cidade. O passo seguinte era acender as chamas e pedir permissão a Zengi. Ela foi dada depois de ele vistoriar os túneis e se admirar com o trabalho grandioso. Os suportes de madeira foram incendiados; as chamas se espalharam e devoraram as vigas, as paredes ruíram e os muçulmanos tomaram a cidade de assalto. Ela foi tomada na alvorada do sábado, 23 de dezembro de 1144. Então, começaram a pilhagem e as mortes, as capturas e os saques. As mãos dos vitoriosos ficaram cheias de dinheiro e tesouros, cavalos e belezas o suficiente para alegrar o coração e fazer a alma se rejubilar. Então, Zengi ordenou que a carnificina acabasse e que começassem a reconstruir as muralhas onde elas foram danificadas. Ele escolheu homens adequados para governar, defender a cidade e tomar conta de seus interesses. Ele reassegurou os habitantes com promessas de um bom governo e justiça universal. Então, partiu de Edessa para Saruj, para onde os francos haviam fugido, e a conquistou. De fato, todas as regiões e cidades por onde passava eram logo cedidas a ele.[91]

Guilherme de Tiro conta-nos que a cidade sucumbiu rápido porque a população era composta de "caldeus e armênios, homens avessos à guerra, pouco familiarizados com o manejo de armas" e que a "cidade foi

---
90. Em Hillenbrand, p. 110.
91. Em al-Qalanasi, p. 266-8.

confiada apenas a mercenários". Ele também nos conta que "as flechadas incessantes atormentavam os cidadãos; e não foi dada nenhuma trégua aos sitiados". A cidade sucumbiu tão rápido que a força de alívio da rainha Melisende nunca teve a chance de salvá-la. Guilherme também nos conta que os turcos se infiltraram por um buraco feito pelos escavadores de Zengi que tinha a largura de quase cem cúbitos.[92] Abu-l-Faraj, bispo sírio de Edessa, conta-nos que o ataque custou aos muçulmanos muitos homens e é certo que o assalto final foi perigoso. Ibn-al-Athir relata como Zengi inspirou seus homens por meio de seus próprios atos de bravura e coragem:

> "Ninguém", disse ele, "deverá comer comigo a esta mesa a não ser que esteja preparado para empunhar sua lança amanhã nos portões de Edessa." Os únicos que ousaram ir à frente foram um emir solitário e um jovem de origem humilde, cujos atos de bravura e proeza eram conhecidos por todos, pois não havia outro em batalha igual a ele. O emir lhe disse: "O que fazes aqui?", mas o *atabeg* interviu: "Deixa-o, pois vejo que a cara dele não é daquelas que ficará para trás nas batalhas".
>
> O exército partiu e alcançou os muros de Edessa. Zengi foi o primeiro a investir contra os francos, mas o jovem estava ao seu lado. Um cavaleiro franco atacou Zengi pelo lado, mas o jovem o encarou e o trespassou com sua lança, e Zengi foi salvo.[93]

Joscelino II tentou criar uma resistência na cidade de Turbessel. Felizmente para ele, Zengi estava distraído de novo com assuntos damascenos e Ibn al-Qalanasi registrou, no começo de 1145, que ele estava "juntando taxas para financiar as incursões pela Guerra Santa e as histórias que circulavam eram de que ele iria marchar nos territórios de Damasco e sitiar a cidade". Ele estava distraído de um ataque à cidade, por problemas em Edessa vindos dos armênios que tentavam entregar a cidade para Joscelino II. Zengi marchou para o norte e logo destruiu a conspiração. Os "culpados foram derrotados, caçados e depois pagaram com punições, como morte, crucificação, ou ficaram espalhados ao longo das terras".[94]

Isso foi seguido por uma revolta no forte de Jabar, às margens do Eufrates. Zengi estava, havia três meses, em um cerco de seu emir rebelde, quando foi assassinado por um escravo cristão em 14 de setembro de 1146, enquanto dormia bêbado em sua tenda. Seu exército

---

92. "William of Tyre em Brundage", J., *The Crusades: A Documentary History*, Milwaukee, Marquette University Press, 1962, p. 79-82. Cem cúbitos são aproximadamente 45 metros.
93. Em Gabrieli, p. 51-2.
94. Al-Qalanasi, p. 269-70.

logo se dispersou e cada um de seus comandantes veteranos tomou uma cidade fortificada para reclamar uma divisão dos espólios. O tesouro foi saqueado e Damasco aproveitou a morte de Zengi para conquistar Banias uma vez mais. Raimundo de Trípoli avançou as muralhas de Alepo. Todas as ações pareciam se desdobrar para provar a veracidade do louvor de Ibn al-Qalanasi:

> Seus tesouros agora presa de outros,
> por seus filhos e adversários desmembrados.
> Com sua morte seus inimigos cavalgaram em frente,
> agarrando espadas que não ousariam empunhar fosse ele vivo.[95]

Tudo isso aconteceu antes que qualquer um de seus filhos, Nuredin e Sayf al-Din, pudesse consolidar suas posições contra os emires do pai deles ou um contra o outro.

A guerra civil e a recuperação da iniciativa por parte dos francos pareciam ser as consequências mais prováveis da morte súbita de Zengi, mas isso não aconteceu, em parte porque os filhos de Zengi conseguiram tomar uma grande cidade cada um – Mossul para Sayf al-Din e Alepo para Nuredin – e escolheram não interferir nas ambições um do outro em suas respectivas esferas da Jazira e da Síria. Além disso, os *franj* não tinham efetivos suficientes para tomar vantagem da morte de Zengi. Seus números foram bem degradados após a aniquilação da Cruzada de 1101 e depois pela segunda Batalha de Ascalon, em 1103, pela Batalha de al-Sinnabrah, em 1113, e por Ager Sanguinis, em 1119. Colocar um exército em campo estava se tornando cada vez mais difícil e a dependência em forças mercenárias aumentava. Elas custavam dinheiro e a perda de território para Zengi, na década de 1130, fez com que os pequenos senhores não tivessem como pagar fundos substanciais para a defesa das terras latinas.

A fraqueza dos francos e a relutância dos filhos de Zengi em entrar em guerra entre si foram outro fator chave para a solidez do Estado muçulmano no norte da Síria depois da morte do homem forte da região. Contudo, isso não é o bastante para explicar por que o conflito interno não explodiu entre os guerreiros que Zengi deixou para trás. O domínio de Zengi não se desintegrou porque a captura de Edessa fez dele um *shahid*, ou mártir. Os esforços de Il-Ghazi e Balak criaram muitos mitos para o jihad evoluir no norte da Síria, e o martírio de Zengi trouxe esses mitos à maturidade. Com certeza, o jihad havia sido uma fachada para suas ambições, assim como tinha sido para outros príncipes antes dele,

---

95. Em Maalouf, p. 139.

e seria agora a força centrípeta que seu filho, Nuredin, precisava empregar para juntar toda a Síria muçulmana sob seu comando e continuar a guerra de seu pai contra os *franj*. Não é sem motivo que Ibn al-Qalanasi registrou em sua *História Perfeita*: "Um homem santo viu Zengi morto em um sonho e perguntou: 'como Deus te tratou?'. E Zengi respondeu: 'Deus me perdoou porque eu conquistei Edessa'".[96]

---

96. Em Gabrieli, p. 53.

5

O Rei Puro, Nuredin

Institucionalização do jihad

Deus cobrará dos fiéis o sacrifício de seus bens e pessoas, em troca do Paraíso. Combaterão pela causa de Deus, matarão e serão mortos. É uma promessa infalível, que está registrada na Torá, no Evangelho e no Corão. E quem é mais fiel à sua promessa do que Deus?

Corão: Sura 9, v. 111

Nuredin tinha 29 anos de idade quando sucedeu seu pai em Alepo e, mesmo descontando muito da tentativa de Ibn al-Athir de escrever uma hagiografia dele, tudo indica que ele era devoto, reservado e sem dúvida muito mais confiável do que seu pai. Essas características explicam grande parte de seu sucesso, que foi muito além do campo de batalha, e também por que ele foi capaz, com tanto sucesso, de trazer a propaganda religiosa e os ulemás para sua causa.

Sua primeira preocupação foi uma tentativa de recuperar Edessa, empreendida por Joscelino II. A marcha forçada de Nuredin à frente de seus *askari* a partir de Alepo – cujo próprio ritmo foi o bastante para matar um grande número de cavalos – bastou para impedir que Joscelino II tomasse a cidade. Os cruzados foram atacados durante a retirada pelos auxiliares turcomenos de Nuredin e foram levados a se esconder em uma torre de água. Ela foi logo escavada pelos turcomenos, mas então a torre caiu sobre seus sitiantes e alguns cruzados escaparam. Eles sem dúvida tiveram muita sorte, pois "a espada apagou da existência todos aqueles entre os cristãos de Edessa em que os muçulmanos encostaram as mãos".[97]

---

97. Al-Qalanasi, p. 275.

A velocidade com a qual Nuredin se estabeleceu no norte da Síria fez dele um excelente candidato a genro para Muin al-Din, o emir veterano de Damasco, e um contrato de casamento com a filha do emir foi logo concluído. A união encorajou Muin al-Din a tentar recuperar Sarkhad e Bosra de um comandante de defesa que se rebelara contra Damasco e tentava usar a ajuda dos francos para manter sua independência. Muin al-Din cercou as duas fortalezas na primavera de 1147, mas então recebeu ameaças dos francos para que se retirasse da luta. Muin al-Din então chamou Nuredin, que chegou em Bosra em 28 de maio. A princípio, parece que a visão da cavalaria da guarda pessoal de Nuredin – "nunca antes foram vistos *askari* melhores, em aparência, equipamento e número" – seria o bastante para fazer as defesas de Sarkhad se renderem, pois o comandante deles logo se ofereceu para as negociações. Entretanto isso era apenas uma tática de atraso, pois sabiam do avanço franco vindo de Jerusalém. Os *franj* chegaram sob o comando de seu rei de 16 anos de idade, mas foram logo vencidos no que parece ser uma amostra do que aconteceria ao exército de campo de Jerusalém 40 anos mais tarde em Hattin:

> Os combatentes levantaram o olhar e suas fileiras se aproximaram umas das outras, e os *askari* dos muçulmanos ganharam a vantagem sobre os politeístas. Eles os cortaram das fontes de água e das terras de pasto, os afligiram com uma saraivada de flechas mortais, multiplicaram entre eles a morte e os ferimentos e atearam fogo à relva que estava em seu caminho. Os francos, à beira da destruição, entregaram a luta, e os cavaleiros muçulmanos, ao ver uma oportunidade favorável de exterminá-los, correram para matá-los e entrar em combate com eles.[98]

Embora a união militar entre Damasco e Alepo que havia garantido essa vitória fosse apenas por conveniência e tenha sido logo dissolvida, certo grau de calma evoluía entre as duas cidades. Esse prospecto era temível para os *franj*, pois a divergência entre as duas cidades tinha sido fundamental para o sucesso dos cruzados nos primeiros anos da invasão. Na Europa, a queda de Edessa tinha sido um desagradável presente de inauguração para o novo papa, Eugênio III. Ele respondeu com uma bula papal em 1º de dezembro de 1145 e, na primavera de 1146, o rei Luís da França se comprometeu com a Cruzada. O sacro imperador romano Conrado também, mesmo que tarde, se comprometeu com a aventura em dezembro de 1146. O papa ofereceu favores à Cruzada, ainda que eles também tivessem sido dados a uma expedição

---

98. Al-Qalanasi, p.278.

nas terras eslavas ao leste e aos cavaleiros da Reconquista na Espanha. Essa divergência entre a noção original de Cruzadas, que eram apenas a defesa de Jerusalém, e a de que agora se incluíam qualquer guerra patrocinada pela Igreja seria significativa mais tarde, quando os latinos de ultramar fossem empurrados para o mar pelos mamelucos e nenhuma ajuda digna de nota poderia vir da Europa. Contudo, o maior problema para os latinos de ultramar em 1148 era que um rei e um imperador haviam respondido ao chamado do papa. Nenhum deles iria ouvir os francos orientalizados do Levante e suas ambições não cessariam com a simples defesa de Jerusalém. Eles eram monarcas acima de tudo, e os monarcas medievais gostavam de conquistas. Eles também podiam ser apenas uma adição temporária às forças de ultramar. Governantes, como Ricardo da Inglaterra descobriria mais tarde, não podiam deixar seus reinos por muito tempo.

Apesar dos problemas citados, deve ser dito que os exércitos da Segunda Cruzada foram muito impressionantes, e Ibn al-Qalanasi descreve os primeiros medos dos muçulmanos quando as notícias de sua chegada a Constantinopla chegaram a Damasco:

> Nesse ano, foram recebidas diversas notícias da chegada dos reis dos francos de suas terras, entre os quais estavam Alman e o filho de Afonso, com uma companhia de seus nobres em quantidades inumeráveis e equipamentos incomputáveis. Foi dito que eles estavam se dirigindo à terra do Islã, tendo feito convocações em todas as suas terras e fortalezas para enviar uma expedição de lá, apressar-se e deixar seus territórios e cidades vazios e desprovidos de protetores e defensores. Eles trouxeram consigo quantias além do reconhecimento de seu dinheiro, tesouro e armas, até que foi dito por alguns que seus números chegavam a 1 milhão de cavalos e pés ou até mais.[99]

Conrado, com cerca de 20 mil homens, chegou em Anatólia em outubro de 1147. No dia 25 daquele mês, quando seu exército se aproximava da Dorileia e seus cavaleiros davam de beber aos cavalos, eles foram atacados por turcomenos. Assim começou a lenta destruição da Segunda Cruzada, à qual foi dada apenas uma pequena passagem na crônica de Ibn al-Qalanasi:

> Quando as notícias da aproximação deles ficaram conhecidas e seu propósito se espalhou, os governantes das terras vizinhas e dos territórios islâmicos nas proximidades começaram a se preparar para rebatê-los juntando suas forças para entrar na Guerra Santa. Eles se dirigiram às saídas e aos

---

99. Al-Qalanasi, p. 280-1. Alaman era Conrado, o imperador da Alemanha, e o outro indivíduo era Bertrando, neto de Raimundo de Toulouse.

desfiladeiros montanhosos, impedindo assim a passagem e o desembarque na terra do Islã, e lançaram incursões com assiduidade sobre suas guarnições. Morte e carnificina se misturavam aos francos até que um grande número deles pereceu, e o sofrimento deles com a falta de mantimentos, forragem e suprimentos, ou seu alto custo, se é que eles tinham, destruiu multidões pela fome e pela doença. Notícias recentes de suas perdas e da destruição de seus números sempre chegavam até o final do ano de 542 [1148], e, com isso, os homens resgataram um grau de tranquilidade de espírito e começaram a crer na queda da empreitada, e os antigos desesperos e medos foram aliviados apesar das repetidas notícias sobre as atividades dos francos.[100]

Esse primeiro encontro foi uma matança. Kilij Arslan, que havia sido derrotado no mesmo lugar contra Boemundo, foi vingado por seu filho. A destruição dos francos pelos turcos da Anatólia foi tão rápida que eles sequer foram capazes de se reunir para se defender. O cair da noite garantiu uma pausa e Conrado fugiu para Niceia, que era controlada pelos bizantinos, mas ele deixou seu exército quase inteiro no campo de morte de Dorileia. Um resultado curioso dessa carnificina é que os cavaleiros da Alemanha, quando ouviram sobre as proezas marciais dos turcos, forjaram tábuas genealógicas e lendas para dar a si mesmos origens turco-germânicas.

Conrado retornou para Constantinopla doente, mas depois embarcou para a Palestina por navio. O exército de Luís chegou a Niceia em novembro e partiu por uma rota terrestre. Eles foram obstruídos por tempestades e então tentaram encurtar o caminho para Antioquia saindo do território grego pelos Montes Tauro. Eles tinham poucos suprimentos para a tarefa e muitos retardatários foram pegos pelos turcomenos. O exército logo dava sinais de total desintegração por causa da marcha e dos turcos que atacavam sua retaguarda e seus flancos. Em seguida, sua vanguarda perdeu contato com o corpo principal do exército, porque os soldados da frente estavam com pressa de alcançar um vale no qual pudessem acampar à noite. Os turcos separaram o corpo principal de sua vanguarda logo ao cair da noite. Mais uma vez, os francos foram derrotados pela pura rapidez do assalto e pelo número de tiros de arcos compostos dos turcos. Luís passou a noite em uma árvore, cercado do que restava de seus guarda-costas, mas muitos de seus soldados desertaram o campo e depois foram caçados pelos turcomenos e mortos. Luís juntou o resto de suas forças e marchou para Antália, que era controlada pelos bizantinos. De lá, navegou para São Simeão, em março de 1148,

---

100. Al-Qalanasi, p. 281-2.

apenas com sua criadagem: o resto do exército de Luís permaneceu acampado em volta de Antália, onde continuou a ser alvo dos reides turcomenos. A infantaria tentou marchar para Antioquia e mais da metade morreu no caminho.

Em Antioquia, Raimundo tentou fazer com que Luís atacasse Alepo como um passo para a reconquista de Edessa, mas Luís não se convenceu. O número de homens perdidos em menos de um piscar de olhos em Jerusalém pesava bastante em sua mente e ele ainda esperava a chegada de sua infantaria de Antália. Luís rejeitou o plano e marchou para a Palestina, pois ouviu que Conrado já estava em Jerusalém. Raimundo e Joscelino II ficaram no norte e essa divisão de forças assegurou que os domínios de Nuredin ao redor de Alepo ficassem seguros de ataques.

A agressividade Cruzada foi então direcionada a Damasco. Muitos historiadores sugerem que os cruzados se mantiveram seguros do risco de uma Síria muçulmana unida e agressiva até essa campanha abortiva contra Damasco e que os damascenos foram forçados pelos francos a abandonar sua política de neutralidade. Existe um grau de verdade nisso, mas Nuredin já havia mostrado que não era avesso a pequenas coalizões com os damascenos contra os cruzados e agora tinha uma ligação de casamento com o senhor de Damasco. Ademais, Damasco não sucumbiu de verdade à combinação de encantamento e ameaça que Nuredin empregou até seis anos depois da derrota dos cruzados.[101]

Na verdade, o almejo a Damasco, apesar dos acordos que existiam entre ela e Jerusalém, não era tão insensato quanto a retrospectiva faz parecer. Damasco era a cidade de controle turco com potencial agressivo mais próxima de Jerusalém. O Egito talvez pudesse ter sido uma escolha melhor, dadas as tentativas que os francos mais tarde fariam de conquistá-lo com forças muito mais fracas do que as que tinham em 1148, mas o Egito estava calmo a essa altura e os turcos, em virtude de seus sucessos, se mostraram como ameaça número um aos francos.

O verdadeiro engano, portanto, não foi a escolha do objetivo, mas a execução do plano. Os cruzados chegaram aos arredores de Damasco em 24 de julho e logo viram que conseguiam investir apenas contra uma fração das grandes muralhas. Eles então se limitaram a assegurar a muralha a oeste, do seu canto mais ao sul ao ponto mais ao norte, a cidadela. Muin al-Din já vinha "fortificando os lugares onde os ataques

---

101. Ver Hillenbrand, p. 117. Muin al-Din havia colocado uma marionete no trono e recebido vestes de honra e um diploma de califa de Bagdá, em 1147. Ele também recebeu cavalos e um diploma como presentes do califa xiita do Egito. O laço entre os fatímidas e Damasco ainda estava bem vivo.

eram temidos, colocando homens para vigiar as estradas e as passagens, cortando o movimento de recursos às estações, enchendo os poços e esvaziando as fontes de água",[102] e, de acordo com as fontes árabes, os cruzados foram logo afetados pela falta de água. Conforme os francos se moviam pelos arredores e jardins do lado de fora das muralhas, foram confrontados por um assalto feito por uma força confusa composta de turcomenos, da milícia da cidade, *ghazis* e até de um advogado idoso chamado al-Fundalawi, que rejeitou todas as tentativas de fazê-lo desistir do jihad e foi depois morto em batalha. Essa força foi massacrada pelos francos, que avançaram por um cemitério no oeste da cidade e conseguiram usar as árvores encontradas nos pomares e jardins para começar a construir torres de cerco. Eles ficaram perto das muralhas em diversos pontos e Guilherme de Tiro nos dá uma representação vívida da pouca resistência que encontraram:

> Com a ingenuidade que é característica daqueles que sofrem tormentos e adversidades, eles recorreram a dispositivos desesperados. Em todas as seções da cidade que ficavam de frente para nossos campos, eles levantaram enormes e altas vigas, pois poderiam apenas esperar que, enquanto nossos homens trabalhavam em destruir essas barreiras, eles seriam capazes de fugir para a direção oposta com suas mulheres e crianças.[103]

Muin al-Din tinha enviado cartas a todos os governantes muçulmanos do sul da Síria, e mais turcomenos começaram a chegar na cidade pelos portões de Alepo e Bagdá, que não haviam sido bloqueados. Essas novas forças se juntaram em 25 de maio e fizeram um ataque contra as posições Cruzadas ao amanhecer. Eles foram mantidos a distância pelos besteiros francos, mas ao menos conseguiram lançar uma artilharia que durou o suficiente até que os arqueiros de infantaria muçulmanos do Vale Biqa fossem alocados para cobrir a retirada deles do campo. No dia seguinte, os muçulmanos foram a campo novamente. Os pomares em que os cruzados se acamparam impediram a concentração das forças e uma batalha dispersa foi travada, na qual turcomenos montados e arqueiros de infantaria individuais, auxiliados por manganelas montadas na muralha da cidade, destruíram os engenhos dos cruzados e as barricadas com *naft*. Irregulares também foram implantados na cidade e emboscaram os francos conforme eles tentavam se mover de uma posição para outra. Guilherme de Tiro nos conta que:

> Homens com lanças se escondiam dentro das muralhas. Quando esses homens viam os nossos passando, eles os perfuravam quando estes se movi-

---

102. Al-Qalanasi, p. 284.
103. Todas as citações de Guilherme de Tiro são do *Historia Rerum in Partibus Transmarinis Gestarum*, traduzido para o inglês por J. Brundage, em *The Crusades: A Documentary History*, Millwaukee, Marquette University Press, 1962, p. 115-21.

mentavam, por pequenos buracos nas muralhas que foram feitos para esse propósito com inventividade, para que aqueles que se escondiam não fossem vistos. Muitos outros perigos também aguardavam aqueles que queriam passar por aqueles caminhos estreitos.

Esses homens eram pagos por cabeça que levavam a Damasco.

Em 27 de maio, os cruzados tentaram se retirar, mas sofreram um ataque contínuo; o cronista de Damasco registrou que os francos perderam muitos de seus "maravilhosos cavalos" em sua retirada. Os cruzados se vingaram queimando o subúrbio de al-Rabwa durante sua retirada, mas devem ter feito isso por começar a achar que a empreitada estava fadada ao fracasso.

Em 27 de julho, os francos moveram a operação para um assalto à muralha sudeste da cidade. Isso era ou um ato de desespero ou, como sugere Guilherme de Tiro, porque os damascenos

> começaram a labutar na ganância de nossos homens. Com grande habilidade, propuseram uma variedade de argumentos a alguns de nossos príncipes, e lhes prometeram e entregaram uma estupenda soma de dinheiro para que lutassem e trabalhassem para levantar o cerco. Eles persuadiram esses príncipes a assumir o papel do traidor Judas. Por sugestões ímpias, persuadiram os reis e os líderes dos peregrinos, que confiavam em sua boa-fé e seu empenho, e assim deixaram os pomares e lideraram o exército ao lado oposto da cidade.

Não havia nenhuma fonte de água viável para o novo acampamento, graças às preparações de Muin al-Din, mas isso tinha poucas consequências, pois os cruzados sabiam que precisavam tomar a cidade logo ou desistir do cerco. Sayf al-Din e seu irmão Nuredin[104] já estavam marchando de Alepo e Mossul e chegariam em poucos dias. Contudo, o assalto planejado à cidade nunca aconteceu porque o moral do exército estava acabado e seus comandantes não conseguiam concordar sobre a ação a ser tomada, com muitos deles se recusando a liderar suas tropas para o que parecia uma derrota certa. No dia seguinte, os cruzados começaram a retirada, durante a qual perderam mais homens aos grupos de reides turcomenos. A crítica de Guilherme de Tiro sobre a campanha é refletida no fato de que ele diz aos seus leitores que o nome da cidade significa "sangrenta" ou "aquela que derrama violência".[105]

---

104. Ibn al-Athir nos conta que Muin al-Din escreveu a Sayf al-Din solicitando sua ajuda, e não a Nuredin. Talvez a teoria de que a Segunda Cruzada trouxe Damasco para os braços de Nuredin precise de alguma revisão, dado esse fato. Damasco poderia ter continuado a jogar os príncipes de Alepo e Mossul um contra o outro com facilidade, e ainda poderia ter reatado suas relações com os *franj*.

105. Na verdade, o nome Damasco ou *Dimashq*, a casa d'água, tem sua origem em um antigo dialeto semita.

Luís e Conrado acumularam grande parte da culpa pelo fracasso, e deixaram o ultramar com suas tropas em 1149. O jovem rei Balduíno II havia perdido a estima de seus vassalos e agora não tinha nem os homens nem o prestígio necessário para cavalgar ao auxílio de Antioquia quando o exército de Raimundo foi quase aniquilado por Nuredin, em 29 de junho, na Batalha de Fons Moratus. Uma repetição do sucesso do resgate que seu avô empreendeu dos territórios da Antioquia, depois de Ager Sanguinis, era simplesmente impossível. Raimundo tinha conseguido forçar Nuredin a levantar o cerco na fortaleza de Iniv, mas em seguida cometeu um grave erro ao fazer campanha no campo aberto, em vez de voltar a uma de suas cidades fortificadas. As patrulhas de reconhecimento de Nuredin logo informaram que essa força isolada não estava recebendo reforços, então os turcos cercaram o acampamento de Raimundo seguros de si. Na manhã seguinte, um ataque geral foi feito e Ibn al-Qalanasi nos conta que os francos conseguiram uma investida antes de ser "atacados de várias direções" e que pouquíssimos sobreviveram. Um curdo, Shirkih, do mesmo clã aiúbida que havia salvado a vida de Zengi tomou a cabeça de Raimundo. Ela foi enviada, assim como a de seu sogro, ao califa em uma caixa prateada. Os assassinos ismaelitas irregulares lutaram com Raimundo e também foram mortos; o homem que tomou a cabeça do líder deles recebeu uma gorda recompensa de Nuredin. O jihad sunita não tinha apenas os cruzados em sua vista: hereges tinham muito a temer com ele.

Joscelino II foi o próximo príncipe a sofrer nas mãos de Nuredin quando o norte da Síria saiu do controle dos cruzados. Ele foi capturado enquanto fazia incursões em terras muçulmanas, foi cegado e aprisionado até sua morte dez anos depois. Balduíno III deixou a cidade de Antioquia segura depois de uma marcha rápida, mas quase todas as suas terras e fortalezas foram perdidas. A viúva de Joscelino II vendeu todas as suas posses, além da Antioquia, ao imperador bizantino, pois as incursões muçulmanas tornaram sua posição insustentável. Balduíno III concluiu o acordo com o imperador e organizou a evacuação dos latinos da região. Balduíno tinha apenas 500 soldados para cobrir essa coluna de não combatentes, conforme eles marchavam de Tel Bashir a Antioquia. Por isso, os soldados de Nuredin conseguiram causar danos à coluna quase à vontade e também conseguiram eliminar aqueles que marchavam na retaguarda. Balduíno III, no entanto, realizou a tarefa com habilidade exemplar, apesar de seu trem de carga ter logo ficado como um porco-espinho, de tão coberto de flechas que estava, e a coluna sobreviveu à marcha de maneira razoavelmente ordenada.

O exército de Jerusalém passou os três anos seguintes defendendo Antioquia. Enquanto isso, a morte de Muin al-Din, em 1150, distraiu Nuredin do norte da Síria com a oportunidade de capturar Damasco. Contudo, o emir veterano da cidade, Abaq, fez uma nova trégua com os francos em uma tentativa de rebater as ambições de Nuredin. Em 1153, tendo o norte estável e imaginando que todos os lugares próximos voltariam ao *status quo* anterior, Balduíno III fez um grande ataque a Ascalon e convocou todo o povo de Jerusalém, assim como os peregrinos que visitavam a cidade, a se juntar a ele. Assim, ele conseguiu investir contra a cidade inteira. Ascalon ainda era rica e Guilherme de Tiro conta-nos que, quando a cidade foi finalmente conquistada, houve tesouro suficiente para esses irregulares. No entanto, apesar de ter uma forte frota italiana bloqueando o porto e uma grande força terrestre se concentrando contra os muros da cidade, os francos não conseguiram concluir o cerco com rapidez e ele demorou meses.

A marinha fatímida estava aproveitando algo como um último viva nesse momento e isso causou muitos problemas aos cruzados. Uma frota de 70 navios havia dado uma batida na costa da Síria, em 1152, e atacado Jaffa, Acre, Beirute e Tiro, além de ter queimado vários navios francos e gregos. Com bravura, a frota também atravessou o bloqueio italiano diversas vezes e reabasteceu Ascalon. Contudo, apesar desses esforços corajosos, logo ficou claro para as defesas fatímidas da cidade que nenhuma força de alívio viria do Egito e que sua tênue rota naval de recursos poderia ser interrompida a qualquer momento. Eles então se renderam em termos em 10 de agosto de 1153. Nuredin havia tentando trazer as forças damascenas e as suas próprias para o reforço da cidade em abril, mas essa frente unida logo se separou; brigas estouraram entre as tropas de Damasco e Alepo antes de um assalto planejado a Banias. Essa última não adesão dos damascenos ao jihad parece ter resolvido a cabeça de Nuredin de uma vez por todas: ele tinha de conquistar a cidade, mesmo que precisasse fazer uma campanha contra muçulmanos.

Ascalon foi uma vitória importante para Balduíno III. Ela assegurou que a enfraquecida Damasco mantivesse seu pacto de não agressão com os francos e aumentou o prestígio entre seus vassalos em uma época na qual as ordens militares ganhavam cada vez mais influência no Estado. Finalmente, é claro que Ascalon era uma etapa que levava rumo ao Egito, o qual logo se tornaria o foco estratégico principal para os cruzados e Nuredin.

Enquanto isso, os planos de Nuredin para Damasco devagar vinham a fruir. Ele já havia garantido a menção de seu nome na *khutba* das preces de sexta-feira, na grande mesquita, e moedas foram cunhadas em seu nome na cidade. Ele ganhava os ulemás com sua devoção sincera e os camponeses com sua propaganda, somada ao fato de que, até quando ele levou seu exército para as muralhas de Damasco para impor sua vontade aos líderes da cidade, não foram danificadas as colheitas dos pequenos proprietários. Ele até parece ter levado o crédito pela chuva depois de uma longa seca, pois ela coincidiu com sua chegada. As ações de Abaq, convidando os francos para os portões da cidade e até deixando que alguns cavaleiros veteranos entrassem na cidade para opor a presença de Nuredin nos arredores, só serviram para isolar o líder da população. Nuredin também conseguiu a lealdade dos emires veteranos e da milícia. Por fim, Abaq ficou apenas com a ajuda de um grupo exclusivo de oficiais, que então foram perdidos depois de ele ter recebido falsas informações de que estavam tramando para removê-lo; muitos deles foram aprisionados ou executados. Interrupções ao suprimento de comida então começaram e Abaq, no lugar de Nuredin, foi culpado pelas faltas, apesar de serem as forças de Alepo que interceptavam os vagões.

Nuredin fez um cerco "gentil" à cidade em 18 de abril de 1154. Ele vinha bombardeando a cidade com propaganda que repreendia a relutância dos líderes em aderir ao jihad três anos antes dessa mostra de força. O tom dessas cartas nunca foi incendiário o bastante para enraivecer o orgulho damasceno, mas era lisonjeiro e encorajador: "Não há necessidade para os muçulmanos se matarem uns aos outros e eu, por minha parte, garanto-lhes uma pausa para que possam devotar suas vidas à luta contra os politeístas". Ele também foi ajudado pelo fato de que as incursões francas continuaram pela área, apesar do acordo entre Damasco e Jerusalém:

> Nada procuro a não ser o bem dos muçulmanos, guerrear contra os francos e resgatar os prisioneiros que estão em suas mãos. Se me ajudardes com os *askari* de Damasco e nós nos ajudarmos uns aos outros com o compromisso da Guerra Santa e os assuntos forem organizados apenas visando ao bem, meus desejos e meu propósito serão alcançados plenamente.[106]

Nuredin não precisava mais dos *askari* tanto assim na verdade, mas necessitava da riqueza da cidade para pagar seu exército em plena expansão. Ele tinha atraído um vasto número de turcomenos e mercenários turcos à sua bandeira em virtude de seu sucesso e de sua reputação. Até mesmo em 1152, quando acampou suas forças ao sul de Damasco,

---
106. Ambas as citações de al-Qalanasi, p. 302 e 309.

as tendas de seu exército se alongavam por todo o comprimento das muralhas da cidade.

Abaq pediu ajuda a Balduíno, mas Nuredin agiu rápido e atacou as muralhas a leste antes que o rei pudesse reagir. Ocorreram conflitos entre a defesa regular da cidade e a milícia além das muralhas da cidade, e Nuredin pressionou seu ataque dia após dia. Então, em 25 de abril, os *askari* damascenos saíram em grande número para combater o assalto matutino de Nuredin. Eles tinham de tentar quebrar o cerco, pois a cidade estava com falta de grãos, mas o ataque esvaziou as muralhas de soldados. As forças superiores de Nuredin flanquearam as damascenas e as empurraram de volta ao portão que levava ao bairro judeu da cidade. Eles então fizeram uma tentativa nos muros e foram ajudados por uma senhora judia que jogou uma corda para um dos soldados rasos abaixo. O estandarte de Nuredin subiu o muro e um carpinteiro seguiu o exemplo da senhora e destruiu a trava do portão leste, permitindo que os alepanos entrassem com facilidade. Não houve resistência e, em seguida, o portão do bairro cristão também foi aberto. Abaq fugiu para a cidadela, mas foi tirado com promessas de anistia geral. Nuredin tinha sua cidade e uma Síria unida surgiu.

O novo sultão da Síria logo garantiu uma trégua de um ano aos francos, em total contradição com sua propaganda recente de jihad. Contudo, essa atitude foi necessária, pois unificar a Síria muçulmana era uma coisa, mas consolidar o poder sobre ela era outra bem distinta. A trégua que Nuredin garantiu aos francos tinha uma posição legal e específica dentro do jihad: a *hudna* é uma trégua que pode interromper o jihad apenas se existir vantagem a ser ganha com a cessação de hostilidades contra os infiéis. Nesse caso, ela permitia que Nuredin eliminasse um emir rebelde em Baalbek e interviesse na disputa entre os emires turcos da Anatólia. Ele sabia que qualquer confronto naquela região poderia passar para seus territórios ao norte e chamar exércitos bizantinos de volta para a Anatólia, com um risco latente a Alepo. A *hudna* também era garantida apenas para Jerusalém e não à Antioquia: operações contra os *franj* poderiam continuar lá sem interrupções.

O reino de Jerusalém foi atacado em 1155 de uma forma bastante heterodoxa pela marinha fatímida. Eles haviam escolhido um comandante habilidoso e nada convencional:

> Ele escolheu uma companhia de marinheiros que falavam a língua franca, vestiu-os de maneira franca e lhes enviou diversas embarcações para compor a frota. Ele mesmo foi ao mar para investigar diversos lugares, esconderijos e as rotas que as embarcações da Grécia costumam tomar para

obter informações sobre elas. Depois disso, foi ao Porto de Tiro, com a informação que lhe chegara de que existia um grande galeão grego lá com muitos homens e uma grande quantidade de riquezas. Ele fez um assalto ao barco, tomou-o, matou aqueles que lá estavam e tomou posse de sua carga. Depois de ficar por três dias, queimou a embarcação e partiu ao mar novamente, onde capturou algumas embarcações com peregrinos francos e, depois de matar, pegar prisioneiros e pilhar, voltou ao Egito com seus tesouros e cativos.[107]

A frota fatímida ainda se apresentava como um desafio nesse período, quando podia passar pelos navios latinos que se amontoavam pelo leste do Mediterrâneo, mas seus sucessos limitados só fizeram do Egito um prêmio mais atraente para os cruzados e para o novo sultão da Síria.

Nuredin foi para Alepo em abril de 1156 para repelir os saqueadores de Antioquia, mas seus *askari* de Alepo já tinham realizado a tarefa para ele antes que ele chegasse, e essa foi a última ação militar antes de uma série de terremotos atingir o norte da Síria de setembro em diante. Shayzar sofreu o peso dos choques, mas Hama e Afamiya também foram atingidas. A simples tarefa de manter o governo andando preocupou os dois lados, por quase seis meses, mas a chegada de peregrinos em fevereiro de 1157 encorajou os francos a fazer uma incursão em Banias. Essa ação ficou impune por um tempo, porque outro grande terremoto aconteceu no começo de abril de 1157. Hama e Homs foram todas destruídas e a família que governava Shayzar foi praticamente eliminada. Mais uma vez, a reorganização do governo na região consumiu toda a atenção de Nuredin. Suas tropas de Alepo tomaram o controle de Shayzar depois de os francos e os assassinos ismaelitas tentarem tomar o restante da cidade. Talvez o dano severo causado em Antioquia pelo terremoto tenha aumentado um pouco seu moral durante esse tempo de provações.

Apesar de todos os problemas que a natureza lhe causou, Nuredin estava pronto no meio de abril para retomar as operações contra os francos. Ele criou um festival para celebrar o recomeço da Guerra Santa, com uma série de desfiles e espetáculos que duraram sete dias em Damasco. A cidadela foi decorada com estandartes e armas tomados dos *franj*; soldados e cidadãos e, mais importante, senhores turcos foram convidados a se juntar às festividades e, naturalmente, ao jihad. Nuredin operava agora por intermédio de tenentes, em vez de lutar pessoalmente contra os francos como seu pai havia feito, e ele atuava mais como um marechal de campo conduzindo a campanha do que como general. Seu

---

107. Al-Qalanasi, p. 323-4.

irmão Nusrat al-Din destruiu um exército franco composto por cavaleiros hospitalários e templários quando eles iam pela rota para Banias, com uma série de emboscadas e retiradas falsas no fim de abril.

Enquanto isso, Shirkuh, o Curdo, havia trazido turcomenos ao campo no norte e atacava as fortalezas e terras da Antioquia. Nuredin enviou Shirkuh e seus turcomenos para um cerco de Banias, enquanto o sultão voltava a Damasco para planejar a logística e os reforços, bem como para aumentar o entusiasmo pelo jihad. Ele chamou os *ghazis* de Damasco e os de fora da cidade para se juntarem à campanha. Além disso, trouxe manganelas, suprimentos e voluntários para Banias em 18 de maio, e recebeu notícias da derrota de uma coluna franca de Banias por uma força composta de árabes e turcos, sob a liderança de Shirkuh. As cabeças dos cruzados, seus equipamentos e seus cavalos foram enviados de volta a Damasco, para provocar o entusiasmo do povo pela Guerra Santa. Um pombo-correio enviado por Shirkuh então anunciou ao sultão que Banias estava quase tombando: uma torre tinha sido destruída e queimada na aurora, e os muçulmanos haviam tomado todas as partes da cidade exceto pela cidadela. No entanto, Balduíno III reagiu rápido e sua chegada tomou os muçulmanos sitiantes de surpresa.

Os francos de Banias foram salvos, mas tiveram de abandonar a cidade; enquanto acampavam entre Banias e Tiberíades, foram atacados por Nuredin e seus *askari,* em 19 de junho. Ele os tomou de surpresa e as tropas dele tiveram tempo de desmontar com calma para aumentar a destreza de seus arqueiros. Os francos ainda tentavam vestir as armaduras quando o ataque aconteceu e o massacre foi total. Ibn al-Qalanasi nos conta: "Sobrepujamos suas montarias com mortes e capturas, e extirpamos seus soldados rasos".[108] Existiram boatos de que Balduíno havia tombado no campo. Os cavaleiros capturados foram exibidos em desfiles, ao longo de Damasco, em camelos, cada um com seu estandarte pendurado para que as massas pudessem reconhecê-los. A infantaria e os turcópolos foram apenas amarrados aos quatro e marcharam pelas multidões que ovacionavam.

Mais operações foram planejadas para julho de 1157, mas os tremores de terra contínuos as detiveram. Então, no fim de julho, Antioquia foi ameaçada por Kilij Arslan II, o sultão de Iconium. Nuredin respondeu com uma trégua com Balduíno III para deixar que a ajuda de Jerusalém fosse dada a Antioquia. À primeira vista, essa não parecia uma atitude de um líder do jihad contra os *franj*, mas Nuredin, como todos os outros príncipes turcos, tinha seu clã com que se preocupar e queria que

---
108. Al-Qalanasi, p. 326.

a conquista de Antioquia fosse apenas de sua família. A "propriedade" do jihad era vital para as ambições do clã dos zengidas. Ademais, as pretensões bizantinas na Antioquia nunca terminaram, e a queda de Antioquia pelos turcomenos provocaria uma resposta de Constantinopla, o que complicaria em muito os assuntos sírios de Nuredin. Em 11 de agosto, Nuredin saiu com uma grande força que se prostrou em Antioquia e criou basicamente uma zona de exclusão ao redor da cidade, pela qual nem os francos nem os turcos da Anatólia poderiam passar.

Estava claro, a essa altura, que Nuredin era o soberano mais poderoso da região e quando ele ficou gravemente doente, em outubro de 1157, existia um perigo real de um vácuo de poder. Contudo, o comando foi delegado com sucesso para Nusrat al-Din e Shirkuh, e, apesar de alguns estranhos rumores de sua morte, nenhum problema sério aconteceu enquanto ele se recuperava. O sultão estava de volta ao poder, apesar de ainda estar com a saúde fragilizada, perto da virada de 1158, mas sua doença tinha dado algumas esperanças aos cruzados depois dos desastres dos dois anos anteriores. Eles começaram a invadir os distritos ao redor de Damasco com uma relativa impunidade, até Nuredin cavalgar para enfrentá-los, em 11 de maio na estrada de Tiro. Ele logo enfrentou e destruiu um destacamento de saque, mas então foi confrontado por um grande corpo de francos. Sua própria força desistiu, deixando apenas Nuredin e sua guarda pessoal no campo. Esse pequeno grupo de homens conseguiu matar cavalos francos o suficiente durante as investidas dos cruzados, com um feroz fuzilamento de arqueiros, para permitir que eles se retirassem à segurança de seu acampamento, onde a fúria do sultão foi lançada sobre seus subordinados. Nuredin se manteve em campo até o fim de agosto de 1158, enquanto tentava, sem sucesso, fechar um novo tratado de paz com Balduíno III. Ele também recebeu enviados dos fatímidas com cavalos e tesouros como presentes.

Na sequência, chegaram informações desagradáveis de que, apesar de todos os seus esforços para evitar que isso acontecesse, um exército bizantino estava sendo mobilizado para o serviço na Anatólia. Nuredin escreveu, então, a todos os líderes muçulmanos da Anatólia, alertando-os sobre a probabilidade de guerra, mas não conseguiu fazer mais nada, pois sua saúde se agravou novamente e ele não se recuperou por completo até março de 1159. Ele recebeu mulas e tecidos ricos como presentes de Manuel, o imperador bizantino, mas, como se para provar o antigo provérbio *Timeo Danaos et dona ferentes* [Temo os gregos mesmo quando trazem presentes], Nuredin também soube da aproximação entre Manuel e Balduíno III e que não apenas

Antioquia mas também outras cidades, algumas de soberania muçulmana, estavam nas intenções do imperador. Ele então mobilizou e se moveu para o norte em uma mostra de poder impressionante, feita para impedir os gregos de molestar as terras muçulmanas. Sua estratégia funcionou e uma troca de prisioneiros de líderes francos feita por Nuredin foi o bastante para assegurar a boa relação com o imperador e a retirada dos gregos da Anatólia. Esse sucesso diplomático foi celebrado em um banquete organizado pelo sultão, para o qual uma multidão de cavalos, gado e ovelhas foi sacrificada.[109] Contudo, os gregos ainda desejavam a Antioquia e o imperador havia assegurado a suserania sobre vários senhores turcos da Anatólia.

A presença grega na Anatólia e o risco da interferência deles na Síria tinha, portanto, imposto grandes limitações às opções ofensivas de Nuredin ao norte. Outra rota ofensiva potencial contra os francos tinha, naturalmente, se mostrado nos anos recentes por meio de pequenos sucessos no mar contra os francos e pelas incursões na fronteira sudoeste do ultramar. Ademais, os cruzados também perceberam que não poderiam ter esperança na recuperação das perdas para Zengi e Nuredin sem os recursos do Egito. A campanha pelo indisposto Estado fatímida, seu tesouro, seu exército e sua marinha seria entre Nuredin e o novo rei de Jerusalém, Amalrico, que, em fevereiro de 1162, sucedeu seu irmão morto, Balduíno III, que não tinha filhos.

Amalrico pensou que, apesar de seus contínuos problemas de contingente, seria possível conquistar o Egito, e foi encorajado pelo fato de que, apesar de seus pequenos sucessos navais, o Egito continuava em crise e sem rumo político. O homicídio do califa, al-Amir, pelos assassinos ismaelitas havia dado início a um processo de desintegração em 1130 e, na década de 1160, o Egito pagava tributo aos francos apenas para adiar uma invasão. O Estado também havia passado por 15 vizires diferentes, todos que se envolveram em impasses mortais com os califas, e apenas um deles sobreviveu a esse mandato. Os complôs de oficiais militares que apoiaram os vários candidatos para o cargo de vizir dividiram o Estado. Foi lamentável para Amalrico que Shawar, um dos perdedores na competição mortal pelo vizirato, tenha fugido não em busca do rei franco, mas para a corte de Nuredin, a fim de pedir ajuda contra seu sucessor. Amalrico considerou, porém, que o medo de uma intervenção de Nuredin, em nome de Shawar, significaria um

---

109. Até os mamelucos urbanizados do Egito continuaram a consumir cavalos até o final do século XIX. Tratava-se de um elo cultural às suas origens da estepe, que todos os turcos tentavam manter.

pedido aos francos de uma ou outra das facções que lutavam pelo poder no Egito. Ele também tinha um *casus belli* porque o tributo a Jerusalém não foi pago por Shawar. Amalrico invadiu o Egito em setembro de 1163 e foi para os pântanos do Pelúsio, onde derrotou uma força enviada contra ele pelo novo vizir, Dirgham. Contudo, quando ele seguiu para Bilbays e começou a cercá-la, sua esperança foi por água abaixo quando os diques de enchente do Nilo foram abertos pelos egípcios e o acampamento de seu exército foi inundado. Uma retirada às pressas da lama do delta, de volta à Palestina, logo aconteceu.

Em Damasco, Nuredin se apressou para organizar uma resposta à tentativa de Amalrico no Egito, e Shawar contou ao sultão, com entusiasmo, que todas as despesas para a expedição poderiam ser pagas com o tesouro egípcio. Ele escolheu seu leal tenente Shirkuh para liderar a missão, apesar de escritores da época sugerirem que toda a expedição tenha sido ideia de Shirkuh e que Nuredin foi enganado por seu enviado nas atualizações diárias sobre a campanha. Nuredin estaria certo em mostrar relutância. Ascalon, que era controlada pelos francos, estava a três dias de marcha das cidades do delta do Nilo, o centro político e comercial do Egito. A expedição de Nuredin teria de negociar território inimigo na Palestina ou tomar uma longa rota tortuosa, quase até o Mar Vermelho, para entrar no Egito sem danos.

Nuredin começou um ataque diversivo no norte da Palestina, em abril de 1164, para distrair Amalrico de suas preparações egípcias e para dar a Shirkuh, seu sobrinho Saladino e sua pequena força, uma breve oportunidade de poder restabelecer Shawar ao palácio do vizir. Eles tomaram uma longa rota abaixo do leste do Jordão, até o ponto onde as estradas para fora da Arábia encontravam o Mar Vermelho, antes de atravessarem o Sinai para Bilbays. Eles conquistaram a cidade em 24 de abril e estavam diante das muralhas do Cairo em 1º de maio. A aparição súbita deles parece ter paralisado as respostas de Dirgham e a cidade se rendeu sem derramamento de sangue. Shawar foi colocado de volta ao posto enquanto o corpo de Dirgham foi deixado para apodrecer nas ruas.

Então Shawar mostrou como havia conseguido sobreviver ao perigoso mundo da política fatímida ao logo trair Shirkuh, ordenando que ele deixasse o Egito. Shirkuh, depois de ver a condição do exército egípcio e acreditando que Shawar não poderia angariar muita ajuda dos emires egípcios, contestou seu blefe. Infelizmente, Shawar tinha uma carta na manga para embasar sua ameaça e, assim, em julho de 1164, Amalrico e o exército de Jerusalém marcharam ao Egito mais uma vez, agora a convite do vizir. Shirkuh abandonou seus barracões no Cairo, sabendo que, para deter os francos, a batalha teria de ocorrer onde o delta acabava e começava o deserto. Ele conseguiu segurar os cruzados nas suas posições recém-preparadas em Bilbays por algumas semanas, mas a situação parecia sem esperança se algo não fosse feito para tirar Amalrico do Egito. Nuredin, então, escreveu a todos os emires da Síria, chamando-os para trazer seus *askari* ao campo e atacar Harim, uma das posses restantes de Antioquia. Isso era arriscado, pois Antioquia estava sob a suserania do imperador bizantino e Harim fazia fronteira com terras bizantinas. O ataque de Nuredin também empurrou Teodoro, o príncipe armênio mais poderoso da região, para uma coalizão com o governador bizantino de Calaman e Boemundo III de Antioquia.

Com a chegada dessa força maior, Nuredin levantou o cerco de Harim e começou uma retirada. Seu recuo foi tomado pela liderança da coalizão como uma oportunidade para obter uma vitória significativa. Na sua perseguição, contudo, eles perderam o contato com as forças de cada um e Nuredin conseguiu vencer as forças, que corriam atrás dele em duas batalhas separadas em 10 de agosto de 1164. Nos dois encontros, a cavalaria da coalizão também se separou da infantaria, e suas colunas foram tão mal organizadas que Nuredin conseguiu isolar e massacrar os soldados rasos e, em seguida, fazer o mesmo aos cavaleiros. Harim, então, tombou com facilidade. Ibn al-Athir afirmou que o encontro mostrou o brilhante uso tático da retirada fingida e da emboscada por Nuredin, mas, na verdade, os erros das forças de coalizão foram tão grandes que a exploração habilidosa dos erros de seus inimigos por Nuredin é que deveria ser aclamada. Amalrico escreveu em uma carta a Luís VII da Franca que eles alcançaram tudo o que precisavam no dia e que sua perseguição aos turcos foi inútil. O que o rei quis dizer, claro, era que, com o grosso das forças do reino comprometidas no Egito, a guerra limitada era a única opção para os francos. O mais sábio de seus sucessores seguiu esse dito à risca e o mais imprudente o ignorou com grande custo.[110]

Nuredin mandou uma seleção de cabeças de francos mortos para Bilbays para animar Shirkuh. As notícias da derrota e de que Boemundo III tinha sido capturado com certeza não fizeram nada para melhorar o humor de Amalrico. Ele ainda enfrentava uma força inferior e não tinha informações completas dos desastres na Síria. Portanto,

---

110. Para o texto latino da carta de Amalrico e uma abordagem magistral da opção de guerra limitada no reino latino, veja Smail, R. C., *Crusading Warfare 1097-1193*, segunda edição, Cambridge, Cambridge University Press, 1995, p. 133-5.

negociou energicamente com Shirkuh uma retirada mútua das forças e os dois exércitos deixaram o Egito em outubro de 1164. Amalrico partiu direto para Antioquia a fim de defender a cidade. Ele conseguiu assegurar a situação lá, mas então teve de marchar ao sul para tentar reforçar sua própria posse, a cidade fortaleza de Banias, que agora estava sob o ataque de Nuredin. Ele chegou tarde demais e Nuredin conquistou a cidade.

As coisas iam bem na Síria e Nuredin não interveio diretamente no Egito de novo até ser provocado por Shawar. O vizir havia concluído um tratado de assistência mútua com Amalrico e Nuredin viu isso como praticamente uma rendição do Egito aos *franj*. Outra expedição liderada por Shirkuh e Saladino foi então enviada, no começo de 1167. Shawar soube dessas preparações e apelou à ajuda de Amalrico. Os dois exércitos seguiram quase as mesmas rotas que haviam seguido em 1164, mas Shirkuh manejou suas forças mais ao sul do Cairo e atravessou o rio ao norte da cidade. Isso, na prática, posicionou suas forças a oeste da cidade, e significou que Shawar e seus aliados francos estavam prostrados no lado errado do rio para enfrentá-lo. Ele esperava dividir Amalrico e Shawar, e o rio era uma barreira formidável que lhe deu tempo para enviar diversas promessas ao vizir. Isso, infelizmente, não deu certo e fez com que Shawar concluísse um tratado formal com Amalrico.

Amalrico atravessou o Nilo no começo de março, mas Shirkuh negou batalha e fugiu para o Vale do Nilo, acima. Amalrico saiu em perseguição apenas com suas forças montadas, pois sua infantaria não podia manter o passo com a retirada de Shirkuh. A perseguição continuou até 18 de março, quando Shirkuh parou suas forças depois de achar terreno apropriado para o que procurava. A Batalha de al-Babayn foi lutada nas orlas do deserto, onde a areia fofa e os barrancos íngremes de dunas reduziam o valor da investida Cruzada. Amalrico tinha cerca de 400 cavaleiros consigo e um largo contingente de egípcios e turcópolos. Ele fez uma investida ao centro de Shirkuh com um contingente de seus cavaleiros, mas os soldados se posicionaram lá e, sob o comando de Saladino, logo se retiraram dele. Amalrico, então, se viu sob um assalto de arqueiros, de duas alas que investiam, e também separado do restante de suas forças. Ele conseguiu arranjar uma saída por entre os cavaleiros feridos e agonizantes, pois sua força havia voltado, e voltou à sua força principal. Os *askari* de Shirkuh agora concentravam seus esforços nos egípcios, nos turcópolos e no trem de carga dos francos. É creditável a Amalrico que ele tenha conseguido segurar o campo e liderar pequenos grupos de cavaleiros em uma batalha que logo se tornou uma série de pequenas lutas, nas quais nenhum dos participantes sabia se o dia estava ganho ou perdido. O rei então reuniu o maior número de homens possível ao redor de seu estandarte, colocou-os em uma coluna bem unida, limpou o campo e partiu de volta para o Cairo. Shirkuh não assegurou a vitória em si, pois Amalrico não perdeu sua força, mas o rei perdeu cerca de cem soldados e cavaleiros e, dado que as forças de Shirkuh eram de número inferior no total da batalha, esse era um bom resultado para o general.

Shirkuh então marchou de volta ao Vale do Nilo, mas evitou o Cairo e rumou para Alexandria. Os motivos de Shirkuh para esse movimento parecem ter sido: ele havia vencido Amalrico e queria algo para se mostrar por isso; Alexandria era abertamente hostil a alianças com os *franj*; e apenas porque Shirkuh tinha o coração de um aventureiro. Amalrico e Shawar logo cercaram Alexandria e, em um mês, a cidade estava perto da fome. A situação agravou-se quando uma frota de Pisa chegou e impediu que qualquer suprimento alcançasse a cidade pelo mar. Isso forçou Shirkuh a continuar apostando. Ele separou um destacamento de seus melhores soldados e saiu disfarçado da cidade à noite, deixando Saladino no comando dos homens restantes. Ele foi para o Alto Egito mais uma vez, onde tentou, com algum sucesso, fomentar uma rebelião contra Shawar; ele esperava enervar Amalrico pelo simples princípio de que o rei franco não poderia ter ideia de qual seria o próximo passo dos curdos. Amalrico também estava sob a pressão de Nuredin na Síria e, depois do desastre em Harim, duvidava das habilidades de qualquer um de seus tenentes. Uma guerra prolongada no Egito contra os homens de Shirkuh agindo como guerrilhas era a última coisa de que ele precisava. Ele apertou o cerco à Alexandria um pouco mais, acrescentando um bombardeio de manganelas diário, mas era óbvio que pouco além de negociações poderia ser alcançado; ao menos, ele estava negociando de uma posição mais forte naquele momento. Saladino foi tomado como refém durante essas negociações e ficou amigo do cruzado Onofre de Toron. Um resgate foi pago por ele e todos os prisioneiros francos foram soltos. Permitiu-se ao exército sírio a saída do Egito sem danos e Amalrico partiu logo depois de agosto. Ele havia assegurado de Shawar um aumento no tributo a Jerusalém e o direito de manter tropas e um diplomata militar guarnecidos no Cairo.

As demandas tributárias de Amalrico aos egípcios exigiram um enorme aumento nas taxas. Aliado à presença de soldados *franj* no Cairo, isso eliminou o apoio a Shawar e existia uma grande chance real de que as facções contra ele chamassem a ajuda de Nuredin. Um exército cruzado liderado pelo conde Guilherme de Nevers também chegou à Palestina, no verão de 1168 e, com essas novas forças, Amalrico fez outra tentativa no Egito em outubro. Ele tomou Bilbays em novembro, mas a matança que ocorreu durante a tomada da cidade endureceu a vontade dos egípcios de resistir aos francos. Enquanto Shawar abria negociações prolongadas com o rei e pedia ajuda a Nuredin mais uma vez, Cairo se preparava para repelir os francos. A velha cidade, composta de casas pobres, cemitérios e mercados, foi destruída em um fogo que durou quase 50 dias porque era indefensável, e também para negar abrigo e comida aos francos. O califa fatímida, al-Adid, também mandou cartas a Nuredin; isso foi o bastante para trazer Shirkuh e Saladino mais uma vez ao Egito, em dezembro de 1168, mas dessa vez com um exército maior que o de Amalrico. A chegada dessas forças no Egito, somada aos fatos desagradáveis de que o cerco ao Cairo se provava inviável e que essa "doença de acampamento" matava seus homens, foi o bastante para a retirada da força de Amalrico. Ele levou seu exército para fora do Egito em 2 de janeiro de 1169. Shirkuh tomou a posição de vizir com a ajuda do califa fatímida e executou Shawar. Shirkuh, porém, não desfrutou os prazeres de sua posição no vizirato por muito tempo, pois morreu durante o banho, em março de 1169.

No início de sua campanha final, Saladino objetou quando foi informado por Shirkuh que faria campanha no Egito mais uma vez:

> Respondi que não estava preparado para esquecer os sofrimentos que aguentei em Alexandria. Meu tio, então, disse a Nuredin: "É de extrema necessidade que Yusuf vá comigo". E Nuredin então repetiu suas ordens. Tentei explicar o estado de dificuldade financeira em que me encontrava. Ele ordenou que me dessem dinheiro e que eu tinha de ir, como um homem sendo levado à própria morte.[111]

No entanto, agora ele havia sido catapultado à chefia do Estado que ele e Shirkuh basicamente conquistaram. Ibn al-Athir sugeriu que Saladino tenha sido escolhido pelos conselheiros do califa fatímida para substituir Shirkuh, apenas porque ele era o mais novo e mais imaturo dos candidatos possíveis e, portanto, o mais influenciável. Isso pode levar à conclusão de que Saladino era um jovem inocente cercado de inimigos demoníacos, mas ele era, na verdade, um homem maduro de 30 anos e um guerreiro e político experiente. O que ele herdaria, contudo, testaria até mesmo seus talentos indiscutíveis. Ele era vizir de um califa xiita ismaelita e tinha apenas um pequeno corpo de soldados sírios para rebater as ainda grandes e quase incontroláveis forças do exército fatímida.

---

111. Ibn al-Athir em Maalouf, p. 169.

Apesar de suas realizações posteriores, o que ele conseguiu fazer no Cairo nesses primeiros anos podem ter sido seus maiores feitos em termos de simples sagacidade política. Ele começou tomando as terras e propriedades dos emires fatímidas veteranos, enquanto ainda mantinha lealdade ao califa fatímida. Ele, então, usou os fundos e as propriedades que juntou com isso para comprar os serviços e a lealdade dos mamelucos turcos do exército fatímida, e para suprir seus próprios homens com *iqtas* no Egito. Com essas ações, ele aumentou suas próprias forças, e aliou as tropas sírias e egípcias a suas fortunas pessoais. Contudo, ele impeliu os soldados negros do exército fatímida, algo em torno de 30 mil homens, para uma revolta por causa de sua indiferença, talvez intencional, para com o bem-estar deles, durante o verão de 1169. O principal patrocinador deles no palácio fatímida era um eunuco veterano chamado al-Khilafa, que começou uma intriga contra Saladino com os cruzados, na qual clamava que iria coordenar uma revolta entre os soldados negros com qualquer invasão franca ao Egito. Seu mensageiro a Amalrico se vestiu como um camponês para passar pelos guardas turcos de Saladino, mas não removeu seus chinelos palacianos. Um guarda suspeitou de um camponês vestindo sapatos tão finos e prendeu o homem. Dentro dos sapatos, estava a carta incriminadora, que foi levada a Saladino. O vizir ganhou tempo, mas então, em agosto de 1169, Saladino matou al-Khilafa. Ibn al-Athir nos conta o que aconteceu depois:

> Os africanos ficaram furiosos com a morte de seu protetor. Eles se reuniram até seu número crescer para quase 50 mil. Eles pretendiam batalhar contra o exército de Saladino. Eles lutaram um contra o outro entre os dois palácios. Muitos foram mortos nos dois lados. Saladino enviou soldados para os aposentos dos africanos e ateou fogo a suas posses, matando mulheres e crianças. Quando as notícias chegaram aos soldados africanos, eles fugiram. Saladino os atacou com espadas e fechou as rotas de fuga. Depois de muitos deles serem mortos, os africanos pediram paz. Muitos partiram do Egito para Gaza. Turanshah, o irmão mais velho de Saladino, atravessou para Gaza com um exército e cortou os africanos em pedaços. Sobraram entre eles apenas alguns fugitivos.[112]

Saladino havia se arriscado, mas sabia que tinha comprado lealdade o bastante entre a cavalaria turca para esmagar os soldados sudaneses. Ademais, o papel da infantaria nos exércitos muçulmanos vinha declinando desde o século XI, e continuaria a declinar, uma vez que os

---

112. Em Bacharach, J. L., "African Military Slaves in the Medieval Middle East: The Cases of Iraq (869-955) and Egypt (868-1171)", *International Journal of Middle East Studies*, novembro de 1981, p. 471-95.

arqueiros montados e com armadura pesada dominavam o campo de batalha cada vez mais. As derrotas que os fatímidas sofreram deixaram evidente, para um talentoso soldado profissional como Saladino, que os sudaneses representavam, *grosso modo*, mais problemas do que valiam. Dito isso, as lutas de rua que ocorreram durante a revolta foram lutadas com dureza e foram danosas. Em 1173, africanos que fugiram para o Alto Egito se juntaram a uma revolta geral que almejava restaurar a dinastia fatímida. Dessa vez, Saladino enviou seu irmão al-Adil contra os africanos. Por fim, a ameaça deles foi eliminada no ano seguinte.

Para perseguir suas ambições no Egito, Amalrico foi até Bizâncio. O imperador Manuel era casado com a prima de Amalrico, Maria de Antioquia, e, em 1167, Amalrico fez um contrato para se casar com a sobrinha-neta de Manuel. As consequências políticas dessas núpcias foram a formação de uma aliança que buscava a conquista e a partilha do Egito, e, em julho de 1169, Saladino soube da expedição conjunta dos cruzados e dos bizantinos. Dados os recursos navais limitados que lhe eram disponíveis, ele não conseguiu garantir a segurança da linha costeira egípcia, mas se esforçou para ter pelo menos informações de quaisquer operações marítimas que fossem lançadas contra ele. Portanto, ele enviou um grande número de navios de patrulha para todas as rotas de uso provável de qualquer frota bizantina ou Cruzada. Um de seus esquadrões voltou com as notícias de que o imperador Manuel tinha enviado uma frota de 230 navios, incluindo grandes transportes capazes de carregar a cavalaria para o lugar de batalha, uma consideração importante no Delta do Nilo, além de um exército para a Palestina. Uma campanha contra o Egito era benéfica para Manuel, porque distrairia Nuredin das ambições bizantinas no norte da Síria e porque o Egito poderia se tornar o ganha-pão de Constantinopla mais uma vez, como havia sido no século VII, antes das invasões árabes.

O ataque era para ser lançado de Ascalon durante a temporada de campanha, mas, em uma boa notícia para Saladino, foi adiado por negociações prolongadas sobre a divisão dos espólios entre Manuel e Amalrico, e pela demora na junção das tropas de Amalrico. Foi também atrasado pela insistência dos francos em marchar pelo Delta do Nilo, em vez de ser carregados pelos transportes bizantinos. Por isso, a força não alcançou Damieta até o meio de outubro, quando os bizantinos descobriram que o acesso ao porto estava barrado por uma corrente gigante, e o melhor que os invasores poderiam fazer era se assentar para um cerco à cidade, que começou em 27 de outubro. Ainda assim, na situação em que vieram, no meio da supressão da revolta dos soldados negros e em meio à falta de poder de Saladino, a empreitada ainda parecia esperançosa. Contudo, a defesa de Damieta era bem provida de dinheiro, mercenários e suprimentos pelo Nilo, e não mostrava sinais de deslealdade a seu novo vizir; Nuredin também enviou levas de tropas da Síria para aumentar sua defesa. Assim, os cruzados foram recebidos por uma resistência feroz. Na sequência, eles agravaram a situação para si mesmos quando se recusaram a cooperar com seus aliados bizantinos em quase todas as áreas e ao discutir mais uma vez acerca de espólios, antes mesmo de terem vencido. Os suprimentos de Amalrico começaram a acabar e Saladino sabia que o inverno se aproximava contra os gregos e os latinos. Amalrico fez um assalto frustrado à cidade e, em seguida, tentou negociar para uma retirada pacífica. Eles se retiraram depois de 35 dias e uma forte tempestade destruiu metade da frota bizantina durante o retorno a Constantinopla.

Saladino tomou a ofensiva em 1170. Embora possamos desconsiderar o depoimento de Guilherme de Tiro de que ele tenha levado 40 mil soldados montados ao campo em sua companhia, é evidente que, a essa altura, ele havia incluído os turcos do Egito em seu exército pessoal. Ele saqueou as terras dos *franj* em Gaza e conquistou a cidade fortaleza, conquistada por cruzados, de Ayla, no cabo do Golfo Persa, perto da atual Aqaba. A campanha tardia havia exigido o desmantelamento de muitos navios e o transporte deles através do Sinai até o Mar Vermelho, onde foram remontados, lançados e se uniram ao ataque ao porto. Essas incursões podem ter tido o objetivo de mostrar a lealdade de Saladino a Nuredin, pois Amalrico tentava chamá-lo em público para um pacto contra seu senhor. Com certeza, as relações entre o vizir do Egito e o sultão da Síria começavam a mostrar sinais de tensão. O que parece mais provável, no entanto, é que Saladino já pensava na fraqueza do Egito, em termos de ataques do mar e no risco de um bloqueio, tanto de seus suprimentos como de seu comércio com a Índia. Nisso, ele foi muito visionário. Os portugueses entraram no Oceano Índico anos mais tarde, no século XV, e começaram a batalhar com os muçulmanos no Mar Vermelho, tanto em uma tentativa de bloquear o Egito como de tomar o controle do comércio no subcontinente.

Em 1171, Nuredin aumentava a pressão sobre seu tenente para acabar com a linha fatímida e impor o sunismo, com a adesão do califa abássida, no Egito. Os biógrafos admiradores de Saladino clamam que ele não poderia matar pessoalmente o jovem e doente califa al-Adid, mas é óbvio que ele também tentava manter o Egito como um satélite, em vez de uma província, do sultanato de Nuredin. Sua mão foi quase forçada, em setembro de 1171, por um cidadão de Mossul que visitava o Cairo. Esse cavalheiro, que parecia ser muito rico, entrou na mesquita de sexta-feira, subiu no púlpito em frente ao pregador regular ismaelita e disse o *khutba* em nome do califa abássida. Não houve protesto da congregação e um silêncio absoluto reinou nas ruas nos dias seguintes. A generosidade do cavalheiro talvez tenha tido algo a ver com o modo como a dinastia fatímida morreu, de forma tão quieta, e quase sem luto da parte dos cidadãos. Seu último califa também morreu, enquanto dormia, poucos dias depois, e os homens e mulheres da casa governante que sobreviveram a ele foram separados, para que a linha que dizia ser descendente da filha do profeta Maomé, pudesse se extinguir de forma natural.

Depois disso, a ação política do Levante começou a se parecer com aquela de 1097. Saladino ajudou Nuredin nas campanhas do sultão contra os francos, já que, como vassalo, ele não poderia recusar, mas percebeu que os cruzados distraíam Nuredin com o sucesso de uma marcha ao Egito e também dividiam a Síria muçulmana do Estado de Saladino. O velho esquema tático dos fatímidas, de um Estado de cruzados que os protegia dos turcos, tinha alguma verdade ainda, mas Saladino também percebeu como a situação era perigosa: em fevereiro de 1174, ele enviou seu irmão ao Iêmen para varrê-lo dos apoiadores fatímidas e torná-lo seguro, como um possível santuário para a família aiúbida caso ele fracassasse em seu ato de arriscado equilíbrio.

Saladino e Nuredin de fato tentaram campanhas conjuntas em 1171 e 1173, quando Saladino atacou Karak e Shawbak, duas grandes fortalezas Cruzadas na Transjordânia, mas nas duas campanhas os exércitos não conseguiram se reunir. Ibn al-Athir culpa Saladino por se retirar cedo da segunda campanha e por deixar os francos escaparem de derrotas graves. Contudo, outras evidências sugerem que o avanço de Saladino na área visava apenas aos beduínos que faziam incursões no território muçulmano com os francos e que Nuredin estava atrasado em juntar ajuda, pois estava comprometido no que só pode ser descrito como uma guerra territorial com Kilij Arslan II, no norte da Síria. Portanto, embora sem dúvida existisse desconfiança entre os dois homens, Saladino era um vassalo com lealdade razoável. Tanto é que Nuredin foi creditado pelas ações de Saladino na Núbia e na África do Norte, em cartas ao califa abássida, e não existiram reclamações de Nuredin sobre sua divisão inicial da recompensa do Egito.

Ibn al-Athir declara que a "desculpa" de sempre de Saladino para não participar das campanhas longas em auxílio a Nuredin era uma preocupação recorrente sobre a estabilidade política do Egito. A preocupação de Saladino foi, no entanto, provada correta no início de 1174, quando uma grande conspiração foi descoberta. Remanescentes dos soldados negros se mantiveram na guarda palaciana e se ligaram aos mamelucos armênios, que eram antes dominantes no Estado, mas tinham se tornado derrotados políticos, assim como os leais ferrenhos à linha fatímida. Os conspiradores também abriram negociações com os francos e, se uma carta de Saladino ao califa for verdadeira, com os assassinos ismaelitas da Síria. A polícia secreta de Saladino descobriu o plano e, com uma ação rápida, ele foi capaz de acabar com todos os líderes do círculo e crucificá-los.

Enquanto isso, Nuredin se convencia de que seu tenente estava ficando forte demais e que as taxas de receita do Egito, necessárias para o jihad na Síria, estavam sendo desviadas por Saladino. Nuredin sempre viu a Síria como o palco principal da guerra, e o conflito entre o sultão e Saladino com certeza tinha um componente estratégico nele, pois Saladino sempre colocou a segurança do Egito à frente da campanha síria. Nuredin enviou um inspetor ao Egito para checar as remessas de taxas e o inspetor logo enviou um relatório bem condenatório ao sultão. Mossul e Alepo ficaram agitadas de imediato com os rumores de que Nuredin juntava forças para um ataque ao Egito. A resposta de Saladino a tudo isso foi registrada por Baha al-Din, o *qadi* do exército de Saladino:

> Algumas notícias nos chegaram dizendo sobre a possibilidade de Nuredin vir até o Egito contra nós. Todos os nossos aliados foram da opinião de que deveríamos nos opor a ele e romper nossa aliança com ele, e eu fui o único de visão diferente, dizendo que nada desse tipo deve ser falado, mas a controvérsia continuou até ouvirmos sobre sua morte.[113]

Nuredin morreu em 15 de maio de 1174, de um ataque cardíaco durante uma partida de polo. Ele sempre foi um jogador talentoso e agressivo, assim como foi um político talentoso e um líder militar agressivo. Ele tinha cerca de 60 anos quando morreu e foi lembrado com justiça pela população da Síria muçulmana como o homem que os livrou do medo real de que os *franj* conquistassem Alepo e Damasco. Ele foi elogiado por escritores da época e vigílias foram feitas nas maiores cidades da Síria, em que foram feitas leituras do Corão em sua homenagem. Nuredin era apenas um homem e, algumas vezes, os grandes heróis do passado são expandidos por historiadores a níveis maiores do

---

113. Baha al-Din em Gibb, H., *The Life of Saladin*, Oxford, Oxford University Press, 1973, p. 14-15.

que merecem, mas, como observou Oliver Wendell Holmes certa vez, "um grande homem representa um ponto estratégico na campanha da história e parte de sua grandeza consiste em estar lá".[114] A unificação da Síria muçulmana foi a contribuição de Nuredin para a história, mas seu presente aos sírios foi muito maior do que isso e os poemas da época que choraram sua morte mostram a importância que ele teve como um farol de esperança:

> A religião está na escuridão porque falta sua luz
> A era sofre, pois perdeu seu comandante.
> Que o Islã chore pelo defensor de seu povo
> E a Síria chore pelo protetor de seu reino e de suas fronteiras.[115]

Nuredin rearmou o moral dos sunitas e deu ao jihad deles força material. Suas vitórias no campo de batalha foram, claro, um elemento majoritário dessa realização, mas a justiça em suas cidades e a piedade e a modéstia do líder da Guerra Santa foram também componentes vitais. Entre seus nomes reais, encontramos "al-Malik al-Adil", talvez de todos os seus títulos esse significasse mais para Nuredin Mahmud Ibn Zangi, pois o nomeava o "Rei Justo".

---

114. Bent, S., *Justice Oliver Wendell Holmes*, New York, Vanguard Press, 1932, p. 248.
115. Abu Shama, em Hillenbrand, p. 166.

6

A Sorte Faz o Rei

As realizações de Saladino

> Vidi quel Bruto che cacciò Tarquino
> Lecrezia, Iulia, Marzïa e Coniglia;
> e solo, in parte, vidi 'l Saladino.
>
> Eu vi Brutus que expulsou Tarquino,
> Lucrécia, Júlia, Márcia e Cornélia,
> e vi Saladino, sozinho, separado.
>
> *Dante, Inferno, Canto IV: 127-9*

Al-Salih, filho de Nuredin, ainda era uma criança quando seu pai morreu. Quase todos os emires veteranos na Síria se ofereceram para cuidar da proteção do jovem, e podemos inclusive sugerir cinicamente que seus motivos não derivavam apenas do carinho que sentiam pelo filho de seu mestre. Com a regência de al-Salih, vinha o poder, e Saladino, que se via como único herdeiro tanto da missão de Nuredin como de suas bases de força, logo tentou assegurar seu direito de agir como *atabeg* da criança. No verão de 1174, ele escreveu aos emires da Síria após ouvir sobre uma "frente unida" que estava sendo formada contra ele em Damasco:

> Se nosso falecido rei tivesse detectado no meio de vós um homem digno de sua confiança como eu, não teria ele confiado a esse homem a liderança do Egito, a mais importante de suas províncias? Podeis ter certeza que, se Nuredin não tivesse morrido tão cedo, teria delegado a mim a tarefa de educar seu filho e dele cuidar. Agora vos observo agindo como se tivésseis servido sozinhos a meu mestre e seu filho, e tentais me excluir. Mas devo chegar logo. Em honra à memória de meu mestre, realizarei atos que terão seus efeitos, e cada um de vós será punido por sua conduta errônea.[116]

---
116. Em Maalouf, p. 180.

Ele apoiou seus argumentos em termos ligeiramente diferentes, uma vez que tomou conhecimento da independência de Mossul, empreendida pelo primo de Nuredin, e da remoção de Al-Salih para Alepo por Gumushtigin, eunuco de Nuredin, que parecia agora se considerar o *atabeg* do jovem rapaz. Saladino falava agora de união em torno da causa do jihad e não só por direitos simples de virtude de serviço:

> Nos interesses do Islã e de seu povo, colocamos em primeiro plano e acima de tudo qualquer coisa que combine forças e una-os em torno de um objetivo. Nos interesses da casa de [Nuredin], colocamos como prioridade tudo que for proteger suas raízes e ramificações. Lealdade só pode ser consequência de lealdade. Estamos em um único vale e os que pensam mal de nós estão em outro.[117]

No entanto, sua mensagem permanecia essencialmente a mesma. Somente o sultão do Egito tinha o poder de reunir o Levante muçulmano e, dessa maneira, opor-se aos *franj*. Além disso, a não união sob o comando de Saladino era uma traição contra o Islã e o jihad. Saladino estava, na verdade, em desvantagem na luta pela Síria em virtude de sua posse do Egito. Ele foi, por exemplo, incapaz de mobilizar-se até a Síria para reverter uma ação tomada por Amalrico contra Banias, em junho de 1174, uma vez que estava sob ameaça de ataque pela armada siciliana e os eventos evoluíram rápido demais na Síria para que ele interviesse. Os emires de Damasco declararam trégua a Amalrico, mas o rei de Jerusalém, conhecido como "Morri" pelos cronistas muçulmanos, morreu em 11 de julho de 1174, de disenteria, enquanto tentava construir uma aliança mais forte entre os cruzados e os muçulmanos contra Saladino.

Esse foi o primeiro de muitos eventos afortunados que favoreceriam Saladino no início de seu reinado. Seu talento, como o de todos os grandes líderes e comandantes militares, era explorar ao máximo essas ondas de sorte. Em outubro, ele recebeu do governador de Damasco um pedido de ajuda contra os francos, pois a cidade havia sido abandonada pelos emires do clã Zengida, que haviam fugido para o norte por medo do soberano egípcio. Saladino levou somente 700 homens consigo para Damasco, uma vez que sabia que tinha de agir rápido para garantir a segurança da cidade antes que seus cidadãos independentes decidissem, como já haviam feito tantas vezes no passado, que preferiam a autonomia ao controle de um sultão. Os portões foram abertos para ele por membros de seu clã, os aiúbidas, e quase não houve oposição. Tampouco houve interferência por parte dos *franj*. Mais uma vez, Saladino teve

---
117. Em Gibb, p. 16.

sorte, pois o filho de Amalrico, Balduíno IV, era um menor, de 13 anos de idade, que sofria de lepra. Facções se formaram no ultramar tendo em vista a sucessão desse menino rei, que, segundo se esperava, seria um monarca fraco e de vida curta, que não deixaria herdeiros. Jerusalém estava paralisada do ponto de vista político, e a conseguinte divisão fatal do reino começou com a ascensão de Balduíno IV.

Saladino estava, então, livre de impedimentos quando continuou sua batalha para ter toda a Síria muçulmana sob seu controle. Alguns cronistas da época criticaram-no de forma agressiva por essa guerra contra os muçulmanos,[118] mas a situação enfrentada por Saladino era em tudo semelhante à encontrada por Nuredin durante sua ascensão ao governo de Alepo em 1146. A primeira tarefa de Nuredin, Saladino e de todo monarca de sucesso que promovesse o jihad depois deles tinha de ser manter a Síria completamente sob seu controle. A grande virada na campanha de Nuredin contra os francos tinha sido sua ocupação de Damasco, uma vez que o governo havia, múltiplas vezes, se aliado aos cruzados. Agora, Alepo, Homs e Hama, sob o comando dos zengidas, faziam o mesmo. A guerra de Saladino contra os zengidas também aconteceu com a justificativa de estar colocando em prática seus direitos legais de suserania e tutela de al-Salih. Sob esse aspecto, é notável que ele não tenha agido para ocupar Alepo até depois da morte de al-Salih, em 1181. Saladino também teve de agir contra os emires "rebeldes" simplesmente porque as ambições destes ameaçavam envolver toda a Síria em uma mordaz disputa pela regência. A intervenção de Saladino impediu uma chacina altamente destrutiva entre os príncipes menores. Além disso, depois de casar-se com a viúva de Nuredin, Khatin, em setembro de 1176, e após sua superioridade óbvia entre os emires, também ocorreu a aceitação de costumes.[119]

O objetivo principal de Saladino nos anos entre 1174 e 1186 não era, portanto, o jihad em si, mas colocar sob sua égide as cidades da Síria muçulmana e suas forças. Isso faz todo sentido em termos de simples construção bélica. Ao contrário de seu mentor Shirkuh, Saladino era quase sempre um general cauteloso. Ele raramente assumia riscos e sempre esperava para ter números maiores em todas as empreitadas. Afinal, a guerra contra os *franj* não era agora uma guerra de resistência desesperada, mas uma guerra lenta e opressiva que seria concluída

---

118. Com certeza alguns escritores modernos também o criticaram. Ver Ehrenkreutz, A. S., *Saladin*, New York, State University of New York Press, 1972. Seu veredito sobre o sultão era de que ele não passava de um oportunista calculista que "comprometeu ideais religiosos em função da política".
119. Ver Paine, L., *Saladin: A Man for All Ages*, London, Hale and Co., 1974.

pelo desgaste das fortalezas e pela destruição do exército dos francos. A batalha é sempre um evento arriscado, e Saladino somente teria interesse de ir atrás dela se as circunstâncias estivessem absolutamente a seu favor. Nesse ponto, arriscar batalha sem assegurar toda vantagem disponível seria o mesmo que negligenciar o dever para qualquer líder do jihad. A construção lenta das forças de Saladino se encaixava também no conselho de Ibn Zafar de aplicação do *quwwa*. O que ele aprendeu em seus primeiros anos como sultão foi a usar *tadbir* e, ainda mais importante, *hila*, para trazer os francos ao campo de batalha sob condições que favoreceriam totalmente suas tropas e permitiam que ele utilizasse todas as suas forças.[120]

A preponderância de números não poderia ser alcançada na Síria sem a adesão a seu exército das forças posicionadas em todas as cidades, incluindo as de Mossul. Sua relutância geral em mover-se contra os francos antes desse processo era completa e faz perfeito sentido; especialmente em razão do massacre que havia sofrido dos cruzados no Monte Gisard, em 1177, do fato de que as forças *askari* de Damasco e do Egito combinadas constituíam um total de apenas 6 mil homens e de que os zengidas mantiveram pelo menos o mesmo número de homens até o reconhecimento das reivindicações de Saladino por Mossul, em 1186. A posição de Saladino só estaria suficientemente assegurada para garantir envolvimento completo na conquista de Jerusalém depois que Mossul estava assegurada.

No começo de 1175, Saladino investiu contra Alepo. Ele já havia dominado Homs, apesar do fato de que sua cidadela continuava resistindo contra ele. Gumushtigin, agora *atabeg* de Alepo e guardião de al-Salih, respondeu com uma arte de guerra ligeiramente assimétrica. Ele entrou em contato com Sinan,[121] o grão-mestre dos assassinos ismaelitas, e persuadiu-o a cometer um atentado contra a vida de Saladino. Os assassinos ismaelitas tinham conseguido sobreviver na Síria durante o reinado de Nuredin, mas, na confusa paisagem política dos anos 1170, saíram de seus abrigos na montanha e voltaram a pleitear o poder político nas cidades do norte da Síria. Um grupo de assassinos disfarçados como soldados comuns no exército de Saladino tentou chegar à tenda do sultão, mas foi desafiado por um emir. O grupo esfaqueou o emir

---

120. Dekmejian e Thabit, p. 125-37.
121. As fontes a respeito dos cruzados se referem a ele como "O Velho da Montanha", e ele, sem dúvida, atingiu uma idade bem avançada antes de sucumbir a causas naturais, talvez um fim surpreendente, mas não incomum, para os grão-mestres dos assassinos. Para mais detalhes sobre a história extraordinária desse homem e da seita na Síria, ver Waterson, *Ismaili Assassins*, capítulos quatro, seis e oito.

e um assassino entrou na tenda, somente para ter sua cabeça cortada pelo sabre de um dos guardas. Outros assassinos, então, forçaram sua entrada na tenda, mas diversos oficiais veteranos da guarda pessoal de Saladino também entraram, matando-os até que restasse apenas um homem vivo.

Gumushtigin também pediu a Raimundo de Trípoli que tirasse a atenção de Saladino de Alepo atacando Homs, chamando também Mossul para ficar ao lado de Alepo contra o usurpador aiúbida. Saladino fez uma negociação de sucesso com Raimundo, por uma trégua em que Onofre de Toron agiu como intermediário, mas, ainda assim, ele saiu da área de Alepo em março de 1175. No entanto, ele tinha conseguido proteger a fortaleza de Homs, apesar da sangrenta resistência de suas tropas, durante a qual seus escavadores minaram e demoliram uma de suas paredes.

Esse sucesso parcial encorajou Gumushtigin a ampliar seus ataques contra Saladino: depois de aliar-se a Mossul e a outros emirados menores, ele atacou Hama. Esse foi um erro, pois grande parte do exército de Mossul já estava comprometida com a redução de Sinjar na Jazira, e as fileiras de Saladino haviam sido incrementadas pelos irregulares turcomenos e pelas tropas de Hama: eles agora contabilizavam cerca de 7 mil soldados. Isso era pouco em comparação com o número de soldados convocados agora à bandeira de Alepo, mas tropas dos regimentos egípcios também estavam por perto. Em 13 de abril de 1175, Saladino destruiu as forças combinadas de Mossul e Alepo na Batalha dos Chifres de Hama, perto do Rio Orontes. Um ataque de cavalaria bastou para limpar a área dos *askari* de Alepo, e o vagão de bagagens e a infantaria foram abandonados à sua própria sorte. O contingente de Mossul foi particularmente mal liderado, mas sem perder a coragem. Saladino disse que o líder daquele contingente, Izz al-Din, era "ou o homem mais corajoso presente no campo naquele dia ou um completo idiota".[122]

Saladino fechou uma trégua com Gumushtigin, que o deixou em posse incontestável de Damasco e de grande parte do norte da Síria, incluindo Homs, Hama e Baalbek. Ele também conseguiu suserania quase completa sobre Alepo, cujas forças seriam obrigadas a juntar-se a ele no jihad sempre que fossem chamadas. Com isso, ele neutralizou o risco de alianças entre Gumushtigin e os *franj*. No entanto, não foi capaz de alcançar reconhecimento total de seus direitos por parte dos califas no norte da Síria, apesar de ter mandado enviados a Bagdá no verão

---

122. Em Gibb, p. 22.

de 1175; tal reconhecimento era vital para que ele pudesse reivindicar liderança total na Guerra Santa. Houve mais um desafio aos direitos que ele tinha ganhado na mesa de negociação: uma batalha na primavera de 1176, quando Sayf al-Din trouxe tropas de Mossul para mais uma vez formar uma aliança com Alepo contra ele. A ascensão de Saladino, o Curdo, em um cenário dominado por turcos por mais de cem anos, pode ter sido a razão para a animosidade dos zengidas na época, apesar de ser como ver o antigo subordinado de Nuredin tendo agora mais do que o "Rei Justo" havia tido em todo o seu reinado como sultão e isso era, na verdade, audacioso demais para os emires dessas cidades. O incômodo deles, porém, jamais seria compensado e eles foram mais uma vez derrotados em Tall al-Sultan. Os emires podem ter sido alegrados pelo fato de Saladino lhes ter devolvido alguns dos objetos saqueados de seus acampamentos, que consistiam basicamente em papagaios e rouxinóis enjaulados. Uma nota curta aconselhando o comandante deles a entreter-se com tais insignificâncias e ficar bem longe das artes militares também foi enviada junto dos pássaros.

Em maio de 1176, Saladino estava sitiando Azaz, uma das diversas fortalezas que defendiam Alepo. Enquanto ele repousava na tenda de um de seus emires, um assassino ismaelita correu para dentro e golpeou-o com uma adaga. Ele só foi salvo pelo barrete de malha justa que cobria sua cabeça e seu pescoço. O assassino tentou, então, cortar sua garganta, mas Saladino, que, apesar de ser pequeno era muito forte, golpeou o braço do agressor e esquivou-se da facada. Um dos emires de Saladino ouviu a comoção e correu para dentro da tenda. O assassino foi rendido e morto. Nesse ponto, outro ismaelita se jogou para dentro da tenda e atacou Saladino. Por sorte, a guarda do sultão tinha chegado e o assassino foi cortado em pedaços. Quando os corpos dos assassinos foram examinados, descobriu-se que ambos eram membros da guarda pessoal próxima a Saladino.

Saladino encerrou o cerco a Alepo com mais um ciclo de negociações com Gumushtigin. Ele tinha tomado as fortalezas de Alepo Azaz e Manbj de assalto, mas era óbvio que conquistar a cidade em si seria difícil, por questões técnicas e logísticas, por causa da cidadela e das muralhas impressionantes de Alepo, e essa ação poderia revelar-se contraproducente. O derramamento de sangue que a conquista da cidade faria necessário teria afastado os emires da Síria de Saladino, em um momento em que ele estava atraindo cada vez mais deles para seu estandarte, incluindo o antigo comandante do exército de Nuredin. Saladino também se preocupava com as negociações já em processo de maturação entre Alepo e os francos. Os alepanos tinham entrado em contato com Balduíno

IV e libertado Reinaldo de Châtillon e Joscelino de Courtenay[123] como parte de um pacto de apoio mútuo. Saladino também recebeu informações sobre uma extensa incursão a ser feita por Balduíno IV no Vale de Biga. Ele avisou seu irmão Turanshah, agora governador de Damasco, da vinda do rei franco e mais uma vez facilitou a vida dos alepanos para livrar-se do cerco sem dificuldades.

Saladino não tinha se esquecido dos dois atentados contra sua vida comandados por Sinan, grão-mestre dos assassinos, e partiu para cercar o temido castelo ismaelita de Masyaf, em agosto de 1176. Ele atravessava uma floresta com sua guarda pessoal em direção à fortaleza quando um assassino pulou de uma árvore em uma nova tentativa de eliminá-lo. Para a sorte de Saladino, o agressor calculou mal seu tempo e aterrissou no dorso do cavalo do sultão, caindo de costas no chão e sendo pisoteado até a morte pela guarda pessoal que cavalgava logo atrás. Saladino começou o cerco em torno do castelo, mas havia interpretado totalmente mal o grão-mestre ismaelita. Sinan era mais do que um mero assassino contratado. Saladino, com sua missão de unir toda a Síria sob o jihad sunita, não deixaria brecha para nenhum grupo herético e a resposta ismaelita a tais ameaças era sempre a morte. Eles mal tinham esperança de sobreviver durante o caos político. Sinan não poderia, portanto, ser comprado pelo sultão ou intimidado até a submissão. A única opção real para Saladino, se quisesse encerrar o assunto com rapidez e manter sua segurança pessoal, era negociar com seu obstinado adversário. Até que isso acontecesse, ele teria de ficar em guarda: chegou até mesmo a construir uma torre de madeira na qual dormia à noite e nunca era visto sem armadura durante o dia.

Por fim, Saladino concordou em receber um embaixador de Masyaf em sua tenda. O emissário ismaelita foi cercado pela guarda próxima do sultão e revistado para que não portasse armas antes de chegar à presença de Saladino. No entanto, ele recusou-se a entregar sua mensagem na presença dos guardas e Saladino dispensou-os todos, à exceção de dois mamelucos que havia criado em sua própria casa desde crianças. Ainda assim, o emissário insistiu em uma conversa a dois, mas Saladino afirmou que os dois homens nunca saíam de seu lado e que eram como filhos para ele. O ismaelita, então, virou-se para os dois mamelucos e disse: "Se eu vos ordenasse que matásseis este sultão em nome do meu mestre, vós o faríeis?". A simples resposta deles foi sacar suas espadas e dizer: "Comande-nos como preferir".

---

123. Ambos haviam sido capturados por Nuredin. Reinaldo havia, claro, sido senhor de Antioquia, mas, nesse momento, já não possuía mais esse título. Joscelino era intitulado senhor de Edessa, mas a inverdade desse título já tinha se tornado óbvia em 1176.

Esse incidente, somado a ameaças contra toda a sua família, assegurou que Saladino de repente ficasse muito inclinado a fazer as pazes com Sinan.[124] Um acordo foi feito para garantir a segurança dos enclaves dos assassinos do exército do sultão e permitiu que ele continuasse com sua campanha contra Alepo, o que realmente lhe deu a oportunidade de contratar assassinos para seus próprios fins políticos. É quase certo que ele os tenha empregado contra a casa de Zengi logo depois, mas sua relação secreta com Sinan lhe traria seus maiores benefícios no final de seu reinado.

Saladino voltou ao Egito em 1176, tendo estabelecido trégua com Jerusalém. Ele começou, então, a cuidar dos problemas navais do Egito e a reorganizar os assuntos internos da Síria, o que basicamente consistiu em colocar seus parentes no comando das cidades mais importantes. No entanto, seu sobrinho, Tapi al-Din Umar, demonstrou pouco interesse no Levante e saiu para se aventurar com seus *askari* no Magreb.[125] Essa busca por novas terras, que Saladino permitiu de maneira extraoficial, de início beneficiaria o sultão, mas causaria enormes problemas nos estágios finais de seu reinado. Saladino também começou a trabalhar na reconstrução da cidadela e das muralhas do Cairo.

A perda de Ascalon em 1153 tinha significado que o Egito estava totalmente desprovido de bases avançadas para sua marinha e, portanto, sem ter como avisar logo o Egito sobre ataques que estivessem a caminho. Em 1154, os normandos tinham navegado da Sicília até além de Alexandria para saquear a cidade de Tinnis; eles repetiram esse feito em 1155, mas, dessa vez, incluíram Roseta e Alexandria ao seu itinerário de lugares para saquear. Informações sobre os danos causados à marinha fatímida por esses saques não são muito exatas, mas devem ter sido física e psicologicamente significativos, uma vez que as três cidades eram centros industriais e Ibn al-Qalanasi relata-nos que marinheiros fatímidas só se aventuravam a saquear em áreas de controle latino quando conseguiam se disfarçar de francos. O escritor da época, Abu Shama, também nos conta que, enquanto em 1152, antes desses ataques normandos, a marinha fatímida ainda tinha uma frota de 70 barcos para incursões, em 1155 ela podia enviar apenas alguns poucos navios para atacar os domínios dos cruzados.[126]

Saladino tinha sofrido com a capacidade dos francos de atacar o Egito pelo mar de Alexandria, durante o bloqueio pisano de 1167, e tinha teste-

---

124. Lewis, B., "Kamal al Din's Biography of Rashid al-Din Sinan", *Arabica. Revue D'Etudes Arabes*, volume XIII, fascículo 3, 1966, p. 231-2.
125. A palavra árabe *maghrib* refere-se ao norte da África e ao "Ocidente" em geral, e é também a palavra usada para pôr do sol.
126. Em Enhrenkreutz, A. S., "The Place of Saladin in the Naval History of the Mediterranean Sea in the Middle Ages", *Journal of the American Oriental Society*, abril-junho de 1955, p. 100-16

munhado o mortificante espetáculo de evacuação de seus feridos de Alexandria pelos barcos de mercadores francos. Então, em 1168, em apoio à ofensiva de Amalrico, 20 navios francos navegaram até a ramificação leste do Nilo e somente foram impedidos de chegar ao Cairo por um bloqueio de navios afundados que tinha sido juntado às pressas pelo exército egípcio. O sacrifício da velha cidade do Cairo pelos egípcios durante sua defesa da nova, cidade em 1168, também tinha destruído uma porção significativa da frota fatímida, que estava ancorada no velho porto. A derrota da operação cruzado-bizantina contra Damieta em 1169 trouxe certo período de calma na guerra naval, uma vez que a animosidade silício-normanda contra os bizantinos restringiu os gregos de outros ataques contra o Egito. Os confrontos entre a Sicília e Constantinopla também beneficiaram Saladino, pois ele recebeu um aviso dos gregos de uma invasão marítima via Alexandria em julho de 1173. No entanto, quando a frota normanda entrou em cena, as forças do sultão não estavam à vista. Os normandos conseguiram um desembarque ordenado e assumiram o controle do cais, mas então Saladino, que estivera em uma invasão a Gaza, apareceu com seus *askari* e, depois de três dias de combates violentos, os normandos foram forçados a voltar a seus navios. Contudo, eles tinham causado enormes danos ao porto durante a ocupação e os egípcios foram forçados a queimar boa parte de seus navios de guerra e de carga para evitar que caíssem em mãos normandas.

Os normandos voltaram em 1175 para saquear Tinnis, mas foram expulsos depois de apenas dois dias. Tiveram mais sucesso em 1177, quando surpreenderam totalmente as defesas de Tinnis, ocuparam a cidade por vários dias, fizeram uma pilhagem brutal e garantiram um grande número de embarcações muçulmanas, que então levaram de volta à Sicília.

Restaurar e retripular a marinha seria uma tarefa difícil e complexa, e a ameaça aos portos era constante. Os normandos da Sicília tinham abandonado a última de suas posses na costa do norte da África, em 1160, depois da ascensão da dinastia almôade. Era provável que eles tentassem compensar essas perdas em outro lugar agora, e o Egito havia se mostrado um alvo lucrativo muitas vezes no passado. Saladino também tinha uma escassez de materiais com que reparar a frota e o tesouro foi dispendido, mas sempre foi assim: a reputação de Saladino como governante esbanjador pode ter começado com seu programa de construção naval.

Na verdade, sua generosidade para com a marinha havia começado já em 1172, quando ele aumentou os salários dos marinheiros. O moral da marinha sempre havia sido baixo nessa época e o recrutamento forçado era comum. Ao aumentar o salário, ele não apenas encorajou os egípcios a ficar na marinha como encorajou muitos homens ao longo da costa da África do Norte a se juntar a ela. Obter material

1. Os soldados montados turcos carregavam apenas pequenos escudos, pois qualquer escudo maior colidiria com seus arcos. A infantaria fatímida, no entanto, carregava escudos longos, não muito diferentes dos "cutelos" europeus. (*Museu Nacional da Síria*)

2. A grande mesquita de Damasco foi o cenário do assassinato do líder de comando de Bagdá pelos assassinos ismaelitas a mando do sultão, em 1113. O sultão tinha enviado um exército para desafiar os francos, e também para trazer os príncipes muçulmanos independentes sob seu controle. O assassinato levou ao colapso do jihad do sultão e muitos desses príncipes colaboraram com o planejamento do assassinato. A grande mesquita também foi, porém, o ponto de partida da expedição muçulmana que finalmente extinguiu o ultramar em 1291. (*Autor*)

3. (*Acima, esquerda e direita*) Os enormes castelos cruzados eram um grande obstáculo ao jihad e também interrompiam os canais de comunicação muçulmanos. Os cruzados primavam na ciência da fortificação. Essa é uma cortina de muralhas do castelo Karak na Jordânia. A força embasbacante do castelo é indicada pela grossura das muralhas que cercavam essa fenda. (*Autor*)

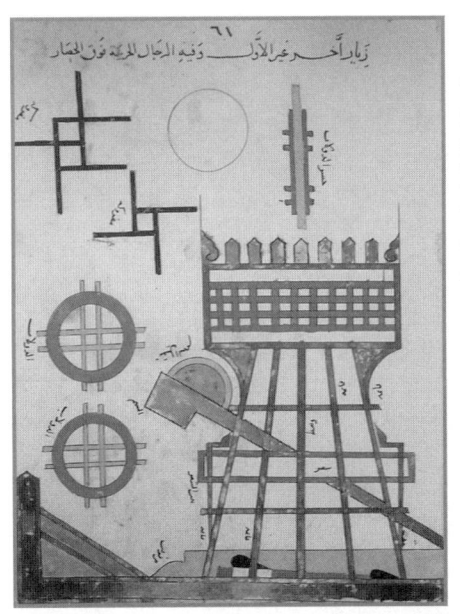

4. Um trabuco de contrapeso para atirar pedras ou flechas de tamanho grande retirado de um tratado de al-Zardakus. Extensas obras escritas sobre armas de cerco foram produzidas pelos *manjaniqiyn*, os engenheiros que as projetavam para os sultões. O sultão Zengi levou apenas 14 manganelas a seu cerco a Edessa em 1144. Contudo, na queda do Acre ao sultão Khalil, em 1291, cerca de 90 manganelas foram dispostas contra a cidade, incluindo uma chamada Almançora, a Vitoriosa, a maior arma de cerco já construída no Oriente Médio. (*Sharjah Museum of Islamic Civilization*)

5. (*Esquerda*) Os engenheiros de armas de cerco muçulmanos tinham um leque de manganelas diferentes: esta é a *qarabugha* (touro negro), mas existiam também a *shaqtani* (demoníaca), a al-Lasib (brincalhona) e a *franj* (franca); de uma dissertação de al-Zardakus. (*Sharjah Museum of Islamic Civilization*).
(*Abaixo*) Manganela reconstruída da cidadela do Cairo. (*Autor*)

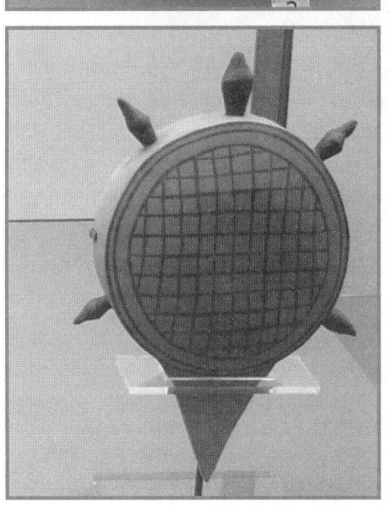

6. As primeiras granadas continham escorpiões e cobras; as versões posteriores, no entanto, usavam *naft* (fogo grego) para criar artifícios incendiários. (*Sharjah Museum of Islamic Civilization*)

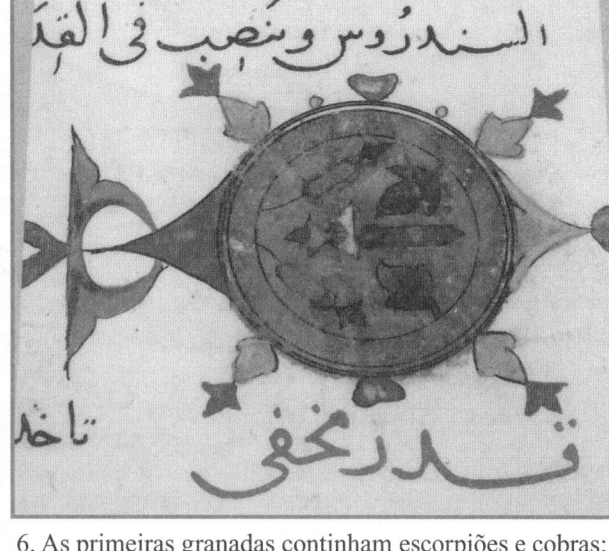

7. (*Acima, esquerda*) O sultão mameluco Baibars quase tinha eliminado a existência do reino cruzado quando morreu. Essa é sua tumba em Damasco. (*Autor*)

8. (*Acima, direita*) Saladino tem duas tumbas na grande mesquita de Damasco. A ornada em mármore foi doada muito tempo depois de sua morte pelo Kaiser Guilherme. O sultão sempre foi idealizado no Ocidente como o suprassumo da bravura e, sem dúvida, foi o maior herói do jihad. (*Autor*)

9. (*Abaixo*) O leão era o emblema do sultão Baibars. O símbolo reflete o poder de um sultão que derrotou os mongóis e que foi basicamente o fundador da dinastia mameluca que acabou com o reino cruzado. (*Museu Nacional do Líbano*)

10. (*Acima, esquerda*) O clássico filme egípcio *al-Nasir al-Saladin*, lançado em 1963, logo depois da dissolução da República Árabe Unida da Síria e do Egito, tanto lamenta essa perda de unidade entre os árabes como compara os desastres militares de 1948 e 1956 com os sucessos obtidos nas Cruzadas que precederam a ascensão de Saladino. É notável também que "al-nasir", que significa o vitorioso, também era o nome do presidente egípcio: o defensor do pan-arabismo, Gamal Nasser.

11. (*Acima, direita*) Saladino continua um forte ícone de união e resistência no mundo árabe, apesar de o sultão ter sido curdo. Esse pôster de filme diz: *A Busca por Saladino*.

12. Uma igreja conquistada por Cruzadas convertida em mesquita depois da queda de Beirute diante dos mamelucos. Outras igrejas foram demolidas e suas portas e janelas arqueadas foram usadas para a construção de mesquitas e mausoléus para os sultões no Cairo. (*Autor*)

13. (*Acima, esquerda*) As muralhas de Damasco frustraram a Segunda Cruzada em sua tentativa de conquistar a cidade. Contudo, quando os soldados de Nuredin fizeram um ataque contra a cidade, o povo os saudou calorosamente: a cidade, incluindo a cidadela mostrada aqui, cedeu quase sem resistência. (*Autor*)

14. (*Acima, direita*) Depois da morte de seu pai, Zengi, Nuredin se tornou senhor de Alepo. No final do seu reinado, ele havia conquistado Damasco, Egito e unificado os homens da pena e da espada com o jihad. (*Autor*)

15. (*Abaixo*) Uma representação do século XIX bastante idealizada de Jaffa. No embate contra Ricardo Coração de Leão, quase em sua ação final da Terceira Cruzada, o exército muçulmano se rebelou contra Saladino e se recusou a atacar o acampamento de Ricardo. Manter um exército em campo por cinco anos, tanto contra os cruzados do Acre como contra Ricardo, foi o maior feito do sultão.

16. (*Esquerda*) Fólio de um *Shahnama* (O Livro dos Reis), de Firdawsi mostrando o cerco de uma fortaleza turaniana pelas forças de Kay Khusraw; período turcomeno, Irã. Tentativas anteriores de conquistar os castelos conquistados por cruzados costumavam falhar pela incapacidade dos líderes muçulmanos em manter seus exércitos compostos por períodos de tempo suficiente; isso mudou com o advento dos sultões mamelucos e esses castelos caíram um após o outro. (*Freer Gallery*)

17. (*Abaixo, esquerda*) Uma cena mostrando Khusraw e Shirin em um campo de caça, de *Khusraw u Shirin,* de Nizami; período timúrida, Tabriz, Irã. Note os arcos compostos e o "tiro parta" do arqueiro à esquerda da caça. Os turcos, assim como os mongóis, participavam de caças em massa com centenas de cavaleiros. A caça permitia a prática de movimentos que seriam aproveitados no campo de batalha. A caça terminava com um cerco, uma tática que os turcos usaram contra os cruzados na Batalha de Ager Sanguinis (Campo Sangrento). (*Freer Gallery*)

18. (*Acima*) "Saladino, o Vitorioso", de uma gravura do século XIX. A reputação do sultão no Ocidente como símbolo de bravura havia começado no início do século XIII e estava completa na época em que *sir* Walter Scott escreveu *The Talisman*.

19. (*Esquerda*) Uma partida de polo: ilustração do poema "Guy u Chawgan" (A bola e o bastão de polo); dinastia Safávida, Tabriz, Irã ou Turquia. Tanto Nuredin como o sultão Baibars eram talentosos jogadores de polo. Baibars jogava duas vezes por semana em Damasco e no Cairo, e Nuredin morreu praticando o esporte. O potencial de treino do polo para os homens da cavalaria, com suas exigências de turnos rápidos e controle próximo, é óbvio. (*Freer Gallery*)

20. (*Abaixo, esquerda*) Cantil; período aiúbida, Jazira. Itens como esse costumavam ser feitos para clientes cruzados. Esse é um dos raros exemplos, além da troca extensa de tecnologia militar, de câmbio cultural entre muçulmanos e cruzados, apesar de dois séculos de guerra, calmaria e comércio. (*Freer Gallery*)

21. (*Abaixo, direita*) Prato; período fatímida, Egito. No começo de sua história, a dinastia xiita fatímida personificava o jihad, no sentido de que seus príncipes eram imames adorados, e a razão de existência do Estado era difundir seu credo por todo o mundo. Contudo, no século XI as energias da dinastia estavam gastas e os exércitos fatímidas eram sempre derrotados na Síria pelas forças das Cruzadas. (*Freer Gallery*)

22. (*Acima, esquerda*) Um detalhe de um pote de vidro mameluco, mostrando um emir mameluco aproveitando a caçada com falcões. Os tempos livres dos militares muçulmanos e cavaleiros do ultramar eram muito semelhantes. (*Autor*)

23. (*Acima, direita*) Um príncipe turco em um prato decorado; período seljúcida, Irã. O rosto do príncipe indica suas origens da Ásia Central. Os turcos seljúcidas eram vistos como estrangeiros opressores pela população árabe da Síria, até a união entre eles e as classes religiosas de Alepo e Damasco no jihad ficarem contra os cruzados. (*Freer Gallery*)

24. (*Abaixo*) A égua árabe era o cavalo de guerra por excelência dos soldados mamelucos do Egito. Os sultões ofereciam cavalos de Medina, considerados os melhores cavalos no mundo islâmico, como prêmios nos jogos marciais. Este é um dos seus descendentes em uma feira anual de cavalos em Dubai. (*Autor*)

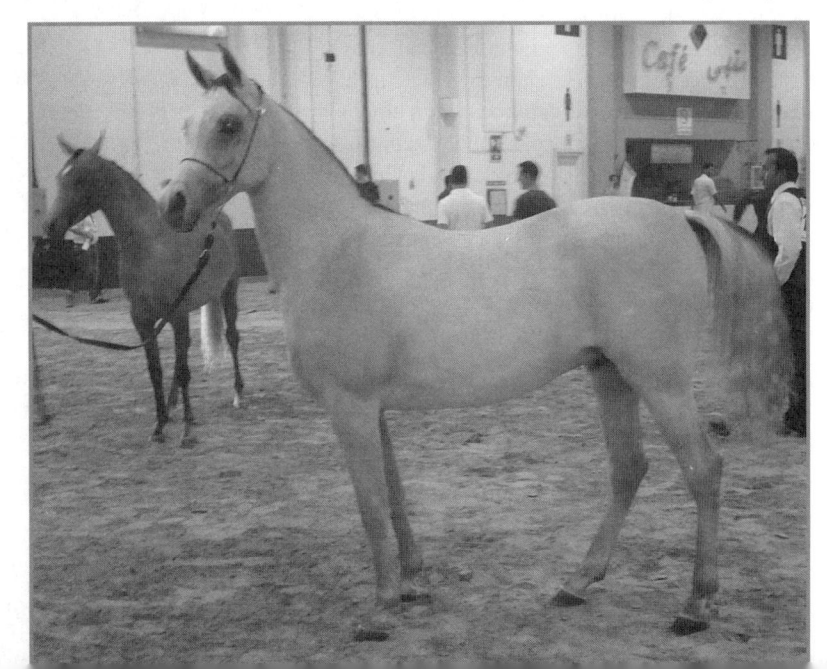

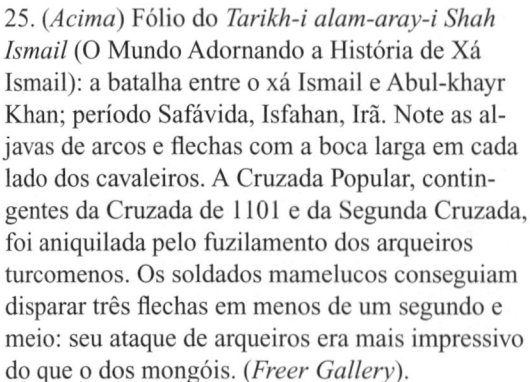

25. (*Acima*) Fólio do *Tarikh-i alam-aray-i Shah Ismail* (O Mundo Adornando a História de Xá Ismail): a batalha entre o xá Ismail e Abul-khayr Khan; período Safávida, Isfahan, Irã. Note as aljavas de arcos e flechas com a boca larga em cada lado dos cavaleiros. A Cruzada Popular, contingentes da Cruzada de 1101 e da Segunda Cruzada, foi aniquilada pelo fuzilamento dos arqueiros turcomenos. Os soldados mamelucos conseguiam disparar três flechas em menos de um segundo e meio: seu ataque de arqueiros era mais impressivo do que o dos mongóis. (*Freer Gallery*).

(*Topo, direita*) Um arco turco desamarrado do tesouro de Topkapi Sarai, mostrando sua forma de "rosca". (*Autor*)

(*Direita*) Um arco turco do século XXI feito à mão com materiais tradicionais, por Csaba Grózer.

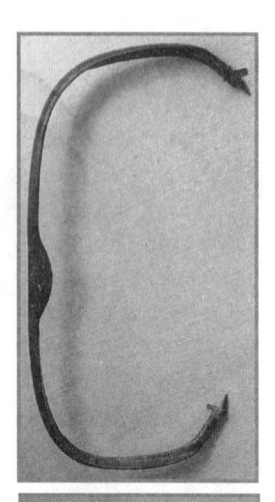

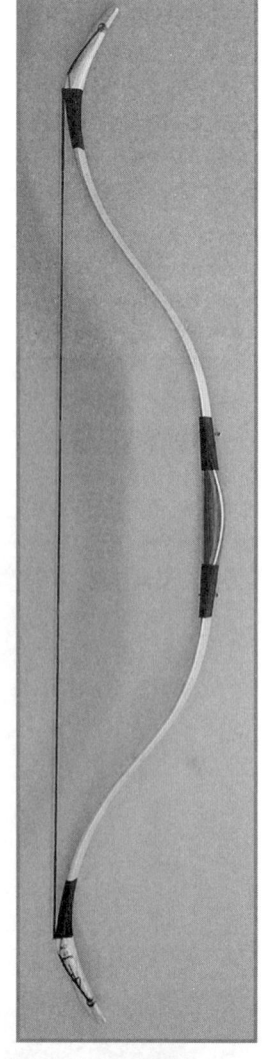

26. (*Acima, esquerda e direita*) Estátua de Saladino; Damasco. Essa estátua foi erigida em 1992 e mostra o sultão incitando seu cavalo à guerra. Seu escultor queria representar Saladino como um líder que personificasse uma onda de sentimento popular contra os *franj*, por isso a presença tanto de um sufi, representando as classes religiosas, e de um homem da infantaria, representando as milícias da cidade. Podemos chamar esse sentimento popular de essência do jihad nesse período. Atrás do cavalo do sultão, quase sob seus cascos, estão o rei Guy, segurando seu resgate, e Reinaldo de Châtillon, que, exaurido e desmoralizado, olha para sua espada caída depois da derrota esmagadora dos cruzados nos Chifres de Hattin. (*Autor*)

27. (*Abaixo, esquerda e direita*) Os mamelucos reconstruíram a cidadela de Damasco e colocaram seus brasões na construção. O leão de Baibars pode ser visto aqui e o cálice seria a insígnia de um emir veterano. (*Autor*)

28. A cidadela de Alepo vista do sul. As fortificações impressionantes da cidade repeliram os exércitos muçulmanos de Bagdá em 1111 e 1113. O príncipe seljúcida da cidade, Ridwan, chegou a se aliar aos cruzados, em 1115, contra um exército patrocinado por Bagdá, a fim de preservar sua independência. (*Autor*)

29. O *mihrab* do ilcã mongol Oljeitu na grande mesquita de Isfahan. Os mongóis da Pérsia se converteram ao Islamismo no começo do século XIV. Durante sua invasão às terras muçulmanas, que culminaram na morte do califa de Bagdá e na invasão da Síria, eles eram totalmente antagônicos à religião. Os cruzados esperavam, em vão, que os cãs os salvassem do jihad muçulmano. (*Autor*)

30. O Domo da Rocha foi purificado por Saladino, e seu piso foi coberto por pétalas de rosa depois de ele reconquistar Jerusalém para o Islã em 1187.

31. A Igreja do Santo Sepulcro em Jerusalém. As tumbas dos reis latinos foram destruídas durante um saque dos corásmios à cidade, em 1244. O resultado dessa profanação foi a junção do maior exército cruzado a entrar em campo, desde os Chifres de Hattin, e sua derrota contra o exército do Egito na Batalha de Harbiyya.

32. As muralhas de Antioquia incorporaram grande parte das encostas do Monte Silpius. É irônico que os mamelucos, quando reconquistaram a cidade dos cruzados em 1268, entraram por essa seção da muralha. Os cruzados entraram na cidade durante seu ataque de 1098 exatamente pelo mesmo ponto de defesa.

33. Os Portões de Herodes e uma seção das muralhas de Jerusalém. A retomada fatímida de Jerusalém dos turcos seljúcidas, em julho de 1098, foi sem dúvida um erro de julgamento, pois eles não conseguiram consolidar a região que cercava a Cidade Santa antes que o exército cruzado começasse sua marcha pela Palestina. A cidade tombou para os francos em julho de 1099.

34. Um retrato altamente idealizado da Batalha de Ascalon, 1099. A liderança fraca e o fato de que o exército fatímida se massificou, formando um alvo perfeito para a investida dos cavaleiros cruzados, foram os principais responsáveis pelo desastre que se sucedeu. Os fatímidas desafiaram os cruzados muitas vezes no sul da Palestina, ao longo da primeira década do século XII, mas fracassaram em quase todos esses enfrentamentos.

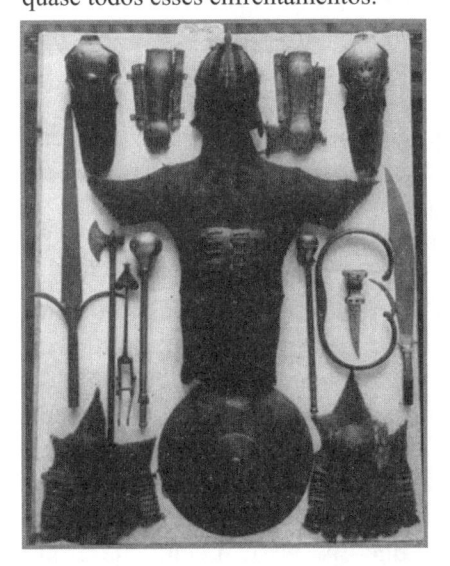

36. Os capacetes muçulmanos eram concebidos para cobrir o turbante de quem os vestia. Os porta-florões ou plumas ajudavam no reconhecimento de indivíduos no calor da batalha.

35. Os *askari*, ou guarda-costas, dos príncipes islâmicos eram muito bem armados. As vestimentas de metal para os cavalos, a armadura de cota de malha pesada e as maças se tornaram o equipamento padrão para os mamelucos reais no século XIII.

para construir navios em um país que quase não tinha florestas, exigiu que Saladino jogasse cartas com o Demônio e ele fez um acordo comercial para a importação de madeira, cera e ferro com Pisa, cuja marinha lhe havia causado imensa miséria em 1168. Enquanto isso, o sobrinho aventureiro de Saladino, Tapi al-Din Umar, teve um sucesso razoável na sua incursão às terras muçulmanas a oeste do Egito; isso beneficiou Saladino, pois aumentou a linha costeira a oeste que podia ser controlada com navegações curtas e iria assim, de certo modo, proteger o Egito das incursões sicilianas. Também existiam florestas na África do Norte que poderiam começar a suprir os estaleiros egípcios, além dos navios e pequenas embarcações pilhados por Tapi al-Din Umar nos portos e enseadas ao longo da costa. Por fim, é claro, essa evolução do nome de Saladino como sultão poderoso encorajou os marinheiros norte-africanos a servir na marinha egípcia que começava a se recuperar.

O chamado formal para a construção de uma frota foi proclamado pelo sultão em Alexandria, em março de 1177, mas o otimismo que isso produziu foi desencorajado pelas notícias de que os bizantinos preparavam mais uma tentativa de conquistar o Egito. Na sequência, o sistema de espionagem de Saladino relatou notícias mais acalentadoras de que os cruzados haviam recusado as propostas de Manuel de financiar uma expedição por terra ajudada por uma frota bizantina de 70 galeões. Intrigas na corte de Jerusalém paralisaram o projeto, mas Manuel havia perdido o prestígio no último ano, depois de suas derrotas em Anatólia, o que o tornava um aliado pouco atraente.

Na verdade, sugeria-se nos círculos palacianos pela Europa que o imperador Manuel não havia recuperado seu vigor depois da derrota nas mãos de Kilij Arslan II, em 17 de setembro de 1176 na passagem de Myriokephalon. Manuel, assim como Romano Diógenes em 1071, havia levado um grande exército, de quase 25 mil homens, a Anatólia para punir os emires turcos da região por invadir terras bizantinas; ele também desejava submeter Iconium, motivo pelo qual suas tropas levavam equipamento e engenhos de cerco. Sua coluna, como a de seu antecessor, era de difícil controle, com mais de 16 quilômetros, e ele não conseguiu enviar grupos de vanguarda para procurar seu inimigo. Kilij Arslan II fez uma emboscada perfeita e seus turcomenos dividiram a coluna grega com flechas e investidas. Todo o equipamento de cerco foi destruído, e relatou-se que Manuel entrou em pânico e precisou de ajuda para abandonar o campo de batalha. O surpreendente é que as perdas do exército não foram tão pesadas, mas os bizantinos foram forçados a se retirar para a Anatólia central; desse ponto em diante, o padrão de movimento na área seria de avanços turcos a oeste e não de gregos a leste.

Assim como Manuel, Saladino foi derrotado em virtude de uma falta de cuidado nada característica, em 25 de novembro de 1177, por Balduíno IV, que, apesar da lepra e das divisões internas de sua corte, se provaria um defensor do Santo Sepulcro obstinado, comprometido e muitas vezes habilidoso. A trégua de 1176 tinha cláusulas que permitiam a Jerusalém apoiar qualquer nobre cruzado. Isso era, naturalmente, primordial para dizer que qualquer príncipe visitante poderia atacar as posses de Saladino e os senhores de ultramar poderiam ajudá-lo. No entanto, isso não foi um lapso da parte de Saladino. É preciso lembrar que os acordos na Idade Média eram feitos entre indivíduos, e não entre Estados, e também que certo grau de adaptabilidade era desenvolvido em cada tratado, pois esperava-se que pequenas incursões e acertos de contas fossem, sem dúvida, feitos por suseranos menores. Esses incidentes "triviais" não poderiam constituir motivo para conflitos entre os monarcas.

Sob essas condições, portanto, a chegada de Filipe de Flandres, em agosto de 1177, à Cruzada no ultramar e o apoio de Balduíno IV para seu ataque em Hama foram perfeitamente legítimos. Os cruzados foram repelidos da cidade por tropas locais e, quando se moveram para o norte para tomar Harim, Saladino viu uma oportunidade de atacar no sul. Ele vinha investindo muito em seu exército, comprando mais mamelucos de elite para servir como soldados escravos e também tinha melhorado tanto a condição como o número de *halqa*, ou cavalaria turca e curda regular. Portanto, ele levou uma força considerável para Gaza em sua companhia. Balduíno IV, seguindo um preceito que tentava sempre manter, recusou-se a permitir que essa força andasse por suas terras sem ser desafiada. Ele retornou à Palestina e confrontou Saladino; diante do avanço do sultão, retirou-se para Ascalon. Infelizmente, essa "retirada" pode ter feito com que o sultão e suas tropas ficassem excessivamente confiantes e Saladino se dirigiu a Jaffa e Ramla, concedendo licença a suas tropas para saquear a região campestre. Balduíno IV, com uma dedicação ferrenha ao dever e à defesa que caracterizava sua sábia visão da guerra, acompanhou à distância. Então, perto de Ramla, no Monte Gisard, atacou os *askari* de Saladino, que ele sabia ser o ponto sensível do exército, uma vez que percebessem que estavam sob ataque. Os *askari* mamelucos entraram em completa confusão com o ataque dos cruzados e o pânico se alastrou. O exército muçulmano sofreu graves perdas em todos os seus destacamentos, os quais foram impedidos de formar uma resposta por causa dos animais de transporte e do gado que haviam roubado dos francos. Esse saque foi todo perdido e Balduíno IV perseguiu Saladino até o cair da noite. A retirada para o Egito não se deu em melhores condições: foi feita sob chuvas pesadas e ataques constantes de beduínos. Foi a maior perda em batalha que Saladino sofreria e ele aprendeu muito com essa contenda.

O desastre do Monte Gisard também impediu Saladino de entrar em campo em 1178, um ano em que ele passou construindo sua marinha e restaurando a força do seu exército. Ele iniciou uma tendência que continuaria com os aiúbidas posteriores: uma confiança crescente nos mamelucos turcos que vinham quase exclusivamente do Cáucaso. Esses seriam os homens que, no futuro, tomariam o sultanato do Egito dos aiúbidas.

Na primavera de 1179, a nova frota modelo egípcia entrou em navegação. Seu total de navios tinha dobrado e agora incluía 60 *shini* (galeões) e 20 *tarrida* (transportes), e um sortimento de pequenas embarcações de patrulha e de guarda costeira. Os recursos da frota estavam de volta aos níveis que os fatímidas tinham alcançado no auge de seu poder. A força estava dividida entre uma unidade de defesa de 50 navios e uma de ofensiva de cerca de 20 embarcações. A frota ofensiva chegou às águas bizantinas ao largo do Chipre em junho de 1179 e então voltou descendo a costa da Síria, realizando diversos saques em seus portos e capturando dois cargueiros. Ela voltou com seu saque e mil prisioneiros. Abu Shama registrou o êxtase da população do Cairo diante da vitória. Então, no dia 14 de outubro, o Acre, o porto mais importante do Estado franco, foi invadido. Navios muçulmanos entraram no porto protegidos pela escuridão e, antes que os cruzados pudessem responder, eles conseguiram assumir o controle de todos os navios. Os muçulmanos mantiveram os francos na baía por dois dias, atirando flechas dos conveses, demolindo parte do porto e ateando fogo a diversos navios francos. As mortes de três capitães egípcios foram registradas no combate; as mortes de marinheiros comuns não foram assinaladas. Abu Sama mais uma vez ficou radiante: "Nossa frota, outrora destruída, tornou-se a destruidora dos inimigos. Nunca uma vitória desse porte foi alcançada por uma frota muçulmana, nem nos séculos que se passaram, nem mesmo nos tempos de nossa supremacia naval e de fraqueza de nossos inimigos".[127]

Saladino também buscou se vingar pelo Monte Gisard em terra. Levou seu exército reconstruído para a Síria em março de 1178, com a intenção de atacar as forças Cruzadas que estavam atacando Harim,

---
127. Em Ehrenkreutz, "The Place of Saladin in the Naval History", p. 106.

mas os zengidas de Alepo tinham pagado aos francos para irem embora antes que ele chegasse à cidade. A partida de Filipe de Flandres do ultramar na sequência ordenou o restabelecimento da trégua e Saladino não pôde ter o conflito que tanto desejava contra os francos. Parece quase redundante afirmar que os francos viam Saladino como seu adversário mais perigoso nesse ponto, mas era vital para Saladino que essa situação se mantivesse. Ele precisava seguir com o manto de líder do jihad contra os infiéis, simplesmente porque isso o identificava como o legítimo soberano muçulmano do Levante. O jihad lhe concedia "santidade instrumental"[128] e sanção política no que poderia facilmente ter se tornado uma guerra de território entre muçulmanos quando ele batalhou contra os zengidas. O modo de vida dos francos e dos zengidas era favorável para o sultão, uma vez que aumentava a estima de Saladino aos olhos dos ulemás. Logo de início, ele atraiu o tesoureiro do califa de Bagdá para sua causa, e diversos dos *qadis* de Nuredin desertaram a corte zengida e vieram trabalhar para Saladino em Damasco. O viajante Ibn Jubayr conta que o nome de Saladino era muito admirado pelos peregrinos em Meca, já em 1183. Também era evidente que a opinião externa aos ulemás estava passando a favor dele, até entre os militares turcos da Síria, que eram repelidos pelos acordos dos zengidas com os infiéis. Como curdo, em um período em que clãs e laços de família eram os limites xenófobos da lealdade, ele não poderia jamais esperar ganhar por completo dos turcos e, mesmo depois do seu triunfo em Jerusalém, em 1187, ele com certeza nunca foi estimado por todos. Ibn al-Tahira nos dá as palavras à meia-voz de um emir turco que ajudava o sultão a montar em seu cavalo: "Cuidado, filho de Ayub, com o tipo de morte que vos espera, vós, que estais sendo auxiliado a montar por um príncipe seljúcida e descendente do *atabeg* zengida!".[129]

Os francos romperam a trégua em agosto de 1178 com um ataque contra Harim, apesar de terem sido repelidos pelas defesas da cidade. Todos os prisioneiros capturados foram executados por sua violação do armistício: tal tratamento dos prisioneiros parece não condizer com a imagem que Saladino tem no Ocidente. No entanto, deve-se lembrar que a representação de Saladino foi propagada por construções românticas,

---

128. Ver Crone, P., *Slaves on Horses: The Evolution of the Islamic Polity*, Cambridge, Cambridge University Press, 1980, p. 89. O jihad dava aos soberanos autoridade moral e legal; o líder que o adotava o poderia também esperar apoio da classe clerical e da população, mesmo se seus feitos fossem autoenaltecedores. Uma passagem de um manual de guerra mameluco do século XIV mostra, talvez de maneira mais sucinta, como o sucesso no jihad dava o direito à soberania: "Uma flecha atirada por um guerreiro contra um infiel conta mais do que as orações sem fim de um ermitão devoto".
129. Em Gibb, p. 22.

tal como a alma não batizada mas impecável que Dante colocou à parte, entre outras que admirava, mas não poderia colocar em seu *Paraíso*, ou o *Talisman* de Scott, em que o sultão é representado como um cavaleiro muçulmano cortês e clemente. Saladino era um soldado e um político profissional, e a política na Idade Média tinha tanto a ver com a espada como com a pena. Também havia, é claro, pura fúria às vezes: como em 1186, quando os homens de Reinaldo de Châtillon fizeram uma incursão em navios ao longo da costa da Arábia quase até Meca. Por ordem do Sultão, entre os homens capturados não deveria "ficar entre eles um só olho capaz de ver ou um só homem capaz de indicar ou até mesmo de saber a rota desse mar".[130] Essa fúria não se resumia aos criminosos cristãos apenas. Nas crônicas muçulmanas, também se pode ler sobre a atitude intolerante do sultão contra o Islã não ortodoxo:

> Ele odiava filósofos, hereges, materialistas e todos os oponentes da Lei. Por essa razão, comandou seu genro al-Mali al Zahir, príncipe de Alepo, a punir um jovem chamado al-Suhrawardi, que se denominava inimigo da Lei e herege. Seu filho o levara à prisão por suas ordens e informou ao sultão, que ordenou que aquele fosse condenado à morte. E, assim, ele foi morto e deixado pendurado na cruz por diversos dias.[131]

Em 1189, para acelerar a submissão das cidades conquistados por Cruzadas, Saladino usaria de clemência como arma política, assim como César havia feito antes dele, e parece não haver dúvidas de que ele era um homem benevolente para os padrões da época. São suas ações depois da queda de Jerusalém, talvez mais do que tudo, que encorajaram a visão ocidental sobre ele como ícone de honra, mas, acima de tudo, ele era líder do jihad e, como tal, seu maior objetivo era a destruição do ultramar. Se essa tarefa pedisse a exterminação de toda a sua população, isso seria apenas um desdobramento da vontade divina.

Saladino foi então distraído dos *franj* por assuntos internos da Síria e de sua família, que eram basicamente a mesma coisa. Seu irmão, Turanshah, tinha comandado mal Damasco e estava amigável demais

---

130. Abu Shama em Barber, M., "Frontier Warfare in the Latin Kingdom of Jerusalem: The Campaign of Jacob's Ford, 1178-79", capítulo 2 em *The Cruzades and their Sources: Essays Presented to Bernard Hamilton*, editado por J. France e W. G. Zajac, London, Ashgate, 1998; também disponível em www.deremilitari.org.

131. Baha al-Din em Gabrieli, p. 90. Apesar de ser difícil ter um retrato claro das mentalidades e dos códigos morais particulares dos grandes homens daquele período, sabemos que Il-Ghazi e Zengi eram alcoólatras e que Nuredin deixava-se levar com facilidade pela bebida, até diversos incidentes fazerem com que acreditasse que a bebida era de fato coisa do Diabo, ao passo que Saladino foi abstêmio durante toda a vida. É uma questão difícil, porém, saber se isso tinha implicações na relação pessoal desses homens com o jihad. Ver Irwin, p. 38-9.

com Alepo. Por esse motivo, foi removido do cargo e substituído pelo sobrinho de Saladino, Farrukshah, mas pediu compensação na forma de Baalbek. Tal fato demandou que Saladino permitisse que seu irmão investisse e tomasse Baalbek, apesar de isso ter ficado por conta de um de seus próprios emires. O emir, então, teve de ser remunerado com terras no norte da Síria. Essa distração, assim como a seca e a fome que aconteciam na Síria naquele momento, mantiveram Saladino ocupado até a primavera de 1179. Sua atitude "tranquilizadora" para com sua família é muitas vezes criticada e a dinastia aiúbida vivia culpando-o por seu legado, mas, como já foi dito, clãs e laços de família costumavam ser tudo que um líder tinha para se apoiar em épocas de crise e até mesmo para governar no cotidiano da Síria do século XII.

Farrukshah justificou a confiança que seu tio havia depositado nele com uma vitória importante em abril. Balduíno IV tinha se mobilizado e estava se preparando para incursionar em território muçulmano perto da fortaleza de Belfort. Farrukshah foi confrontado pelos francos enquanto seguia-o com parte de seus *askari* e sinalizadores de iluminação para mostrar seu progresso, de modo que Saladino pudesse interceptá-los com uma força maior. Os francos insistiram na batalha contra Farrukshah porque queriam pilhar o gado que pastava nos vales próximos e pensavam que o tinham espantado quando sua força fugiu diante deles. No entanto, o corpo principal de seus mamelucos estava escondido nos largos vales de pedra da área, e eles surgiram em grupos pequenos a galope e atacaram os desorganizados francos com chuvas de flechas. Os cruzados recuaram decepcionados e Onofre de Toron foi morto enquanto protegia Balduíno IV da chuva de flechas que caía em volta deles.

Os meses seguintes se passaram detendo os francos. Imad al-Din descreve como isso foi feito e por que era tão importante:

> Neste ano, os francos decidiram perturbar os muçulmanos por todos os lados e ao mesmo tempo, de modo a impedir que se concentrassem em um só ponto. Quando o príncipe da Antioquia [Boemundo III] violara a trégua invadindo o interior de Shayzar, assim como fizera o conde de Trípoli ao atacar uma tropa de turcomenos depois de haver feito um acordo de trégua, o sultão colocou seu sobrinho Taqi al-Din na fronteira de Hama, unindo-o a Shams al-Din e Sayf al-Din. Ele também colocou Nasir al-Din na fronteira de Homs para se opor ao conde de Trípoli. Ademais, escreveu a seu irmão al-Adil, que era seu oficial no Egito, para separar uma esquadra de 1.500 cavaleiros egípcios a fim de reforçar o exército da Síria que atacaria o inimigo.[132]

---

132. Registrado por Abu Shama em Barber. Al-Adil é mais comumente conhecido no Ocidente como Sayf al-Din ou Saphadin.

Saladino entrou em campo com esses 1.500 soldados egípcios em junho de 1179. Trouxe suas forças para Damasco até além de Banias e mandou contingentes invadirem longas distâncias até Sidon. Também recrutou árabes tribais famintos pelo caminho e mandou que invadissem regiões em torno de Beirute com apoio de cavalaria pesada. A fome tinha atingido a Síria, então, Balduíno IV foi forçado a responder a esses ataques em suas áreas de cultivo; ele também esperava repetir a vitória de Monte Gisard, uma vez que as forças de Saladino estavam novamente dispersas em busca de pilhagens. Ele acompanhou os movimentos dos muçulmanos por algum tempo, antes de trazer suas forças com rapidez das baixas montanhas costais perto de Toron para surpreender as forças do sultão na planície chamada Marj Ayyun, ou "Campo das Primaveras". Balduíno IV foi capaz de derrotar diversos recrutamentos muçulmanos enquanto retornavam aos poucos de seus saques, mas essa foi sua ruína, porque seus homens, regozijando-se em suas vitórias fáceis, prestavam mais atenção em dividir os saques do que na força de Saladino, que se aproximava velozmente. Além disso, as tropas montadas de Balduíno IV tinham tomado posição do alto solo a oeste da planície, mas não conseguiam ver os *askari* de Farrukhshah que vinham do norte. Os sobreviventes fugiram do acampamento e refugiaram-se no castelo de Shaqif Arnum. Mais de 270 cavaleiros e inúmeros soldados da infantaria foram capturados.

Saladino prosseguiu para conquistar, bombardear e destruir a fortaleza de Chastellet, em Bait al-Ahzan, ou Vau de Jacó, na parte superior do Jordão, em 24 de agosto de 1179. A fortaleza tinha sido construída apenas no ano anterior pelos templários e tinha sido feita para dominar um dos pontos mais importantes de entrada no reino de Jerusalém ao lado do já estabelecido castelo templário de Safad, que ficava a cerca de um dia de jornada a sudoeste. Mais de mil homens foram mortos em Chastellet quando as tropas de Saladino minaram uma das paredes e invadiram. Diversos cavalos e cotas de malha também foram capturados, e cem escravos muçulmanos foram libertos.

Em 1178, Saladino tinha oferecido 100 mil dinares aos francos caso concordassem em parar sua construção, mas eles negaram. Ele tinha tentado conquistar o castelo pouco depois disso, mas, após perder um de seus emires veteranos na tentativa, tinha se retirado. A Batalha de Marj Ayyun tinha de fato dado margem à sua captura porque, depois da batalha, os francos não estavam em posição de cuidar do castelo se ele fosse sitiado. As muralhas eram tão grossas que, no começo, os escavadores do sultão tinham calculado mal a extensão de seu túnel e acenderam os apoios de suas minas cedo demais.

O fogo foi extinto depois que Saladino ofereceu um dinar para cada barril de água levado até a mina. Os escavadores voltaram ao trabalho e, ao amanhecer do dia 29 de agosto, a parede caiu. Imad al-Din descreveu a conquista do castelo:

> Os francos tinham empilhado madeira atrás da muralha, que se desfez; a corrente de ar que penetrou no momento de sua queda espalhou o fogo, suas barracas e diversos combatentes foram tomados pelas chamas; os que restaram na região do fogo imploraram por perdão. Assim que as chamas foram extintas, as tropas penetraram o local, matando, capturando prisioneiros e procurando objetos importantes para pilhar, [incluindo] 100 mil peças de armas de ferro de todos os tipos e uma grande quantidade de víveres. Os prisioneiros foram levados ao sultão, que executou os infiéis e os arqueiros; de cerca de 700 prisioneiros, a maioria foi massacrada no caminho pelas tropas voluntárias e o resto foi levado a Damasco.[133]

Al-Fadil escreveu com animação sobre como o comandante do castelo morreu: "Quando as chamas chegaram a ele, ele se jogou em um buraco cheio de fogo, sem medo do calor intenso e, desse braseiro, foi de imediato jogado em outro". Ele também relata que Saladino ordenou a completa destruição do castelo e até arrancou pedras das paredes com suas próprias mãos.[134] Saladino levou duas semanas para destruir o castelo por completo e, então, dirigiu-se para incursionar em volta de Tiberíades, Tiro e Beirute antes de retornar a Damasco. Em abril de 1180, Farrukhshah entrou na Galileia, onde costumava ficar o castelo, e devastou a região em volta de Safad. Toda a região fronteiriça do reino de Jerusalém estava, agora, praticamente inabitável para os francos e o reino ficou aberto para os exércitos de Saladino.

Essa série de derrotas, combinada com a captura de mais navios francos pela recém-revitalizada marinha egípcia, foi suficiente para levar os francos à mesa de negociações, e uma trégua de dois anos foi combinada em maio de 1180. Saladino precisava da trégua, uma vez que a seca e a fome na Síria tinham tornado impossível, em termos logísticos, manter o exército em campo e também porque era necessário que ele fornecesse cereais egípcios às principais cidades sírias. O *hudna* também deu a Saladino permissão para reorganizar e reformar mais ainda a marinha, criar um novo ministério, o *diwan al-ustul*, totalmente devotado à frota, e renovar suas defesas costeiras no Egito. Damieta foi provida com uma nova corrente, para fechar a entrada do porto, e novas fortificações, assim como Tinniz e Suez. Sob os termos da trégua, a cidade de Tortosa,

---
133. Registrado por Abu Shama em Barber.
134. Registrado por Abu Shama em Barber. O outro "braseiro" é o Inferno.

controlada pelos latinos, não recebeu nenhuma garantia de segurança. Ela foi invadida repetidas vezes pelos navios e marinheiros muçulmanos da ilha de Arwad, que ficava do lado oposto.

Um antigo provérbio diz que os homens fazem a história e podem perceber que a fazem, mas não podem nunca saber que história estão fazendo. Depois de sua derrota e de sua retirada infeliz no Monte Gisard, relatou-se que Saladino disse: "repetidas vezes estivemos à beira da destruição, Deus não teria nos enviado se não fosse para alguma obrigação futura".[135] As vitórias de Saladino contra os francos em 1179 e, em especial, sua destruição do castelo no Vau de Jacó devem ter feito com que ele percebesse que agora era capaz de fazer história; para os homens medievais, tanto muçulmanos como cristãos, a história se descortinava de acordo com a vontade de Deus. Havia uma forte crença no destino e no controle de Deus sobre o destino do homem entre os militares muçulmanos. O soldado do século XII Usama Ibn Munqidh resumiu essa atitude em uma declaração: "A hora da morte de uma pessoa não é adiantada pela exposição ao perigo ou atrasada por excesso de cuidados".[136] Em suma, nesse momento, Saladino sentiu a mão de Deus, ou o que podemos chamar de história, o guiando. A guerra de Saladino e seus objetivos mudaram de oportunistas e, muitas vezes, apenas reativos, para um jihad que uniria a Síria muçulmana e expulsaria os francos do Levante. As razões para essa mudança não são difíceis de encontrar. A destruição de Chastellet foi um golpe severo à estratégia de expansão de castelo dos francos, uma vez que ele tinha sido uma plataforma excelente para as pilhagens que os templários faziam das caravanas muçulmanas. O reino de Jerusalém foi colocado, em grande extensão, na defensiva depois desse ponto, e até mesmo a defesa era cada vez mais difícil para os francos, uma vez que tantas tropas tinham sido perdidas durante a Batalha de Marj Ayyun, o saque de Chastellet e o massacre ou escravização subsequente dos prisioneiros capturados. O moral do sultão e de seus homens estava altíssimo após essas três vitórias. Antes de 1179, a iniciativa tinha estado com os francos, conforme eles exploravam as divisões na Síria muçulmana, mas, depois da queda de Chastellet, Saladino e seus oficiais eram capazes de saquear quase à vontade na Galileia, complementando seus assaltos navais na costa do reino.

O ano de 1180 viu a conclusão de uma trégua com o novo imperador bizantino, Aleixo II, que estava lutando para se afirmar em Cons-

---
135. Em Gibb, p. 24.
136. Em Hitti, p. 194.

tantinopla. Ele só durou até setembro de 1182, quando se tornou uma marionete nas mãos de Andrônico Comneno, que iniciou seu reinado com o massacre dos latinos que viviam em Constantinopla. A clara política antilatina de Andrônico caiu bem para a campanha de Saladino contra os francos; apesar de ele ter sido morto em 1185, o imperador seguinte, Isaac Ângelo, continuou com a mesma estratégia. Mais tarde, Saladino pôde negociar a volta da legalização das preces muçulmanas em Constantinopla e, em 1187, uma nova mesquita foi construída na capital do Cristianismo ortodoxo. Ao estabelecer laços diplomáticos e comerciais com Bizâncio, Saladino assegurou o isolamento crescente do ultramar.

Os francos de Ascalon quebraram a trégua no verão de 1181 e saquearam Tinnis. Eles conseguiram capturar um navio de carga muçulmano, mas foram impedidos de saquear o porto pelas novas fortificações, sendo expulsos pela chegada imediata de uma frota muçulmana. A marinha do Egito estava começando a ter uma boa atuação.

A seca e a fome na Síria continuaram; em maio de 1182, Saladino saiu do Egito com uma fileira de caravanas para levar assistência às cidades. Ele não voltaria mais ao Cairo.

Os *franj* juntaram uma força impressionante em Karak e se prepararam para atacar a coluna, mas, para isso, eles tinham levado as tropas de todo o reino. Farrukhshah, percebendo que não havia oposição significativa em nome de Jerusalém, destruiu as terras em torno de Tiberíades e do Acre, e conquistou Daburiya. Ele retornou com 100 mil civis prisioneiros e 20 mil animais; ainda mais importante do que isso foi o fato de ter feito com que os francos se desviassem de sua missão principal e tornado evidente para eles que agora estavam restritos a operações bastante limitadas. Saladino fez com que esse sucesso fosse seguido por seus próprios ataques em volta de Tiberíades e Baysan, em julho de 1182, e um ataque feito contra o castelo de Belvoir, que tinha sido fortificado pelos francos como resposta à perda do Vau de Jacó. Em agosto de 1182, veio um verdadeiro teste para os muçulmanos, quando tentaram sitiar Beirute, tanto por terra como por mar. A tomada de um porto na costa era vital para a reconquista da Síria, e a conquista de Beirute dividiria as comunicações entre os Estados do norte e do sul do ultramar. Trinta navios foram engajados no cerco, mas as defesas do porto tinham sido reforçadas havia pouco e as tentativas de desembarcar uma força foram um completo fracasso. As forças terrestres de Saladino se retiraram depois do fracasso do ataque anfíbio, e a chegada de 33 navios latinos foi o suficiente para fazer com que a frota egípcia abandonasse o cerco e partisse para casa. Talvez eles tenham ganhado mais do que merecessem por sua fuga do inimigo quando interceptaram um navio cheio de refugiados venezianos que fugiam de Constantinopla. Eles também capturaram cerca de 1.700 apulianos que tinham navegado para se juntar aos exércitos cruzados na Palestina e tinham ido parar longe de Damieta.

Os cruzados haviam tido sucesso na defesa de Beirute, mas tinham poucas opções para a ofensiva. Isso fez com que Reinaldo de Châtillon, agora senhor de Karak, colocasse no alvo as caravanas que viajavam entre a Síria e a Arábia. Ele havia começado, já em 1181, com saques muito eficientes contra o tráfego comercial muçulmano entre a Síria e o Egito, mas, em janeiro de 1183, aumentou sua campanha de guerra econômica lançando uma pequena frota de embarcações no Mar Vermelho. Ele sitiou Ayla com dois navios e, no começo, sua empreitada teve sucesso, uma vez que afundou cerca de 16 navios muçulmanos e capturou mais dois. Os cronistas muçulmanos relatam-nos que ele queria atingir Meca, mas suas ações eram quase certamente voltadas à destruição das finanças egípcias. De qualquer maneira, seu sucesso foi curto, pois uma parte da frota de defesa foi levada do Cairo por terra e destruiu com bastante rapidez os navios de Reinaldo que estavam em Ayla, antes de perseguir e destruir o restante de sua pequena frota. Na sequência, a frota egípcia agravou a situação fazendo uma campanha muito bem-sucedida, que imitou a pirataria de Reinaldo pela costa da Síria. Transportes que carregavam madeira, fabricantes de navio, cavaleiros e mercadores ricos, foram todos levados de volta à Alexandria como pilhagem.

Para os cruzados, 1183 se tornava cada vez mais amargo, com a rendição de Alepo para Saladino em 12 de junho. A conquista da cidade tinha parecido difícil demais no fim dos anos 1170: ela tinha continuado ao lado de Mossul e o sultão seljúcida da maior parte da Anatólia, Kilij Arslan II, também tinha começado a interferir no norte da Síria. Em 1179, o sultão tinha pedido cidades pequenas em volta de suas terras, que Saladino havia ganhado dos zengidas em campanhas anteriores. Taqi al-Din foi mandado ao norte de Hama com seus *askari* e assegurou uma vitória importante sobre forças superiores no começo de 1180. Em seguida, o emir da cidade fortificada de Hisn Kaifa pediu assistência a Saladino contra Kilij Arslan II, apesar de ser, em tese, vassalo de Mossul. Saladino tratou a situação com extrema habilidade política, para sua própria vantagem. Com uma demonstração de força, levou Kilij Arslan II à mesa de negociações e uma aliança foi formada entre os dois sultões. Basicamente, Mossul estava sendo colocada à parte dos assuntos sírios por um processo de força militar e diplomacia, mas o novo emir da cidade, Izz al-Din, viu uma oportunidade, com a morte de al-Salih em Alepo, em 4 de dezembro de 1181, para forçar sua volta. O exército de Mossul deveria ter sido impedido de cruzar o Eufrates por Taqi al-Din e Farrukhshah, mas este estava ocupado contendo os saques às caravanas de Reinaldo e o exército de Hama não podia se equiparar ao de Mossul. Izz al-Din colocou seu irmão Imad al-Din no comando de Alepo e retornou a Mossul sem disputa.

Saladino escreveu ao califa reclamando que, enquanto ele tinha ficado defendendo Medina e Meca de Reinaldo, uma província que lhe fora garantida havia sido roubada. Ele também não tinha dúvidas de que a união de Alepo a Mossul atrasaria de forma grave seu jihad. Sua força humana simplesmente não era o bastante para se equiparar a qualquer agressão por parte das duas cidades e para atingir os francos, em especial agora que Reinado estava aumentando a amplitude geográfica da guerra. Na sequência do ataque fracassado a Beirute, em 1182, ele então levou suas tropas a Alepo para sitiá-la. Na sequência, ele foi encorajado por um grupo de emires menos importantes de Jazira a trazer seu exército de 5 mil soldados para o outro lado do Eufrates, com garantias de que não encontraria oposição. Izz al-Din tentou juntar forças para impedir Saladino de entrar em terras que mantinha sob cuidado de califas, mas que Mossul tinha, por tradição, sempre controlado. No entanto, ele não conseguiu trazer os emires da região para seu estandarte.

Saladino prosseguiu na tomada de Mossul e, por desespero, Izz al-Din recorreu ao sultão seljúcida da Pérsia, que era então quase inimigo do califa, visto que as posses do califa no Iraque tinham crescido à custa dos seljúcidas. Sua missão fracassou, porém, o que não é de surpreender dados os eventos cataclísmicos ocorridos no Ocidente, na segunda metade do século XII, que veremos mais adiante. Izz al-Din então recorreu ao califa. Este exigiu negociações, às quais Saladino consentiu, mas continuou a pressionar o cerco e também investiu contra Sinjar, cidade aliada de Mossul. Sinjar se rendeu em 30 de dezembro de 1182, e Saladino partiu para Jazira no inverno. No começo da primavera de 1183, Izz al-Din tentou mais uma vez conseguir aliados, mas sua coligação simplesmente se dissolveu quando Taqi al-Din avançou de Hama. Saladino, em seguida, tentou o que deveria ter sido uma recompensa impossível, a fortaleza de Amid, considerada inatingível, mas que cedeu em cerca de três semanas, simplesmente porque as condições oferecidas eram tão generosas que continuar aliada a Mossul não traria benefício algum. Saladino então escreveu de novo ao califa, descrevendo como, mesmo que ele não tivesse ambições territoriais sobre Mossul, precisaria que a cidade desse atenção ao jihad: "Essa pequena Jazira é a alavanca que colocará em movimento a grande Jazira; é o ponto de divisão e o centro de resistência e, uma vez colocada em seu lugar na cadeia de alianças, toda a força armada do Islã será coordenada para enfrentar as forças dos infiéis".[137]

Os emires turcos das cidades em torno de Alepo começaram a ir a Saladino para proclamar sua lealdade e logo a cidade principal estava privada de aliados. Saladino avançou em 21 de maio de 1183, mas estava relutante a lutar contra os *Nuriya*, antiga guarda de Nuredin. Do mesmo modo, Imad al-Din estava bastante contente em aceitar o governo de Sinjar, junto à passagem segura como recompensa para a perda de Alepo. Saladino tentou cortejar os velhos *askari* com palavras refinadas sobre a coragem deles e sobre como eles eram os "soldados do jihad, que, no passado, tinham realizado grandes feitos para o Islã (…), cuja conduta e coragem tinham ganhado sua admiração".[138] Os *Nuriya* estavam, no entanto, determinados a ter seu dia de batalha e o sultão não foi capaz de controlar seus jovens mamelucos, que queriam mostrar tanto sua lealdade a Saladino, como eram a nova "tropa de elite". O irmão de Saladino, Taj al-Muluk, foi morto em uma luta violenta entre os dois lados, mas isso acabou fazendo com que eles fossem para a mesa de negociações. Imad al-Din obteve tudo que queria desde o início do cerco e Saladino obteve a recompensa que há tanto cobiçava. O emir da fortaleza de Harim, nas proximidades, tentou chamar os francos para ajudar, mas sua guarnição prendeu-o de imediato em 22 de junho. Saladino completou seu trabalho no norte fechando um tratado de paz com Boemundo III de Antioquia e soltando os prisioneiros muçulmanos, e então partiu para a guerra com Jerusalém.

Jerusalém estava mal preparada para uma contenda. Raimundo de Trípoli vinha governando o Estado desde que Balduíno IV havia chegado a um estágio terminal, mas uma facção sob o comando do novo cunhado de Balduíno IV, Guy de Lusignan, aliada a Reinaldo de Châtillon estava contestando esse controle e acusando Raimundo de conspirar contra o reino. Em 29 de setembro de 1183, Saladino cruzou o Jordão e entrou na Galileia com suas forças e foi como se estivesse entrando

---

137. Imad al-Din em Gibb, p. 44 Saladino está comparando uma Síria reconquistada a uma Jazira ou ilha, uma vez que seu desejo era, sem dúvida, empurrar os francos para o mar e fazer com que o Levante se tornasse completamente sunita
138. Ibn al-Athir em Gabrieli, p. 117.

em uma terra fantasma. Toda a região havia sido abandonada por seus habitantes latinos. As cidades pequenas de Baysan, Kerferbela, Zarin e Jinin, antes prósperos centros de agricultura e comércio, se renderam aos muçulmanos sem que se visse um único soldado franco. O exército de Jerusalém não saiu para desafiá-lo e pareceu, na verdade, paralisado. Guy tinha conseguido ser nomeado regente contra Raimundo antes dessa incursão, mas o fato de não ter enfrentado o sultão, como teria Balduíno IV, fez com que ele perdesse a regência. Essa humilhação mais tarde o levaria a um catastrófico erro de julgamento.

Reinaldo continuou a ser um incômodo para Saladino, com seus saques ao tráfego comercial de Karak. Isso exigiu que Saladino financiasse escolta militar para as caravanas, e Reinaldo representava uma ameaça bastante real contra as cidades sagradas da Arábia. Por esse motivo, o sultão atacou Karak em novembro e em dezembro, mas o enorme fosso e as muralhas da cidade repeliram suas tropas e mantiveram seus engenhos a uma distância segura. A famosa história do casamento da filha de Reinaldo acontecendo ao mesmo tempo em que as catapultas do sultão batiam nas muralhas e o dote de casamento sendo oferecido para o exército de cerco, que gentilmente consentiu em evitar atacar a torre onde os recém-casados dormiam, foi o ponto alto de um período frustrante passado em frente às muralhas do castelo. A diplomacia de Saladino com Mossul também fracassou no final daquele ano e a cidade ficou quase tão empenhada na oposição quanto Karak.

A ausência do sultão no Cairo durante esses anos reduziu o volume de ataques contra a frota ou, pelo menos, reduziu seus relatos. Houve apenas uma viagem de saque, lançada em maio de 1184; em 1185, houve um episódio de revolta em Alexandria com marinheiros cristãos atacados. Seria conveniente argumentar que os marinheiros egípcios foram tomados pela paixão do jihad, mas, como vimos, o jihad nesse período estava bem concentrado e, em geral, permitia a continuação das "relações de comércio". No entanto, pode-se sugerir que era apenas a indisciplina na ausência do mestre dos marinheiros que causou a intranquilidade. Isso é um ponto importante, uma vez que indica a importância da personalidade de Saladino para a manutenção tanto do exército como da marinha. Sem ele no seu encalço, seria pouco provável que o Estado pudesse ter sobrevivido depois aos desafios que seriam impostos pelo advento da Terceira Cruzada.

Em agosto de 1184, Saladino mais uma vez voltou para sitiar Karak, mas não obteve sucesso. Ele teve, porém, oportunidade de operar com todos os elementos de seu exército de coligação durante a campanha contra a fortaleza e com incursões no território franco. Essa demonstração das capacidades do exército do sultão era suficiente para convencer o regente Raimundo de que ele precisava assegurar uma trégua com Saladino, e um tratado foi assinado no começo de 1185, quando Balduíno IV estava no leito de morte. O rei faleceu em março, e quando Saladino cercava Mossul durante o inverno de 1185, ele também chegou perto da morte por causa de uma doença contagiosa que se espalhava em seu acampamento.

Saladino tinha sido avisado de que enfrentaria um exército gigantesco de turcomenos do Azerbaijão se interferisse em Mossul, mas essas ameaças não se concretizaram quando ele cercou a cidade, em agosto de 1185, quando foi para o norte da cidade restaurar sua autoridade em Mardin e Amid, depois das mortes dos príncipes dessas duas cidades. Na sequência, voltou ao cerco de Mossul e, apesar de sua saúde bastante frágil, manteve suas tropas em frente às muralhas até 25 de dezembro. Então, depois de recepcionar uma delegação de princesas zengidas do já desesperado Izz al-Din, que ele tinha rejeitado a princípio, Saladino concordou em negociar. As depredações feitas por seus próprios aliados, os turcomenos do Azerbaijão, que não tinham feito nada para proteger Mossul, mas haviam pilhado grande parte de seus contornos, eram um fator importante para que Izz al-Din aceitasse, por fim, a suserania de Saladino. O acordo foi fechado em 3 de março de 1185; a grande coligação estava enfim completa e o ultramar corria grande perigo.

O novo rei, Guy de Lusignan, não era o homem para salvar um reino. Raimundo de Trípoli foi forçado a buscar um acordo com Saladino, mas não apenas por medo do exército do sultão. A declaração de Ibn al-Athir de que Saladino tinha concordado em transformar Raimundo em "rei de todos os francos" no acordo não é verdadeira, e Raimundo não tinha, em tese, necessidade alguma de um acordo com o sultão, pois já tinha garantido um acordo com todos de Jerusalém quando era regente. No entanto, com esse novo acordo ele ganhou a garantia do apoio de Saladino contra seu próprio rei, que estava reunindo tropas para atacar a capital de Raimundo, Tiberíades. O acordo forçou Guy a repensar e permitiu que Saladino movesse tropas para o outro lado da região a oeste do Mar da Galileia, uma região estratégica importante, e alocasse tropas em Tiberíades.

Veio então o *casus belli*. Os ataques contínuos de Reinaldo contra caravanas muçulmanas de Karak quebraram a trégua no final de 1186. Guy foi incapaz de forçar Reinaldo a devolver os saques e a resposta de

Saladino foi vingativa e eficaz. Ele escoltou pessoalmente a caravana de peregrinação seguinte que passasse por Karak com as tropas do Egito e mandou seu filho, al-Afdal, com as forças de Damasco a Tiberíades, para ameaçar as cidades costeiras e, assim, impedir que Guy trouxesse o exército de campo latino para o socorro de Reinaldo. Depois que os peregrinos haviam passado em segurança:

> Saladino marchou em al-Karak e mandou seus grupos de saque por todas as regiões de al-Karak, ak-Shawbak e todo o resto, pilhando, quebrando e ateando fogo, enquanto o príncipe estava cercado e sem forças para defender suas terras, e o medo do exército de al-Afdal manteve imobilizados os outros francos em casa. Então Saladino estava livre para sitiar e pilhar, queimar e depredar a região toda, o que ele fez.[139]

Al-Afdal então incursionou em Tiberíades e foi enfrentado em batalha por um contingente de templários e hospitalários muito audazes, que ignoraram os conselhos de Raimundo para evitar conflito com as forças muçulmanas superiores. Eles foram pegos de surpresa pelos soldados de al-Afdal em Saffuriyah, em 1º de maio, e aniquilados. O mestre dos hospitalários morreu com seus homens.

Saladino revistou o exército em maio de 1187. Ele agora comandava cerca de 12 mil soldados regulares, e os cronistas indicam que um número significativo de combatentes voluntários, ou *mujahideen*, auxiliares e turcomenos também foram atraídos para seu estandarte. É provável que a força inteira contabilizasse cerca de 20 mil homens. Durante essa revista, os emires receberam posições específicas na ala direita ou esquerda para as quais trariam seus contingentes quando o exército se abrisse na formação de batalha. Os *askari* egípcios do sultão sempre formavam o centro. Saladino se dirigiu ao exército e elevou seu moral antes que a marcha começasse:

> "Quando entrarmos no território inimigo, esta é a ordem da batalha do nosso exército, nosso método de avançar e recuar, a posição de nossos batalhões, o lugar onde nossos cavaleiros se levantam, onde nossas lanças devem cair, os caminhos pelos quais guiar nossos cavalos, as arenas para nossos cavalos de batalha, os jardins para nossas rosas, o local de nossas vicissitudes, a exaltação de nossos desejos, a cena na qual seremos transfigurados." Quando as fileiras foram montadas e as armas distribuídas, ele deu de presente cavalos de guerra e esbanjou generosidade, devotando-se a fazer doações e dar prêmios cobiçados (...), distribuindo flechas das quais os soldados receberam mais do que uma aljava completa. Ele fez com que galopassem e trouxe adiante uma ampla seleção de tropas. Ele esporou cavalos

---
139. Ibn al-Athir em Gabrieli, p. 119.

de batalha corajosos e chamou testemunhas para que presenciassem, ele endireitou em seguida as virtudes de suas esquadras e ganhou para seu lado as simpatias das espadas. Ele afiou as lâminas, deu de beber às terríveis lanças e retornou a suas tendas feliz e satisfeito.[140]

Em 26 de junho, o exército entrou na Palestina e, em 2 de julho, Saladino deu início ao cerco de Tiberíades e logo conquistou a parte baixa da cidade. O exército de Jerusalém não estava longe em Saffuriyah, já que vinha seguindo de perto o progresso de Saladino. Guy também tinha chamado mercenários e cavaleiros de Antioquia para lutar com ele. Raimundo advertiu Guy para que não enfrentasse Saladino, mas, na verdade, o exército do rei era mais ou menos tão grande quanto o do sultão, e Guy ainda tinha em mente a memória assombrosa de 1183 e sua perda da regência para colocá-lo em ação. Os cronistas muçulmanos descrevem a discussão entre Guy e Raimundo de maneira interessante. Imad al-Din, na verdade, coloca Raimundo a *favor* da batalha, enquanto Ibn al-Athir coloca o seguinte discurso na boca de Raimundo:

> Por Deus, observei os exércitos do Islã ao longo dos anos e nunca vi igual ao de Saladino aqui em números ou em poder de luta. Se ele conquistar Tiberíades, não será capaz de ficar aqui e, quando tiver partido, nós a reconquistaremos. Porque, se ele escolher ficar, não será capaz de manter unido seu exército, já que não aguentarão muito ficar longe de suas casas e famílias. Ele será forçado a evacuar a cidade e nós libertaremos nossos prisioneiros.[141]

Sem dúvida, Ibn al-Athir estava mais próximo da verdade. Repetidas vezes, os muçulmanos haviam se mostrado incapazes de manter uma força unida depois de uma vitória por tempo suficiente para explorá-la por completo. Na sequência, Ibn al-Athir relata que Reinaldo de Châtillon teria acusado Raimundo de traição, o que parece bastante provável, mas, em seguida, ele passa a fantasiar, descrevendo que o patriarca de Jerusalém teria recriminado Raimundo por ter se convertido ao Islã. Ambos os escritores retratam que Saladino teria demonstrado uma contente expectativa com a descoberta de que Guy procuraria batalha, porém, como ambos os relatos foram produzidos depois dela, essa caracterização da conduta do sultão deve ser vista dialeticamente. Ainda havia muito a ser feito se os francos fossem derrotados, e a derrota seria tão catastrófica para a coligação de Saladino quanto seria para os *franj*. Como no Monte Gisard, Saladino não tinha nenhum ponto fortificado para onde correr e seria obrigado a fazer um recuo destrutivo e prostra-

---
140. Imad al-Din em seu melhor estilo hiperbólico, em Gabrieli, p. 126.
141. Ibn al-Athir em Gabrieli, p. 120.

do; o contrário era verdadeiro para os cruzados. Eles tinham sido derrotados muitas vezes antes, mas seu exército sempre tinha se preservado e os muçulmanos foram impedidos de ter uma vitória conclusiva pela proximidade de um castelo ou cidade fortificada para o qual os francos podiam recuar. O maior feito de Saladino na campanha de 1187 foi criar um estratagema para afastar o exército cristão de toda e qualquer fonte de segurança, em campo exposto, onde poderia se alcançar uma quase aniquilação da força de cavalaria de Jerusalém.

Os cruzados entraram em campo e marcharam para o reforço de Tiberíades em 3 de julho. Eles sabiam que iriam passar por uma região árida sem fontes de água, apesar de estarem rumando para uma região fértil nas margens do Rio Tiberíades, onde poderiam se reabastecer e descansar antes de tentar romper o cerco. Eles nunca conseguiram chegar lá, porque Saladino usou, em sua eficácia máxima, táticas que já haviam trazido vitórias antes. Seus turcos e curdos acossaram e rapinaram a coluna de cruzados com ataques rápidos e saraivadas de flechas, com o objetivo constante de quebrar a ordem de marcha dos cruzados e desmontar sua retaguarda. Com o tempo, os templários na retaguarda da coluna não conseguiam mais manter a defesa contra as tropas de Saladino enquanto continuavam com a marcha. Também se tornou impossível para a infantaria, que estava sofrendo particularmente com o calor do verão, aumentar o ritmo da marcha para escapar às atenções dos atacantes. Os homens de Saladino forçaram os francos a parar, e os cruzados agora podiam ver que sua rota para Tiberíades estava bloqueada pelo exército do sultão. Eles acamparam ao lado de uma montanha pequena chamada Chifres de Hattin. No acampamento muçulmano, Saladino assegurou que flechas extras fossem distribuídas a seus homens. Al-Tarsusi conta-nos que, sob circunstâncias "normais", carregamentos enormes de flechas eram distribuídos para o exército, então, a menção dos cronistas sobre "porções extras" é um fato significativo e indica que Saladino sabia como a batalha que viria se desenrolaria.

A manhã seguinte chegou com os francos em uma condição assombrosa. Eles estavam quase loucos de sede e qualquer vontade de lutar tinha se extinguido na marcha estafante do dia anterior. Ibn al-Athir conta-nos como a batalha foi ganha:

> Saladino e os muçulmanos montaram em seus cavalos e avançaram contra os francos. Estes também estavam montados e os dois exércitos se chocaram, com os francos sofrendo muito de sede e sem confiança alguma. A batalha se desenvolveu com fúria e ambos os lados demonstravam resistência tenaz. Os arqueiros muçulmanos mandaram chuvas de flechas como

enxames de grilos, matando muitos dos cavalos francos. Os francos, cercados por sua infantaria, tentaram abrir caminho lutando até Tiberíades, na esperança de encontrar água, mas Saladino descobriu-lhes o objetivo e atrasou-os, colocando-se em seu caminho com seu exército. Ele circulou ao longo da linha do exército encorajando e restringindo suas tropas, onde necessário. O exército inteiro obedeceu a seus comandos e respeitou suas proibições. Um de seus jovens mamelucos realizou um ataque assombroso contra os francos e realizou grandes feitos de valor até ser superado em número e morto. Quando todos os muçulmanos sobrecarregaram as linhas inimigas e quase invadiram, assassinando muitos francos no processo, o conde [Raimundo] viu que a situação estava por demais desesperadora e percebeu que não poderia aguentar o exército muçulmano, então, por acordo com seus companheiros, atacou a linha antes dele. O comandante daquela seção do exército muçulmano era Taqi al-Din Umar, sobrinho de Saladino. Quando ele viu que os francos em suas linhas estavam desesperados e tentariam ultrapassar, ele mandou ordens para lhes fosse feita uma passagem por entre as fileiras.

Um dos *mujahideen* ateara fogo à grama seca que cobria o chão. Ela incendiou-se e o vento arrastou calor e fumaça até o inimigo. Eles tiveram de aguentar a sede, o calor do verão, o fogo flamejante, a fumaça e a fúria da batalha. Quando o conde fugiu, os francos perderam seu ardor e ficaram à beira de se render, mas, vendo que a única saída para salvar suas vidas era desafiar a morte, realizaram diversos ataques que teriam deslocado os muçulmanos de sua posição, apesar de serem estes tão numerosos se a graça de Deus com eles não estivesse. Quando cada um dos ofensores caiu, eles deixaram seus mortos para trás; seus números diminuíam com rapidez enquanto os muçulmanos os cercavam de perto. Os francos sobreviventes foram a uma colina perto de Hattin, onde esperavam montar suas barracas e se defender. Foram atacados com vigor por todos os lados e impedidos de instalar mais do que uma tenda, a do rei. Os muçulmanos capturaram sua grande cruz chamada de Vera Cruz, que dizem eles ser um pedaço de madeira na qual, o Messias teria sido crucificado. Esse foi um dos maiores golpes que poderia ser desferido contra eles e tornou certa sua morte e destruição. Diversos membros de sua cavalaria e infantaria foram mortos ou capturados. O rei ficou na colina com 500 dos mais corajosos e famosos cavaleiros.

Foi-me dito que al-Malik al-Afdal, filho de Saladino, teria afirmado: "Eu estava ao lado de meu pai, Saladino, durante aquela batalha, a primeira que vi com meus próprios olhos. O rei franco voltara à colina com seu bando e de lá atacou com ferocidade os muçulmanos que o enfrentavam, forçando-os a voltar até meu pai. Eu disse que ele estava alarmado e abalado, e ele cutucou sua barba e prosseguiu gritando: 'Afastai a mentira do Diabo!'. Os muçulmanos voltaram para contra-atacar e levaram os francos de volta para o alto da colina. Quando vi os francos recuarem diante do massacre muçulmano, gritei de alegria: 'Conquistamo-los!'. Mas eles retornaram ao ataque com ardor intacto e impulsionaram nosso exército contra meu pai. Sua resposta foi a mesma de antes e os muçulmanos contra-atacaram e levaram os francos novamente à colina. Gritei: 'Vencemo-los!'. Meu pai virou-se para mim e disse: 'Cala-te, não os teremos vencido até que caia a tenda!'. Assim que ele falou, a tenda caiu e o sultão desmontou e prostrou-se em agradecimento a Deus enquanto chorava de alegria".[142]

Dois manuscritos, *Persecutio Salaardini* e *Jerusalem a Turcis obsessa capitur*, atualmente em poder da biblioteca do Vaticano, contam-nos que o rei Guy havia sido aconselhado por um cavaleiro chamado John que, "tendo servido durante muito tempo nos exércitos turcos", tornou-se amigo deles e havia aconselhado o rei a "dirigir os ataques de seus exércitos contra o centro do exército, onde ficava Saladino".[143] Ele sugeriu que, se tivessem sucesso em deslocar essa seção, a batalha estaria ganha. A história é interessante, não só porque John teria lutado com os muçulmanos e depois voltado ao serviço cruzado, mas também porque isso dá credibilidade ao relato do filho de Saladino, registrado por Ubn al-Athir, de que os francos teriam atacado pelo menos duas vezes os *askari* do sultão e os forçado a voltar à retaguarda. O ato de Taqi al-Din de deixar Raimundo fugir do acampamento sem embaraço foi um elemento chave na vitória dos muçulmanos. A "deserção" de Raimundo fatalmente enfraqueceu os números dos francos e, mais importante, sua vontade de lutar. O manual de guerra quatrocentista de al-Ansari também defende a ação de Taqi al-Din Umar: "Nenhum soldado deve ficar em frente a um exército em debandada, tampouco tentar desviá-lo de seu caminho de fuga".[144]

Quando o corpo principal do exército muçulmano foi para a tenda caída, lá encontraram Guy, Reinaldo e um grupo de templários e hospitalários exaustos jazendo prostrados de fadiga no chão. O lugar da tenda do rei seria mais tarde marcado por um *Qubbat al-Nasr*, ou "Domo da Vitória". Era apenas uma construção pequena com uma humilde inscrição: "Em gratidão a Deus e em lembrança de Sua vitória".[145]

---

142. Ibn al-Athir em Gabrieli, p. 121-3.
143. Richard, J., "An account of the Battle of Hattin Referring to the Frankish Mercenaries in Oriental Moslem States", *Speculum*, abril de 1952, p. 168-77.
144. Em Scanlon, p. 113.
145. O monumento só foi redescoberto nos anos 1990 e foi até abandonado a um estado de maus cuidados, pouco depois da morte de Saladino. Ver Leisten, T., "Mashhad Al-Nasr: Monuments of War and Victory in Medieval Islamic Art", *Muqarnas*, volume 13, 1966, p. 7-26.

O número de prisioneiros era tão grande que grupos de 30 foram levados em cordas por seus captores e seu valor como escravos foi avaliado, sob condições normais de mercado de procura e demanda, em apenas três dinares cada. Chegou até mesmo a ser relatada a troca de um prisioneiro por um único sapato. Saladino, no entanto, pagou a seus soldados 50 dinares para templário ou hospitalário capturado, que eram 240.[146] Todos eles tiveram a oportunidade de se converter ao Islã, mas apenas alguns aceitaram; o restante foi entregue a algozes decididamente amadores. Imad al-Din conta-nos que Saladino:

> Ordenou que eles fossem decapitados, escolhendo matá-los em vez de prendê-los. Com ele havia um grupo inteiro de estudiosos e sofistas, e certo número de devotos e ascéticos; cada um implorou pelo direito de matar um deles e sacou a espada arregaçando as mangas. Saladino, com uma expressão de alegria, estava sentado em seu púlpito; os infiéis em profundo desespero (...) alguns degolaram com cortes limpos e foram agradecidos por isso; alguns se recusaram e falharam, e outros tomaram seus lugares. Vi um homem que ria com desdém e massacrava (...) e quantos elogios ganhou, as recompensas eternas asseguradas pelo sangue que derramara, os trabalhos pios aumentavam suas contas com cada pescoço que ele cortava![147]

Os corpos não tiveram direito a um funeral e Saladino escreveu em uma carta que "nenhum dos templários sobreviveu. Foi um dia de graça".[148] Isso não era verdade, o mestre foi poupado e ficou em cativeiro com o rei Guy; o mestre era um refém valioso, seus homens não. O assassinato dos cavaleiros das ordens militares era relacionado tanto a um simples ódio como ao medo deles, uma vez que eram os inimigos mais obstinados dos muçulmanos. Se fossem soltos, não retornariam à Europa: ficariam na Palestina para lutar de novo. Sua eliminação também reduziu significativamente a força humana do Estado dos cruzados.

O assassinato de Reinaldo pelas próprias mãos do sultão foi totalmente relacionado à afronta que ele havia feito tentando tomar Meca e Medina e ao assassinato dos peregrinos. Reinaldo havia assistido Saladino oferecer água a Guy, uma indicação de que ele seria poupado. No entanto, quando ele pegou o cálice de volta da mão do rei, o sultão deixou claro que não daria a Reinaldo nem água nem piedade. Ofereceu-se a ele a conversão para se salvar, mas ele recusou e, depois que Saladino o

---

146. Assim como na guerra europeia medieval, os prisioneiros de guerra no Oriente Médio eram o espólio pessoal do soldado que os rendesse e não do comandante. Saladino, portanto, tinha de oferecer compensação para os "donos" dos cavaleiros.
147. Em Gabrieli, p. 138.
148. Melville, C. P., e Lyons, M. C., "Saladin's Hattin Letter", em B. Z. Kedar (ed.), *The Horns of Hattin*, London, Variorum, 1992, p. 212.

decapitou, sua cabeça foi mandada para Damasco, onde foi arrastada pelas ruas.

O exército de cruzados tinha parado, para todos os efeitos, de existir e havia pouca esperança para qualquer das cidades do reino. Tiberíades se rendeu sem derramamento de sangue no dia seguinte. Saladino então partiu para o Acre, chegando lá no dia 8 de julho, e a cidade logo se rendeu. Nablus, Nazaré e Toron seguiram o exemplo, mas Jaffa resistiu e al-Adil vendeu toda a população como escravos depois de invadir a cidade. Saladino havia dispersado seus comandantes para colher esses frutos fáceis da vitória com mais rapidez, porém, quando voltou a Tiro, descobriu que suas forças não eram suficientes para a tarefa de submeter a cidade. Ele então foi para Sidon, que se rendeu em 28 de julho, e depois para Beirute e Jibail, que se renderam no começo de agosto. Ele voltou em seguida e mais uma vez passou por Tiro antes de aceitar a rendição de Ascalon e Gaza no começo de setembro.

Tiro foi então cercada, mas era uma cidade bastante protegida e sua população cresceu com a chegada de refugiados francos. Uma frota cristã que levava Conrado de Montferrat e um grupo de cavaleiros chegou de repente em Tiro, tendo desviado dos navios egípcios que deram apoio à campanha de Saladino contra as cidades costeiras. Conrado assumiu o comando e, alguns dias depois, Saladino exibiu seu pai, Guilherme de Montferrat, em frente às muralhas da cidade, ameaçando matá-lo caso Conrado não se rendesse. Conrado recusou, mas Saladino não matou o velho homem. Nesse meio-tempo, o sultão vinha sitiando Jerusalém, já que a capacidade de Tiro para resistir tinha aumentado. Ibn al-Athir mais tarde criticaria a negligência de Saladino a respeito disso:

> A única responsabilidade pela resistência de Tiro é de Saladino, que logo expulsou todas as forças francas que reforçaram a região com homens e dinheiro de Acre, de Ascalon e de Jerusalém. Esse forte era vital para os francos e, uma vez perdido, os francos no exterior não desejariam esta terra nossa e entregariam seus territórios sem derramamento de sangue.[149]

Historiadores modernos também criticaram Saladino por conquistar Jerusalém à custa de deixar Tiro como base para os latinos, mas a verdade é que ele não poderia ter previsto a ferocidade da resposta ocidental na forma da Terceira Cruzada à queda de Jerusalém. Ele também estava conduzindo um jihad e teria considerado impossível desviar seu

---
149. Em Gabrieli, p. 180-1.

exército da Cidade Santa. Também houve argumentos de que Jerusalém não seria uma cidade importante para os muçulmanos na Idade Média e que sua posição central para o jihad foi apenas algo fabricado pelos cronistas da vida de Saladino. Isso é sem dúvida difícil de contra-argumentar, mas a presença do Domo da Rocha na cidade e a crença de que Maomé teria estado no Monte do Templo, onde o Domo foi construído, fazia de Jerusalém parte da herança cultural muçulmana. A afirmação do missionário fatímida Nasir-i Khusrau de que Jerusalém era um centro de peregrinação alternativo para aqueles incapazes de ir a Meca também indica que sua conquista era de extrema importância para os muçulmanos da Síria.[150]

Balião de Ibelin conduziu a defesa de Jerusalém. Ele havia recebido permissão de Saladino para entrar na cidade para escoltar sua mulher e suas crianças em segurança até Tiro, mas então escreveu ao sultão para dizer que a população estava lhe implorando para que ficasse na cidade. A cortesia de Saladino se estendeu a não apenas liberar Balião de sua promessa, como também a fornecer segurança à sua família, conduzindo-a a Tiro. O cerco começou em 20 de setembro. O ataque começou contra o setor oeste da muralha, mas houve resistência feroz e Saladino transferiu seu ataque para o norte. Os cidadãos, sob a ameaça da queda das muralhas, decidiram se render. No dia 30, começaram as negociações, enquanto as catapultas de Saladino continuavam a atacar. Os termos generosos do sultão foram aceitos de imediato. A cidade se rendeu de maneira incondicional e os cristãos latinos puderam comprar sua liberdade por dez dinares por homem, cinco por mulher e um por criança. Os pobres foram libertados por um pagamento único de 30 mil dinares. Os bombardeios foram interrompidos em 1º de outubro e Saladino entrou na cidade no dia seguinte. O irmão de Saladino, al-Adil, soltou mil prisioneiros que lhe haviam sido concedidos pelo sultão e Saladino libertou todos os prisioneiros idosos. Textos latinos relatam sacrilégios nas igrejas, mas também mostram que cristãos sírios obtiveram permissão para comprar de volta o Santo Sepulcro. Tiro, Trípoli e Antioquia receberam refugiados latinos de Jerusalém.

Saladino então se voltou aos castelos que haviam frustrado os muçulmanos em tantas ocasiões. Esperava-se que Karak e Montreal se rendessem diante da libertação do enteado de Reinaldo de Châtillon, mas seus guardas se recusaram e foram, por consequência, atacados. Eles levaram um ano para ceder, mas demandaram relativamente pouco dos recursos de Saladino para mantê-los sitiados e para submeter os

---

150. Nasir-i Khusrau estava escrevendo em 1046. Ver Hillenbrand, p. 48.

guardas pela fome. Quase todo o sul da Palestina pertencia agora a Saladino, mas Tiro continuou sendo um grande incômodo. Ele redobrou seus esforços contra ela no fim de 1187 e ordenou que a frota ancorada em Acre subisse âncora, apesar de ser inverno, para completar um bloqueio naval. Saladino percebeu, com atraso, que a conquista de Tiro expulsaria os cruzados do Levante para sempre; Trípoli ainda estava em mãos latinas, mas era um porto muito pequeno para a armada de navios necessária para salvar o ultramar.

A possibilidade de a cidade cair era grande. O moral das tropas de Saladino estava em alta e eles tinham muito equipamento para cerco. O reforço marítimo também parecia pouco provável, porque a estação do ano e a marinha egípcia estavam em seu caminho. Por infortúnio, a frota egípcia falhou miseravelmente, uma vez que seus navios foram invadidos pelos grupos de ataque francos da cidade em 30 de dezembro: cinco navios foram capturados com suas tripulações. Cinco navios restaram, mas, tendo testemunhado a inabilidade de seus marinheiros, Saladino ordenou que levantassem o bloqueio e navegassem para Beirute. Eles foram, no entanto, perseguidos por seus próprios navios capturados e, em vez de fazer um recuo em combate, os marinheiros muçulmanos pularam ao mar, abandonando seus navios. A operação para destruir as ambições latinas no Levante tinham se transformado em um desastre. Imad al-Din escreveu que isso "mostrava que a administração naval do Egito não sofria de fartura de recrutas e não podia juntar força humana apropriada. Em vez disso, tinha de juntar homens ignorantes e sem habilidade, experiência ou tradição de luta de forma que, sempre que esses homens precisavam enfrentar o perigo, se apavoravam e, sempre que era imperativo obedecer, desobedeciam".[151] O fiasco marítimo desmoralizou profundamente as forças terrestres de Saladino e eles pressionaram o sultão para levantar cerco no inverno. As máquinas de sitiamento foram abandonadas durante a retirada às pressas para as casernas de inverno em Acre.

O exército se moveu de novo na primavera de 1188. Os exércitos de Hama e Alepo neutralizaram a ameaça da Antioquia, enquanto Saladino se moveu para a costa. Ele não tinha cobertura de frota, pois estava preocupado com a defesa do Egito, uma vez que a entrada desimpedida de 60 navios silício-normandos em Tiro, no outono, deve ter sido uma visão assustadora. Chegaram, então, notícias sobre uma nova e vasta invasão do Levante sendo planejada no Ocidente. Os comandantes veteranos de

---

151. Ehrenkreutz, A. S., "The Place of Saladin in the Naval History of the Mediterranean Sea in the Middle Ages", *Journal of the American Oriental Society*, abril-Junho de 1955, p. 100-16.

Saladino insistiram que todos os portos sírios sob seu controle fossem destruídos, para impedir o seu uso pelos cruzados. Saladino rejeitou suas demandas e, no lugar, refortificou os portos. Esse foi um erro estratégico grave, mas compreensível. Saladino sabia que a posse da costa da Síria era vital para a defesa do Egito e ainda possuía uma frota de tamanho razoável que, de modo geral, vinha sendo capaz de competir em igualdade com a marinha ocidental. Ele não tinha como saber a exata vastidão da armada ocidental que logo seria lançada contra a Síria.

Em terra, os sucessos continuavam acontecendo. Safad se rendeu em dezembro e Belvoir em janeiro de 1189. Laodiceia se rendeu em julho, e castelos e cidades menores se rendiam em um ritmo quase semanal. Apenas Antioquia, Trípoli e Tiro, assim como as fortalezas de Marqab, Krak des Chevaliers e o castelo em Tortosa, continuavam nas mãos dos cruzados.

Saladino tinha libertado o rei Guy seguindo as súplicas da rainha Sibila, em julho de 1188. Guy tinha prometido deixar a Terra Santa de imediato e nunca retornar, mas quebrou sua promessa e estava em Tiro no começo de 1189. Então, em abril, chegou uma frota pisana de 52 navios. Tensões entre Guy, agora rei sem reino, e Conrado, agora o popular salvador de Tiro, fizeram com que Guy se aliasse aos pisanos, e ele e algumas tropas marcharam para tomar Acre em agosto, com os pisanos navegando como apoio.

Saladino, agora descansando suas forças em Damasco, não teria motivo para se preocupar. Uma tentativa dos cruzados contra Sidon já havia fracassado e a guarnição do Acre era duas vezes maior do que o "exército" de Guy. Acre também tinha uma impressionante muralha dupla e um porto fácil de ser defendido. Guy teve sorte, porém, pelo fato de as frotas egípcias mais uma vez falharem com o sultão, e tanto as frotas da Dinamarca como de Frisa foram capazes de desembarcar tropas em Tiro. Esses contingentes foram enviados a Acre por outras forças francesas e alemãs. Saladino partiu para enfrentar essa ameaça crescente em setembro de 1189, mas só pôde reunir uma pequena força. Ele tinha desejado atacar Guy em marcha, mas seus emires se recusaram a pegar a rota difícil, que seria necessária para tanto, e ele agora tinha de enfrentar os francos em posições preparadas, com sua frota muito próxima da costa. Ele fez um ataque no dia 16; sua ala direita, sob o comando de Taqi al-Din, forçou sua entrada em Acre, mas se retirou quando os guerreiros montados não se sentiram capazes de lidar de perto com a infantaria *franj*. O ataque de Saladino também estimulou Conrado a trazer mais reforços de Tiro para Acre. Outro ataque foi feito em 19 de setembro, durante o qual suprimentos foram levados para a guarnição de Acre. Os cruzados então atacaram e foram repelidos em 22 de setembro; eles também pressionaram de um pequeno outeiro que ficava acima da estrada para Tiro.

Houve uma batalha feroz no dia 4 de outubro. Cavaleiros Templários vieram para atacar o flanco esquerdo do exército de Saladino. Taqi al-Din fingiu recuar, na tentativa de separar os templários do corpo principal dos cruzados e depois cercá-los. Por infortúnio, Saladino interpretou mal esse movimento e mandou reforços para seu sobrinho, o que causou confusão no centro. Guy notou isso e atacou. O centro muçulmano cedeu e houve pânico na retaguarda do exército quando os cruzados penetraram o campo depois de perseguir as forças de Taqi al-Din para fora do campo. No entanto, eles ficaram tão exaltados com as pilhagens que encontraram, que nenhum deles pensou em derrubar as tendas de Saladino, o que teria destruído por completo a vontade de lutar dos muçulmanos. Um cavalo franco sem cavaleiro então causou pânico na infantaria Cruzada, uma vez que pensaram que os cavaleiros que estavam saqueando tinham sido assassinados.

Saladino notou esse colapso no centro dos cruzados e rapidamente organizou um ataque. Houve, então, um pandemônio nas linhas dos cruzados com o avanço da cavalaria muçulmana; no tumulto, o mestre do Templo foi morto e Conrado teve de ser resgatado por Guy. Três mulheres francas, que usavam armaduras e lutavam na linha de frente, também foram mortas, de acordo com os cronistas muçulmanos. Então os emires de Saladino subitamente detiveram seu avanço e o cercaram, exigindo que ele mandasse um contingente para trazer de volta seus servos, que haviam fugido com o tesouro deles quando os cruzados saquearam o acampamento. Essa lúgubre comédia de erros terminou como um impasse sangrento. A posição ficou inalterada: Acre estava cercada, assim como seus sitiantes.

A frota egípcia, usando Haifa como base, tentou manter o suprimento de Acre. Em 25 de dezembro, 50 galeões romperam o bloqueio pisano, entraram no porto da cidade e capturaram dois navios cristãos. O reabastecimento do exército de Guy pelos pisanos não precisou de atos heroicos e eles não foram desafiados pelos navios muçulmanos que ancoraram em Acre. O exército cruzado completou uma trincheira em volta de suas posições e construiu três torres de sítio durante o inverno. Saladino não havia tido escolha além de garantir uma pausa aos cruzados: ele estava enfermo e a doença se espalhava por seus acampamentos. Ele recuou para o acampamento de inverno no dia 16 de dezembro. Notícias perturbadoras haviam chegado em outubro sobre a presença de um grande exército cruzado sob o comando do imperador Barbarossa, em Constantinopla; chegou, então, a notícia de que ele tinha alcançado Konya. Aparentemente, porém, nenhum outro príncipe no mundo islâmico estava preocupado: Saladino chegou a receber emissários do sultão da longínqua província de Coração pedindo a ajuda dele para reivindicar seu trono. Saladino dispensou todos os seus emires do cerco; apenas ele e seus *askari* continuaram nos difíceis meses de inverno.

No fim de abril de 1190, os cruzados fizeram um ataque contra a cidade. A guarnição de Acre mandou um nadador até Saladino para avisá-lo do ataque, e ele trouxe seu exército para a retaguarda dos cruzados. Apesar dessa distração, os cruzados continuaram seu ataque e suas torres resistiram a todos os esforços muçulmanos de queimá-las com fogo grego. Então, veio do povo um "homem de Damasco que era um colecionador apaixonado de aparelhos pirotécnicos e ingredientes para reforçar os efeitos do fogo. Seus amigos reprovavam-no e desprezavam-no por sua paixão, mas ele respondia que era uma ocupação que não causava dano a ninguém e que o interessava como um passatempo". Ela estava prestes a causar danos a um grande número de pessoas. O fogo grego foi lançado mais uma vez contra as torres, e os francos que as tripulavam riram e dançaram quando viram que os galões não queimariam suas estruturas. Infelizmente para eles, o homem de Damasco estava apenas treinando sua pontaria. Sua nafta feita sob medida foi jogada contra as torres, explodindo no momento do impacto. Cada uma das torres foi totalmente incendiada e os francos receberam "um antegosto do fogo do Inferno".[152]

Saladino enfim começou a receber reforços de Jazira e Mossul, e atacou os cruzados por um período de oito dias em maio, sem sucesso. Ele sabia que tinha de romper o cerco antes da chegada do imperador Barbarossa na Síria. Em junho, ao saber que o exército tinha alcançado os portões de Cilícia, o sultão ordenou a destruição das defesas de Tiberíades, Jaffa, Arsuf, Cesareia, Sidon e Jibail. Em 13 de julho, Saladino despachou todo turcomeno que pôde encontrar, além dos contingentes sírios, para o norte. No entanto, Barbarossa havia morrido ao cruzar o Rio Selef, no começo de junho, e seu exército tinha se separado: apenas 5 mil alemães seguiram para Tiro.

Uma segunda leva de navios egípcios lutou para passar pela frota pisana em junho de 1190. Foi um ato de bravura, mas também foi contraproducente, pois essa frota era formada por quase todos os navios remanescentes na marinha do sultão e, uma vez dentro de Acre, ela ficou lá, fazendo apenas algumas viagens isoladas para atacar os pisanos.

---

152. A descrição do amador de Damasco e seus ataques contra os francos são de Ibn al-Athir, em Gabrieli, p. 198-200.

Isso de fato acabou com qualquer chance de manter o suprimento das tropas de Acre no longo prazo. As tripulações dos navios que se uniram às tropas só aumentaram o número de bocas para alimentar.

Os cruzados, que também tinham ouvido sobre a morte de Barbarossa, fizeram um ataque de infantaria em massa, em 25 de julho, mas foram assassinados aos milhares. Nesse momento, o cerco estava se tornando uma cena apocalíptica. A tropa sitiada de Acre e os cruzados estavam passando fome, a peste tinha atingido todos os acampamentos e Saladino teve de recuar a novas posições, uma vez que o simples volume de mortes que haviam acontecido entre suas linhas e a dos cruzados havia possibilitado mais contaminação em suas tropas. Apesar de tudo isso, a guerra do "quarto cavaleiro" continuou assim mesmo. Henrique de Champagne agora tinha chegado ao cerco com um grande contingente de tropas francesas e fez com que trouxessem um aríete aos portões da cidade. No entanto, ele foi destruído pelo fogo, talvez pela obra engenhosa do amador de Damasco.

Mais engenhosidade muçulmana foi mostrada em agosto de 1190 para reabastecer Acre:

> Os sitiados estavam precisando muito de comida e provisões. Um grupo de muçulmanos embarcou em Beirute, em um cargueiro com 400 sacos de grãos, cebolas, carne de carneiro e outras provisões. Eles se vestiram em roupas francas, barbearam-se, colocaram porcos no convés onde poderiam ser vistos de longe, colocaram cruzes, âncora e rumaram para a cidade. Quando entraram em contato com navios inimigos, os francos chegaram a eles em navios pequenos e galeões dizendo "vemos que ides para a cidade", pensando que também eram francos. Os muçulmanos responderam: "mas ainda não a conquistardes?" "Ainda não." "Então chegaremos ao exército franco, mas há outro navio viajando conosco nos mesmos ventos; avise-o pra não entrar na cidade." Havia de fato um navio franco atrás deles na mesma rota dirigindo-se ao exército. O bote de patrulha viu-o e foi avisá-lo. Dessa maneira, o navio muçulmano foi capaz de seguir em seu próprio curso e entrou em um porto em vento favorável, em total segurança pela graça de Deus. Eles trouxeram grandes alegrias, pois os habitantes sofriam dificuldades severas.[153]

A inventividade dos francos também foi demonstrada em setembro, quando uma torre de cerco, apoiada por dois navios, foi lançada para atacar a Torre das Moscas, uma das principais torres de defesa da cidade na muralha que dava para o mar, e navios de fogo foram colocados à deriva para que tentassem queimar os navios muçulmanos. A torre

---

153. Baha al-Din em Gabrieli, p. 200-1.

foi queimada, mas os navios de incêndio não conseguiram queimar os galeões egípcios.

No inverno, Saladino ficou sem dinheiro e começou a sofrer de repetidas febres. Seus emires estavam reclamando sobre a duração do cerco e o impacto que estava tendo nas riquezas *deles* e ele agora estava recebendo pouquíssimo apoio do califa. Os exércitos de Mossul e de Jazira também o haviam desertado por completo. Ele perdeu totalmente o controle da costa: grandes navios com dois e três conveses foram destruídos pelos pisanos; eles poderiam carregar carga e armas em suas partes inferiores e ainda ter espaço para tropas nos conveses superiores.[154]

Apesar de estar cercado, o exército cruzado ainda manteve sua logística. Tiro, Trípoli e, mais tarde, Chipre ficaram no alto da cadeia de fornecimento, que foi mantida por 500 navios escandinavos, além de 52 navios pisanos e duas esquadras genovesas e venezianas. Baha al-Din escreveu que "os navios transformaram a costa em uma floresta de mastros".[155] Essa força era, muitíssimas vezes, mais forte do que a marinha de Saladino e, em uma tentativa desesperada de reverter a situação, Saladino mandou buscar o sultão almôade da África do Norte. Entretanto, a missão havia sido condenada ao fracasso muitos anos antes pelos saques de Tapi al-Din contra as terras do sultão. Ibn Khaldun, historiador do século XIV, descreve o destino da missão e dá uma descrição detalhada do equilíbrio de forças navais durante o período das Cruzadas:

> Quando Salah al-Din Yusuf Ibn Ayyub, o governante do Egito e da Síria nessa época, partiu para recuperar os portos da Síria das nações cristãs e purificar Jerusalém da abominação da descrença e reconstruir a cidade, uma frota de descrentes atrás da outra veio para o reforço dos portos. A frota de Alexandria não podia se colocar contra elas. Os cristãos detinham o poder no oeste do Mediterrâneo por tanto tempo que lá tinham inúmeras frotas. Os muçulmanos, por outro lado, vinham por muito tempo sendo demasiado fracos para oferecer qualquer resistência na área. Nessa situação, Salah al-Din mandou Abd al-Karim Ibn Munqidh, membro do Banu-Muniqdh, soberano de Shayzar, e seu embaixador para Yaqub al-Mansur, o governante almôade do Magreb na época, pedindo apoio de suas frotas, para impedir os incrédulos de alcançar seu desejo de levar reforço aos cristãos nos portos sírios. Al-Mansur mandou-o de volta a Salah al-Din e não atendeu seu pedido.[156]

---

154. Lane, F., "Tonnages, Medieval and Modern", *Economic History Review, New Series*, volume 17, nº 2, 1964, p. 213-33.
155. Em Ehrenkreutz, "The Place of Saladin", p. 110-16.
156. De *The Muqaddimah: An Introduction to History*, traduzido do árabe por F. Rosenthal, editado por N. J. Dawood, London, Routledge e Kegan Paul, 1958, volume I, p. 211-12.

Na verdade, o sultão al-Mansur havia permitido que navios genoveses entrassem nos portos da África do Norte no seu caminho para a Síria.[157]

Todas as comunicações entre Saladino e a tropa estavam agora reduzidas a nadadores corajosos com mensagens, pombos-correios, barcos rápidos e leves tripulados por desertores cristãos. As cartas dessa época entre o sultão e seu chanceler no Egito guardam um tom de um homem exausto e desanimado, mas ele ainda assim conseguiu conduzir uma operação admitidamente confusa e desorganizada para levar reforço às tropas de Acre, em fevereiro de 1191. Excepcionalmente, as frotas dos cruzados tinham recuado para o inverno e os transportes muçulmanos puderam velejar sem oposição para dentro do porto. Saladino tinha esperado levar o máximo possível da tropa exausta, mas os civis desesperados de Acre correram para a pequena frota e os transportes logo se tornaram pequenos demais para acomodar nada além do que uma pequena parte das tropas cansadas. Uma troca de tropas por soldados menos cansados não foi possível, porque ninguém se voluntariaria para uma missão tão detestável; os soldados estavam agora reduzidos a um terço de sua antiga força. Na sequência, ventos fortes causaram a perda de alguns navios e o retorno das frotas francas encerrou a operação.

Taqi al-Din pôde sair do cerco em março de 1191, uma vez que Saladino lhe havia concedido o governo de Harran e Edessa. Ele levou consigo 700 mamelucos e instruções claras para não tentar expandir as fronteiras de seus novos territórios. Taqi al-Din ignorou explicitamente as ordens de Saladino e atacou cidades além das terras do sultão, derrotando um exército de turcos anatolianos perto do Lago Van. Ele também invadiu a Armênia antes de lá morrer em outubro. Tudo isso causou uma reação enfurecida do califa, e Saladino teve de escrever a Bagdá repudiando a conduta de seu sobrinho. Sua família tinha falhado mais uma vez com ele: ele estava com tão pouco dinheiro que até mesmo as pequenas contribuições do califa eram vitais e Taqi al-Din havia colocado esses pequenos pagamentos em risco. Além disso, a queda advinda da aventura de seu sobrinho mais tarde tornou necessário o envio de al-Zahir, al-Adil e seus *askari* para o norte, durante a desesperada campanha contra Ricardo Coração de Leão, no outono de 1191. A perda do regimento de Taqi al-Din também tornou necessário que Saladino recuasse seu exército da zona imediata de combate para fortalecer suas linhas em 4 de junho.

Contingentes ingleses e franceses da Terceira Cruzada haviam começado a chegar, em abril, com Filipe II da França. Em 12 de junho de

---

157. Labib, S., "The Era of Suleyman the Magnificent: Crisis of Orientation", *International Journal of Middle Eastern Studies*, novembro de 1979, p. 425-51.

1191, Ricardo Coração de Leão chegou de Chipre, o qual havia conquistado dos bizantinos, e, para a surpresa de todos, pediu uma reunião com Saladino. Isso foi recusado sob a alegação de que os comandantes só iriam encontrar-se depois que os acordos fossem feitos, mas al-Adil foi despachado para encontrar-se com o rei. Três dias de discussões não produziram nada. Na sequência, o rei Filipe da França conduziu um ataque contra Acre, mas Saladino fez um ataque diverso contra o lado leste da linha dos cruzados para atrair a atenção, e a guarnição curda, sob o comando de seu corajoso oficial al-Mashtub, navegou para Acre, para mandar os homens de Filipe de volta a suas próprias linhas e para queimar suas máquinas de cerco.

Em seguida, o rei Ricardo trouxe suas próprias máquinas de cerco, que incluíam uma catapulta gigante chamada de "catapulta do próprio Deus"; ele começou uma destruição sistemática das torres de Acre. A torre Maledicta chegou perto de cair em 2 de julho de 1191, o que levou Saladino a enviar uma brigada de cavalaria para tentar destruir a tropa em 3 de julho, mas ela foi salva pela infantaria dos cruzados. Saladino, então, instruiu os soldados a tentar uma fuga na noite do dia 4. No entanto, isso fracassou, apesar de um ataque diversivo feito por todo o exército; desertores foram culpados por informar os francos das intenções do sultão. Qualquer que fosse o caso, estava claro que a situação era irremediável. No dia 5 de julho, os escavadores de Ricardo derrubaram a torre Maledicta. Por sorte, os escombros da torre impediram a entrada nas muralhas e dois ataques cruzados foram combatidos nos dias que seguiram, mas o tempo estava se esgotando para a guarnição desesperada. No dia 12 de julho, al-Mashtub buscou um acordo com Ricardo.

Saladino não participou das negociações para se render, mas, quando as condições para a libertação das tropas foram definidas, em uma atitude nobre ele tentou honrar as obrigações impostas por Ricardo: o retorno da Vera Cruz, 1.600 prisioneiros cruzados e um pagamento de 2 mil dinares. O sultão recebeu um mês para obedecer. Pouco antes do fim do prazo, Saladino pediu e recebeu uma extensão até o dia 20 de agosto. Ele pediu para falar novamente com Ricardo no dia 15, mas não compareceu ao encontro. A data limite passou e, em vez de escravizar os prisioneiros, como era de se esperar, Ricardo começou um massacre. Três mil homens foram assassinados. Baha al-Din descreve o efeito que esse massacre teve sobre o exército de Saladino:

> Assim que os muçulmanos perceberam o que acontecera, atacaram o inimigo e batalharam furiosos, com mortos e feridos em ambos os lados, continuando com vigor crescente até que o cair da noite os separasse. Na

manhã seguinte, os muçulmanos queriam ver quem caíra e encontraram seus companheiros mártires deitados onde caíram, reconhecendo alguns deles. Grande tristeza se apoderou deles e, a partir de então, não mais pouparam prisioneiros inimigos, exceto pessoas distintas e homens fortes que pudessem ser postos para trabalhar.

Muitas razões foram dadas para explicar o massacre. Uma foi que eles os mataram como represália por seus próprios prisioneiros mortos antes disso pelos muçulmanos. Outra foi que o rei da Inglaterra decidira marchar a Ascalon para conquistá-la e não queria deixar para trás de si na cidade um grande número de soldados inimigos. Deus sabe o que faz.[158]

Outro efeito mais deletério do massacre no exército do sultão foi que, quando ele pediu novas tropas para a campanha, ninguém veio das cidades da Síria ou de Mossul e aqueles que ele tinha, já exaustos e desmoralizados pela campanha longa e pouco gratificante, se recusaram a lutar contra qualquer lugar fortificado, para não sofrer o mesmo destino dos homens de Acre. Como seus fundos estavam exauridos e suas forças praticamente se recusavam a lutar contra as tropas de Ricardo, era simplesmente impossível que Saladino pudesse se contrapor a Ricardo. Talvez o conhecimento de que os cruzados haviam perdido tantos homens em Acre, por causa de doença, fome e batalha, acalmasse o sultão em seu momento mais difícil. Talvez ele esperasse opor-se a Ricardo apenas até que o rei fosse forçado a voltar para casa ou então erodir o desejo dos cruzados por Jerusalém pela tenacidade de sua defesa. Estimativas sobre as perdas dos francos em Acre chegam a 50 mil homens, mas também deve ter havido uma crença mais profunda dentro da alma de Saladino de que o trabalho que ele estava fazendo era sagrado e vital. Sua resposta era a de um espírito humano enfrentando a adversidade e essa foi a razão pela qual o sultão angariou muitos admiradores, tanto no Oriente como no Ocidente, ao longo dos séculos. Seu discurso para suas tropas antes que saíssem para enfrentar a marcha de Ricardo em Ascalon mostra coragem e fé: "Apenas nosso exército está enfrentando o exército dos infiéis. Não há ninguém entre os muçulmanos que virá em nosso socorro e ninguém nas terras do Islã que nos ajudará".[159]

A rota de avanço de Ricardo causou muita ansiedade a Saladino. Ele se dirigiu à parte de baixo da costa em direção a Jaffa. De Jaffa, era possível para o rei inglês atacar o interior em direção a Jerusalém, além de ameaçar Ascalon e, como consequência, o Egito. Ele também foi capaz de transportar grande parte de seus suprimentos por navios, e o mar

---

158. Baha al-Din em Gabrieli, p. 224
159. Cameron Lyons, M., e Jackson, D. E. P., *Saladin: the Politics of the Holy War*, Cambridge, Cambridge University Press, 1982, p. 320.

protegeu o flanco direito de seu exército. Não havia como Saladino lutar contra isso, uma vez que a última frota da Síria havia sido perdida para os cruzados quando Acre se rendeu. Saladino, então, mandou tropas à frente da tropa principal de Ricardo para queimar plantações e destruir fortificações e portos em Cesareia, Arsuf e Jaffa; não se encontraria no exército nenhum homem disposto a defendê-los.

O padrão das campanhas foi definido logo. A coluna de Ricardo deixou Acre no dia 22 de agosto e tentou manter uma marcha constante e disciplinada. Os cavaleiros marcharam em quatro companhias, com uma fileira de infantaria pesada cobrindo sua esquerda, apoiada pelas reservas marchando com o trem de bagagem à direita do exército. As tropas de Saladino tentaram sem cessar romper a coluna e separar os grupos da infantaria, que poderiam então ser cercados e mortos ou capturados. Enquanto isso, Saladino cavalgou com a parte principal de seu exército, seguindo os cruzados de perto e esperando uma oportunidade para lançar um ataque em massa. Prisioneiros cruzados foram levados ao sultão, interrogados e, em seguida, mortos.

Tropas de reconhecimento também foram enviadas para procurar terreno favorável a um ataque geral, mas não foi encontrada oportunidade para um ataque em massa até o dia 1º de setembro, quando os cruzados haviam passado por Atlit, sido abastecidos por sua frota e desembarcado um grande número de reforços. Em Nahr Zerka, ou "Rio de Crocodilos", Saladino tentou provocar os cavaleiros a sair da coluna para encontrá-los em campo, aberto usando investidas contra a coluna e ataque de flechas. Baha al-Din registrou como os cruzados "se mantiveram em formação firmemente perfeita, imutáveis e imperturbáveis".[160] Na verdade, essa disciplina havia sido fundamental para todos os sucessos dos francos no Levante.

No dia 3 de setembro, os cruzados foram forçados a voltar-se para o interior, uma vez que a rota pela costa não permitia que prosseguissem. As tropas de Saladino tiraram vantagem do campo aberto pelo qual a tropa estava passando e mataram quase todos os cavalos dos templários em ataques contra a retaguarda. Ricardo também foi ferido enquanto tomava parte em uma defesa desesperada da coluna. Além disso, suas tropas estavam com pouca comida, uma das desvantagens de ter um exército tão grande, e ele mandou emissários para propor uma conversa com Saladino. As discussões entre al-Adil e Ricardo, no entanto, terminaram logo, e o exército de Ricardo ganhou a proteção das florestas enquanto prosseguiam em direção a Arsuf. Saladino esperou do outro lado da floresta e se preparou para atacar.

---

160. Gadrieli, p. 228.

A batalha aconteceu no dia 7 de setembro, em uma planície que acaba de maneira abrupta sobre um penhasco que dá para o mar e continua para uma área rural do outro lado. O objetivo de Ricardo era alcançar a cidade de Arsuf no fim do dia, o que o teria colocado a apenas 14 quilômetros de Jaffa. O objetivo de Saladino era destruir o exército dos cruzados antes que ele alcançasse seu objetivo, como em Hattin. Os cavaleiros francos foram colocados em três fileiras paralelas e sua extrema esquerda foi defendida pela infantaria armada com bestas e lanças. Os soldados de Saladino já haviam fracassado ao tentar entrar por essa cortina de soldados rasos bem armados, em tempos anteriores em Acre, e ele sabia que precisaria provocar os cavaleiros para o ataque para ser capaz de dividir a coluna. Para isso, ele concentrou-se contra os hospitalários na retaguarda da coluna, usando flechas e diversas investidas com os mamelucos muito armados, perto dos *askari*. A batalha começou dessa maneira às 9h e as táticas de Saladino ainda não haviam conseguido nada às 13h, quando os cruzados se aproximaram de Arsuf. Saladino, então, aumentou a pressão sobre os hospitalários e concentrou as flechas contra a infantaria deles. Essa última provocação fez com que o mestre dos hospitalários rompesse as fileiras e investisse com alguns de seus cavaleiros. Com isso, o sultão pode ter regozijado, mas a infantaria Cruzada ainda exibia uma disciplina magnificente: enquanto abria suas fileiras para permitir que mais cavaleiros se juntassem aos ataques, eles também mantiveram sua defesa estoica da coluna e atacaram de maneira pesada os soldados muçulmanos com suas bestas.

Os muçulmanos estavam agora muito comprometidos com o ataque, com alguns dos soldados até mesmo desmontados atirando contra as fileiras dos cruzados; Ricardo percebeu que aquele era o momento perfeito para uma investida. Então, ele formou suas tropas defensivas, e seu contra-ataque foi suficiente para romper a investida de Saladino e afastar as tropas do sultão do campo de batalha. Alguns soldados muçulmanos se salvaram pulando do penhasco para o mar. Saladino conseguiu fazer uma rápida reorganização no meio desse caos e, quando o ataque cruzado começava a perder força, ele ordenou que seus *askari* avançassem. Eles fizeram os francos recuarem, mas Ricardo ainda tinha uma reserva livre: assim que isso aconteceu, as tropas de Saladino foram mandadas mais uma vez para a defensiva. Saladino logo organizou um novo contra-ataque, mas Ricardo respondeu com uma nova investida que decidiu o destino do dia. O número de tropas perdidas por Saladino na batalha foi exagerado, sem fundamento pelos cronistas ocidentais e, dois dias depois, o sultão já estava pronto para lutar contra os cruzados. No entanto, prevalece o fato de que Saladino havia fracassado em seu objetivo: os cruzados chegaram a Arsuf. No dia 10 de setembro, eles entraram nas ruínas de Jaffa.

Saladino levou uma brigada para Ascalon para demolir suas muralhas, porque ele ainda temia que Ricardo pudesse marchar em direção ao Egito. Ele voltou a Jaffa no dia 24 de setembro e então partiu para Jerusalém, para cuidar do fortalecimento de suas defesas. Ele demoliu todos os castelos em volta da Cidade Santa e, no dia 1º de outubro, juntou-se de novo às suas forças principais, que tinha levado para Ramla. Ele também enviou al-Adil para Ibelin, de onde poderia ameaçar a base dos cruzados. Dali, al-Adil abriu negociações a pedido de Ricardo, no dia 3 de outubro.

Saladino sabia que Ricardo estava sob pressão na Europa, pois Filipe da França tinha deixado a Cruzada e estava agora ameaçando o Império Angevino. Ele também sabia que o atrito entre Conrado de Montferrat e Ricardo, pelo trono de Jerusalém, continuava se agravando. Ele deve ter pensado, portanto, que, apesar de ser impossível derrotar Ricardo com as forças que possuía, ele poderia esperar que ele saísse de cena. Para fortalecer sua posição de negociação, ele também começou negociações com Conrado e mandou irregulares árabes em incursões noturnas para roubar dos cruzados e matar sentinelas.

As negociações com Ricardo não levaram a lugar algum. Ele insistiu na devolução da Vera Cruz, de Jerusalém e de todas as terras da costa até o Jordão, apesar de também ter oferecido sua irmã em casamento com al-Adil, de maneira que o irmão de Saladino pudesse governar a Palestina em coligação com sua rainha angevina. A oferta foi descartada pelo sultão, apesar de ter sido recebida de maneira muito entusiástica por suas tropas fatigadas. A proposta de Conrado para uma coligação contra Ricardo foi levada em conta, mas era ainda óbvio para o sultão que Ricardo era o homem que devia ser impedido de continuar no campo de batalha e com quem o acordo deveria ser feito.

No fim de outubro, os cruzados começaram a ir de Jaffa para posições na estrada em direção a Jerusalém. O clima atroz auxiliou Saladino, pois retardou o avanço e deu tempo aos muçulmanos para recuar e destruir posições fortificadas. No começo de janeiro de 1192, o moral no acampamento cruzado estava à beira do colapso, apesar de estarem a apenas 19 quilômetros de Jerusalém. As táticas de Saladino, nesse ponto, eram evitar ataques de maior escala contra os francos e atingir as linhas de comunicação entre Ricardo e Jaffa. Isso forçou os francos a voltar a Ascalon em 21 de janeiro. Saladino continuou a refortificar Jerusalém e fez rodízio de suas tropas, liberando do dever militar os homens de

Sinjar e colocando em seu lugar egípcios recrutados. No entanto, seus mamelucos *askari* ficaram com ele no acampamento, como haviam feito nos últimos quatro anos; ele também recebeu alguns turcomenos anatolianos em suas forças.

Saladino fez expedições contra a retirada dos cruzados para a costa; isso, aliado à neve e ao granizo, causou muitas deserções das forças de Ricardo. Mais deserções seguiram-se depois que os cruzados descobriram que Ascalon tinha sido tão completamente destruída, sob o olho cuidadoso do sultão, que nenhuma comida podia chegar lá até que o porto fosse reparado. Setecentos cavaleiros de Ricardo abandonaram o serviço sob o comando de Conrado de Montferrat. Relatos sobre as condições miseráveis dos cruzados e de que Ricardo estava se preparando para deixar o Levante em virtude das maquinações de seu irmão, o príncipe João, contra ele, permitiram que Saladino libertasse muitos de seus homens em licença até maio de 1192. Nesse meio-tempo, pequenos ataques e incursões continuaram, com a captura de homens, mulheres, crianças, gado e objetos pilhados por ambos os lados. Uma guerra de baixo atrito foi lutada durante a primavera e quase conseguiu esconder o fato de que se havia chegado a um impasse.

Como parte de seu plano de saída, Ricardo tentou reinstalar Guy de Lusignan no trono do ultramar, mas a maioria dos barões optou por Conrado de Montferrat. Enquanto isso, as negociações continuaram entre Saladino e Ricardo, apesar de eles nunca chegarem a um acordo quanto a Ascalon ficar na mão dos francos ou não, e porque Ricardo não poderia deixar a Terra Santa sem ter assegurado algo sólido para o ultramar e, talvez mais importante, para si mesmo. A fim de facilitar o caminho de Ricardo para casa, Saladino pôde muito bem ter ajudado Ricardo com seu "problema monárquico". Conrado caiu nas adagas de dois assassinos ismaelitas em Tiro, em abril de 1192; o *modus vivendi* de Saladino, que datava desde os anos 1170, com Sinan, pode ter assegurado o assassinato do marquês para Ricardo. Em suas conversas prostradas e amigáveis com al-Adil, Ricardo pode ter discutido suas dificuldades com Conrado. Depois do assassinato, o sobrinho de Ricardo, Henrique de Champagne, foi logo colocado como candidato alternativo ao trono, casando-se com a viúva de Conrado, Isabel. Ela era da família real de Jerusalém e, dessa forma, legitimou o reinado de Henrique. Baha al-Din culpa Ricardo pelo assassinato de Conrado. Ibn al-Athir, no entanto, escreveu que Saladino se aliou a Sinan para as mortes do marquês e de Ricardo, mas que os assassinos erraram o segundo alvo.[161]

---

161. Para um relato completo dos problemas políticos do ultramar nessa época e sobre o próprio assassinato, ver Waterson, *Ismaili Assassins*, p. 168-73.

Apesar da morte conveniente de Conrado e das notícias cada vez piores que vinham da Inglaterra, Ricardo ainda se recusava obstinadamente a partir do Levante. A ambição por Jerusalém era talvez forte demais. Ele partiu para o sul em direção à fortaleza de Darum e ao Egito em 17 de maio de 1192. A velocidade na qual Ricardo conquistou Darum não deu tempo a Saladino para responder, mas era improvável que ele pudesse ter levado algum exército para o campo de batalha com alguma rapidez àquela altura. O moral estava destruído e os cofres esgotados. Saladino nunca havia sido um protetor prudente dos cofres do Estado; já em 1171, havia desvalorizado a moeda do Egito para custear suas defesas. Isso era visto como "uma calamidade para o Egito, porque ouro e prata saíram do país para nunca retornar" e "dizer o nome do dinar de ouro puro era como mencionar o nome de uma esposa a um marido ciumento, enquanto pegar uma moeda desse tipo das mãos de alguém era como cruzar as portas do Paraíso".[162]

No entanto, ele não deveria ser o único culpado pela falta de confiança que os mercadores e cidadãos depositavam no dinheiro egípcio. Moedas de ouro cunhadas pelos cruzados nos séculos XI e XII copiaram os dinares árabes, e sua introdução no sistema monetário do Mediterrâneo Oriental era uma das mais antigas, ainda que acidentais, instâncias da guerra econômica. O dinar árabe estava tão desvalorizado no século XIV que uma alternativa para o comércio internacional foi buscada pelos mercadores e encontrada nos "novos" ducados das repúblicas marítimas italianas.[163] Um elemento importante do controle do comércio então passou do Oriente para o Ocidente durante esse período.

A aparente falta de cuidado de Saladino pode ser justificada pelo simples fato de que seus gastos salvaram o Egito e a Síria dos francos; nenhuma parte foi para os luxos do sultão. Seu único gasto com outra coisa foi para construir e reconstruir instituições religiosas; quando ele morreu, sua fortuna pessoal estava tão destruída por sua longa luta contra os cruzados que ele tinha apenas uma moeda de ouro e 47 de prata.

Ricardo forçou o sultão a voltar ao campo como líder de um exército quase amotinado com um segundo ataque a Jerusalém, no dia 7 de junho. Pequenos destacamentos saíram para atacar a linha de fornecimento dos cruzados, mas uma levada pelo portador titular de Saladino foi dizimada por Ricardo na liderança de uma esquadra de cavalaria, e

---

162. Al-Maqrizi em Ehrenkreutz, A. S., "The Crisis of Dinar in the Egypt of Saladin", *Journal of the American Oriental Society*, julho-setembro de 1956, p. 178-84.
163. Ehrenkreutz, A. S., "Arabic Dinars Struck by the Crusaders: A Case of Ignorance or of Economic Subversion?", *Journal of Economic and Social History of the Orient*, julho de 1964, p. 167-82.

os cruzados avançaram em relativa boa ordem para um local que podia ser visto das muralhas de Jerusalém, em Bait-Nuba, no dia 12 de junho. A chegada de Ricardo aos arredores de Jerusalém causou grande pânico em sua guarnição, mas um ataque de sucesso contra o acampamento dos cruzados e outro a suas linhas de fornecimento levantou um pouco o ânimo do exército. No entanto, quando Ricardo saqueou uma caravana egípcia de cerca de 5 mil camelos e mulas que levavam ouro, prata, armas e remédios para os *askari* de Saladino, mesmo suas tropas mais leais se recusaram redondamente a continuar a campanha. Foi apenas quando al-Mashtub, um dos heróis de Acre, colocou-se à frente para reiterar sua lealdade ao sultão que o risco imediato de motim desapareceu. Saladino, portanto, não seria capaz de reagir aos ataques de Ricardo até que chegassem novos contingentes. Ele envenenou as fontes de água em volta de Jerusalém e só poderia esperar que os cruzados fossem enfraquecidos o bastante pelo calor, por seus grupos de incursão e por dissidências internas para impedi-los de atacar a cidade.

Por sorte, sua lógica estava certa e Ricardo retomou as negociações em 5 de julho, com as notícias da chegada de tropas de Mossul, Sinjar e Diyarbakir a Damasco. As negociações foram interrompidas de novo no tema de Ascalon, mas os cruzados estavam recuando; sua posição avançada em Jaffa estava sendo mantida por tropas doentes e feridas, e a porção principal do exército tinha voltado a Acre. Saladino tentou tirar vantagem da posição deteriorada de Ricardo com um ataque a Jaffa. Sua força de curdos, turcomenos e *askari* turcos pôs abaixo as muralhas externas da cidade, com fogo de catapultas, e entrou em massa em Jaffa no dia 31 de julho. Os curdos e turcomenos foram os primeiros a entrar na cidade, mas se recusaram a contribuir para a conquista da cidadela, em vez disso dedicando-se às pilhagens. Eles haviam suportado tanto nos últimos anos, com tão pouca recompensa, que sem dúvida acreditavam que aquela era sua hora. No entanto, ao saírem da cidade, claramente ansiosos para aproveitar seus saques e seus prisioneiros, foram atacados pelos *askari* mamelucos do sultão e as riquezas deles foram apreendidas.

A cidadela continuou impenetrada, enquanto o caos reinava no exército muçulmano. Então, no dia 1º de agosto, enquanto os mamelucos de Saladino extorquiam dinheiro para dar passagem segura a civis presos na cidadela e então os decapitavam, galeões que levavam Ricardo e um corpo de cavaleiros velejaram para dentro do porto. Saladino ordenou um ataque imediato à cidade e um ataque de flechas contra o galeão do rei, que se aproximava da costa rapidamente. Ricardo desembarcou, apesar desse fuzilamento, e os cruzados logo construíram uma paliçada na praia. Ricardo então conduziu um ataque contra a cidade e uma derrota generalizada se concretizou com os muçulmanos sendo expulsos para o pequeno vilarejo de Yazur, onde Saladino e seus emires conseguiram restaurar algum simulacro de ordem. No entanto, o exército do sultão ainda não estava sob seu controle total e, para ganhar tempo, ele ofereceu-se para conversar com Ricardo. Ele sabia que o rei estava no processo de carregar seus cavalos e homens em meios de transporte que rumariam para a Europa, antes que o chamado de socorro viesse de Jaffa e que ele precisava dar um fim à sua aventura levantina. Além disso, descarregar seus cavalos de guerra e deixá-los prontos para o combate levaria tempo. Mais uma vez, as negociações não levaram a lugar algum: os cruzados usaram o tempo para reforçar sua posição e Saladino usou-o para preparar uma resposta.

Na noite do dia 4 de agosto, Saladino levou um grupo de tropas para as muralhas da cidade, para começar um ataque diversivo com o intuito de dar cobertura a um segundo grupo enviado para invadir o acampamento de Ricardo e capturar ou matar o rei caso possível. A operação logo acabou, uma vez que nenhum dos soldados do segundo grupo queria lutar a pé no acampamento dos cruzados, e discussões violentas entre turcos e curdos continuaram até o amanhecer, quando eles foram descobertos. Enquanto os cruzados corriam para se defender, Saladino ordenou repetidas vezes que seus homens atacassem o acampamento, mas ninguém se moveu. Exasperado, o sultão ordenou ao irmão de al-Mashtub que liderasse os curdos adiante, mas a única resposta deste foi "dai vossas ordens àqueles vossos mamelucos que derrotaram as tropas em Jaffa".[164] O ataque foi cancelado e Saladino teve sorte por seu ataque diversivo ter, de fato, conseguido penetrar a cidade. Outra derrota visível para o sultão naquela conjuntura simplesmente teria levado o exército a um motim completo. Ricardo foi capaz de montar um contra-ataque que fez os muçulmanos recuarem, mas o sucesso inicial destes havia dado coragem aos homens de Saladino, que se preparavam para outro ataque contra a cidade. Saladino tinha uma superioridade numérica massacrante sobre seu inimigo, mas não poderia usar isso a seu favor, pois suas tropas estavam sem confiança em seu comandante e simplesmente porque nenhum emir ou tropa estava disposto a desafiar Ricardo.

Ricardo organizou sua defesa como um "ouriço" de infantaria de lanças apoiada por besteiros, com uma força de cavalaria limitada na retaguarda. Ele colocou sua fileira logo à frente das muralhas da cidade. Destacamentos muçulmanos tentaram derrubar os cruzados, mas nenhum

---

164. Em Gibb, p. 89.

penetrou a fileira. Para a surpresa de todos, dado o moral do exército e o fato de que seus mortos se empilhavam cada vez mais, turcos e curdos continuavam a atacar; para aliviar a pressão, Ricardo precisava realizar um ataque de cavalaria, mas os muçulmanos recusavam-se obstinadamente a ceder o campo e chegaram perto da vitória na batalha de cavalaria que se seguiu. Destacamentos da infantaria Cruzada fugiram para o porto, mas foram detidos e repreendidos por Ricardo. A resistência Cruzada prosseguiu até o anoitecer e, a rigor, Ricardo ganhou o dia. No sentido estratégico, porém, ele não havia ganhado nada com a defesa de Jaffa, exceto um pequeno poder de barganha para outra sessão de negociações. No entanto, a cidade, que estava cheia de cadáveres, não era um lugar saudável a partir de onde negociar. Ricardo adoeceu e, em seguida, apressou-se para fechar um acordo, de modo que pudesse partir para Acre o mais depressa possível. Pelos termos do acordo, uma trégua de três anos e oito meses foi fechada; os cruzados receberam acesso livre a Jerusalém para peregrinações, além da posse da costa de Acre a Jaffa, mas Ascalon voltou para a posse de Saladino. O armistício foi assinado em 2 de setembro de 1192. Em duas semanas, os exércitos foram dispersos e Ricardo estava no caminho de volta para a Europa.

Saladino não era um grande general do campo de batalha. Ele foi derrotado no Monte Gisard, em Arsuf e em Jaffa, e perdeu Acre. Por outro lado, era um grande líder de guerra. Sua acuidade política e sua reunião de informações secretas foram fundamentais para sua vitória em Hattin, e seus atributos pessoais e seu comprometimento abnegado com o jihad foram o que manteve seu exército em campo durante a contenda longa e pouco compensadora contra a Terceira Cruzada. Os últimos anos de sua vida foram gastos nos campos de batalha em uma defesa exaustiva do Islã e, ainda assim, ele manteve os mais altos padrões de governança civil. Seguindo o exemplo de Nuredin, ele manteve o Estado de direito e deu um exemplo de liderança moral que era a antítese de quase todos os demais governos da época. Houve épocas em que suas ações eram as de um homem seguindo com o vento, mas seu comprometimento ingênuo com um ideal fez com que ele realizasse feitos épicos que um mero general não teria alcançado. Ao discutir os termos do acordo final com Ricardo, Saladino havia dito a seus emires:

> Acostumamo-nos a lutar na Guerra Santa e de fato atingimos nosso objetivo. Agora é difícil acabar com o que se tornou corriqueiro (...) não temos outra ocupação além de fazer guerra (...) Se abandonarmos esta obra, o que faremos? Se destruirmos nossa esperança de derrotá-los, pelo que esperaremos? Temo que, se não tivermos nada para fazer, a morte sobrevirá (...) meu

sentimento é rejeitar a ideia de trégua e, ao preferir a guerra, preferir minha honra e fazer dela minha soberana (...) Esse dever foi colocado sobre mim, é meu dever e, com a ajuda de Deus, seguirei por este curso o mais determinado e resoluto.

Seus emires responderam:

A graça divina ajuda-vos em tudo que dais e tirais, mas sozinho olhastes a vós mesmos como alguém acostumado à felicidade, ao desejo de servir a Deus, à obtenção da eterna virtude (...) Em vós, encontrais força e tenacidade, e vossa fé indestrutível marca-vos como aquele que atinge as metas pelas quais lutamos.

Mas olhai também para o estado do nosso país, arruinado e pisoteado, e seus súditos derrotados, seus exércitos exaustos e enfermos, seus cavalos negligenciados e arruinados (...) a comida está em falta, e as necessidades da vida são preciosas (...) os ricos estão reduzidos à fome, os pobres à miséria. A palha é mais preciosa do que o ouro, o trigo impossível de se obter a qualquer preço.

E, se os francos não conseguirem a trégua, eles devotarão todas as suas energias a fortalecer e consolidar sua posição. Encararão a morte com coragem grandiosa no caminho para atingir seus objetivos e, por amor a sua fé, recusar-se-ão a submeter-se à humilhação. A melhor coisa é que vos lembreis do verso revelado por Deus, "e se eles se inclinarem para a paz, deves inclinar-te a ela também".[165]

Saladino, portanto, deixou a guerra de lado para o bem de seu povo e de seus soldados, e foi para Jerusalém e depois Damasco. Foi dito que Damasco era sua cidade favorita, pois foi o lugar em que ele havia passado sua infância. Ele morreu lá, com sua família, no dia 4 de março de 1193, de febre. Em termos simples, sem sequer cobrar reconhecimento por sua conquista da Cidade Santa de Jerusalém, os talentos pessoais de Saladino e sua personalidade confirmam-no como o maior herói do jihad.

---

165. Imad al-Din em Gabrieli, p. 235-7. O "verso revelado" é Corão: Sura 8, v. 63.

7

CALMA E COMPETIÇÃO
Os descendentes de Saladino

O Profeta disse: "Os casos que vão ser decididos primeiro no Dia da Ressurreição serão os casos de derramamento de sangue".

Haddith, O Livro da Ternura

Saladino tinha 17 filhos e uma multidão de outros parentes homens próximos. A história do período que seguiu sua morte é confusa, complexa e dominada por guerras mortíferas entre seus sucessores aiúbidas. Durante essa época, a união alcançada por Saladino entre os maiores centros do poder islâmico, Damasco, Alepo, Egito e Jazira, se dissolveu. A hegemonia egípcia aos poucos foi crescendo, porque era a única entidade que Saladino havia tido tempo de reconstruir como um Estado sofisticado, com ministérios e departamentos em bom funcionamento. Também havia uma crescente dependência dos mamelucos nos exércitos dos aiúbidas, bem como um papel político cada vez maior do exército em seus Estados.

Não é difícil encontrar os motivos para a fragmentação do império de Saladino. Em primeiro lugar, havia a "divisão do patrimônio", pela qual todos os membros da família recebiam títulos de algo. Em segundo, o poder de Saladino havia sido distribuído por um aparato institucional fraco: embora ele tenha mobilizado o Islã pelo idealismo religioso e pela autoridade moral, ele governava por intermédio de uma "pequena elite" formada por sua família.[166] A transição súbita de governadores regionais para príncipes autônomos era muito grande para a família de Saladino fazer.

---

166. Humphreys, R. S., *From Saladin to the Mongols: The Ayyubids of Damascus*, 1193-1260, New York, State University of New York Press, 1977, p. 18-22.

A divisão deu as três províncias principais aos filhos de Saladino e a seu genro. Al-Afdal conseguiu Damasco, al-Zahir ganhou Alepo e al-Aziz ficou com o Egito. O irmão de Saladino, al-Adil, ficou com os territórios ao norte e o sobrinho, al-Muazzam, recebeu a Transjordânia. Homs foi para os descendentes de Shirkuh, e Hama para os descendentes de Taqi al-Din Umar. No entanto, a chave do poder estava com os antigos *askari* de Saladino e Shirkuh, o Salahiyya e o Asadiyya. Al-Adil tinha uma longa história com esses soldados e os empregou para tirar al-Afdal de Damasco em 1196. Depois da morte de al-Aziz, em 1198, ele usou seu braço militar para usurpar o trono do Egito; em 1202, forçou al-Zahir a aceitar sua suserania sobre Alepo.

Al-Adil conseguiu tudo isso com pouquíssima interferência dos cruzados. Os dois lados haviam sofrido perdas militares e econômicas graves com a longa disputa da Terceira Cruzada, e a calmaria beneficiou a todos. O ano de 1197 viu a chegada dos cruzados alemães: para o alarme do rei Henrique, eles provocaram al-Adil a trazer um exército contra Acre. Depois de demonstrar sua força contra a cidade, ele então se voltou a Jaffa. A cidade se rendeu de imediato, mas a cidadela ainda resistiu. O rei Henrique morreu em setembro e foi sucedido por Amalrico II, rei de Chipre. Enquanto isso, Jaffa se rendeu sem derramamento de sangue a al-Adil. Com os recursos da Cruzada alemã, Amalrico II conquistou Beirute e Sidon e esperou usá-las como moeda de troca para recuperar Jaffa. Contudo, perdeu o controle sobre as tropas alemãs, que correram para cercar Toron. Al-Adil forçou al-Aziz a levar o exército egípcio a Toron, o que rompeu o cerco em fevereiro de 1198; quando os alemães voltaram para casa, Amalrico II e al-Adil negociaram uma paz que durasse por cinco anos e oito meses. Sidon seria dividida, Beirute ficaria com os francos e Jaffa iria para al-Adil.

O novo papa, Inocêncio III, estava convocando outra Cruzada na Europa, portanto, al-Adil precisava assegurar a paz com os francos palestinos. Ele sabia que os francos orientalizados eram apenas vizinhos competitivos que tinham um grande interesse pela paz, pois ela permitia que o comércio e os lucros prosperassem. A pequena guerra travada entre al-Adil e Amalrico II, com incursões na costa feitas pelos emires muçulmanos e a interceptação de comboios muçulmanos realizada pela marinha de Amalrico II, era um exemplo dessa competição e era tão "civilizada" quanto uma guerra podia ser. Os francos ocidentais que fariam uma Cruzada eram, porém, uma entidade completamente oposta. Uma pequena descrição de seu tratamento para com os dois tipos de *franj*, feita por Usama Ibn Munqidh, ilustra a diferença entre os francos do Levante e os recém-chegados:

> Um dia, eu entrara, entoei o *Allah Akhbar* e levantei-me para começar minhas preces, quando um franco se atirou a mim pelas costas, levantou-me e me virou para que eu me voltasse para o leste. "É assim que se reza!", disse ele. Alguns templários intervieram, detiveram o homem e o tiraram do meu caminho. Terminei minhas preces, mas, no momento em que pararam de olhá-lo, ele me parou de novo e me forçou a olhar para o leste, repetindo que aquela era a forma de rezar. Mais uma vez, os templários intervieram e o removeram. Eles me pediram desculpas e disseram: "Ele é um forasteiro que acaba de chegar da sua terra no norte e nunca viu ninguém orando de frente para qualquer direção que não o leste". "Terminei minhas preces", disse eu, e fui embora estupefato com o fanático que ficara tão perturbado e nervoso ao ver alguém orando de face para o *qibla*.[167]

A interdependência entre os francos e os muçulmanos na região durante o começo do século XIII é ilustrada por petições levadas pelos cristãos ao sultão. Elas também elucidam as relações entre as repúblicas marítimas italianas e al-Adil. Essas relações seriam um ponto central no desvio da Quarta Cruzada. Uma petição dos mercadores italianos para al-Adil descreve a complexa posição deles na guerra que estava acontecendo entre Egito e Chipre, mas sem o reino de Jerusalém:

> Em nome de Deus, o Misericordioso, o Compassivo. Os escravos, os mercadores que foram tratados injustamente, beijam a terra na exaltada presença do Senhor, o soberano, o sultão al-Adil, que Deus prorrogue seus dias, desfralde em terras distantes seus estandartes, envie seus anjos celestes para ajudar seus exércitos e os reis da terra para o servirem como seus escravos; e noticie que eles são pessoas que foram tratadas injustamente. Eles são mercadores que, partindo de Beirute, entraram em Alexandria, que seja protegida. Taxas foram cobradas deles, de acordo com o costume feito com outros antes deles e eles tinham a segurança de Deus e a segurança desse império misericordioso. Havendo comercializado com taxas de acordo com os costumes de mercadores antes deles, eles pretendiam sair, mas foram impedidos com o pretexto de que eram de Chipre. Na verdade, nenhum deles é de Chipre, sendo eles pisanos, venezianos e um de Beirute (...) eles trocaram a maior parte de suas mercadorias por salmão, que estragara, então, tiveram de jogá-lo fora, assim muito pouco do dinheiro deles resta e seu navio está exposto à deterioração no mar. Eles pedem pela misericórdia

---

167. Gabrieli, p. 80. Usama orava na mesquita de al-Asqa, o que talvez mostre que havia algum grau de tolerância religiosa durante o período da ocupação por cruzados em Jerusalém. O *qibla*, presente em todas as mesquitas, é a parede voltada para Meca. Os cristãos medievais normalmente se voltavam a leste para rezar.

do sultão para que cuide de seu problema e graciosamente permita que eles partam, pois são pobres...[168]

A Quarta Cruzada foi lançada em 1202 e, a princípio, tinha o Egito como alvo. O rei Ricardo havia tentado duas vezes, durante a Terceira Cruzada, persuadir seu exército a marchar para o Egito. Ele sabia que, sem o Egito, o ultramar teria pouca esperança de futuro. O Egito também estava enfraquecido, àquela altura, com o desastre da inundação do Nilo nos cinco anos anteriores. Al-Adil recebeu cartas dos cruzados, que o intitulavam como "o ímpio invasor e ocupante da Terra Santa" e informavam-lhe que logo atacariam seu reino. Contudo, considerações financeiras logo acabaram com a empreitada. Isso não é de todo surpreendente. Os venezianos, que dariam apoio naval e transporte aos cruzados, ainda estavam sem fundos por causa da Terceira Cruzada. Ademais, o dado de que a validade de um navio na época era de dez anos impedia que os navios da Terceira Cruzada fossem usados na Quarta Cruzada. Veneza também havia recrutado metade de sua mão de obra para armar e tripular os galeões e os transportes da campanha.[169] A relação de comércio mutuamente benéfica entre al-Adil e os venezianos, com os riscos de danificar seus interesses imediatos e se envolver em uma longa guerra no Egito, foi somada à potencialmente mais lucrativa e fácil conquista de Constantinopla. A Cruzada foi desviada e o Egito foi poupado. Al-Adil fez outro acordo com Amalrico II, no qual cedia Jaffa e Ramla em troca de seis anos de paz e da chance de proteger as relações com os venezianos e os pisanos. Amalrico II morreu em 1210 e foi sucedido por João de Brienne.

Al-Adil manteve a paz, mas não pôde fazer nada para evitar que a Quinta Cruzada chegasse aos portos egípcios em maio de 1218. Os cruzados se entrincheiraram nas margens do Nilo e, em seguida, atacaram a cidadela de Damieta em 25 de agosto, usando torres montadas em navios. O filho de al-Adil, al-Kamil, mobilizou uma força para uma posição perto de Damieta, de onde conseguia suprir as defesas. Todos os ataques francos dos 14 meses seguintes foram repelidos; porém, durante esse período, al-Adil faleceu e ocorreu um tumulto político quando os turcos anatolianos marcharam para Alepo. No começo, al-Kamil conseguiu conter os danos ligados à morte do sultão e também conseguiu enviar forças a Alepo para deter os turcos. Contudo, cada vez mais francos chegavam a Damieta. A corrente que assegurava o canal

---

168. Stern, M. S., "Petitions from the Ayyubid Period", *Bulletin of the School of Oriental and African Studies*, volume 27, nº I, p. 1964, 1-32. A petição está preservada no Archivio di Stato, Pisa.
169. Queller, D. E., e Day, G. W., "Some Arguments in Defense of the Venetians on the Fourth Crusade", *American Historical Review*, outubro de 1976, p. 717-37.

e o acesso à cidade foi quebrada e Damieta foi invadida por tropas terrestres. Al-Kamil fez tudo o que pôde para impedir qualquer progresso franco no rio. Ele construiu uma ponte de pontão para posicionar tropas do outro lado do rio, mas os francos a transpuseram depois de uma difícil batalha. Ele afundou embarcações de carga para bloquear o rio, mas os francos dragaram um canal antigo para passar pela obstrução. Ele ofereceu aos cruzados a restauração de todas as suas antigas terras a oeste do Jordão, em troca da evacuação do Egito e de uma trégua de 30 anos. O acordo foi recusado, apesar do fato de o inverno se aproximar, porque mais tropas inglesas e francesas haviam desembarcado em outubro. As tropas de al-Kamil lutaram contra os cruzados de um campo rio acima de Damieta, mas, em fevereiro, ele teve de deixar as posições e os cruzados conseguiram cercar Damieta.

Al-Kamil foi forçado a abandonar o cerco, pois seus emires curdos egípcios planejavam substituí-lo por seu irmão al-Faiz. O irmão mais velho de al-Kamil, al-Muazzam, levou seus *askari* de Damasco e isso foi o bastante para que os conspiradores fugissem, mas não para salvar Damieta. A cidade tombou em 8 de novembro de 1219, depois de meses de resistência renhida. Suas defesas estavam muito doentes para continuar a luta. Al-Muazzam voltou à Síria para destruir as fortificações de Jerusalém, que agora estava entre as cidades oferecidas aos francos para que se retirassem de Damieta. Se os aiúbidas estavam de fato preparados para entregar al-Quds jamais saberemos, pois os francos recusaram a oferta mais uma vez. Al-Kamil sabia que Jerusalém era inútil do ponto de vista estratégico, pois seria impossível mantê-la contra as forças combinadas de Damasco e do Egito. Em termos domésticos, porém, sua perda, em um tempo em que o governo de al-Kamil estava frágil, pode ter sido sua ruína. Os ulemás e a população de Damasco ficaram sem dúvida enfurecidos quando ele cedeu a cidade a Frederico II:

> Então, subi eu ao *minbar* da grande mesquita de Damasco na presença de al-Nasir [...] foi um dia memorável, pois ninguém de Damasco ficou do lado de fora durante minha oração. Eu disse: "A estrada para Jerusalém está fechada às companhias dos visitantes pios! Oh, desolação dos homens pios que lá moram; quantas vezes se prostraram lá em oração, quantas lágrimas lá derramaram! Por Alá, se seus olhos fossem chafarizes vivos, eles não poderiam pagar a dívida inteira de pesar; se seus corações explodissem de dor, eles não poderiam diminuir sua angústia! Que Deus faça valer a honra dos crentes! Oh, vergonha sobre os soberanos muçulmanos! Neste evento, as lágrimas caem, os corações se quebram com suspiros, o pesar sobe às alturas".[170]

---

170. Sibt Ibn al-Jawzi em Gabrieli, p. 273-4.

Em março de 1220, al-Muazzan atacou Cesareia para desviar a atenção dos francos de Damieta e a liderança Cruzada não soube o que fazer. O rei João deixou Damieta e partiu para Acre, de onde esperava reclamar o trono vazio da Armênia. Contudo, o cerco continuou e al-Kamil tentou acabar com o impasse mandando uma frota atacar Chipre. Ela surpreendeu um grande número de embarcações francesas na costa de Limassol e afundou ou capturou todas elas. Na sequência, cruzados começaram a desertar Damieta. Apesar desses sucessos de pouca importância, al-Kamil também estava desesperado para acabar com a guerra, pois a fome se espalhava no Egito. No começo da primavera, os francos recusaram sua oferta de devolver quase todas as terras conquistadas por Saladino, assim como a Vera Cruz. Eles insistiram em uma indenização adicional de 300 mil dinares pela destruição das muralhas de Jerusalém.

Isso foi um erro, pois uma rebelião recente de emires na Jazira finalmente havia sido derrubada, o que liberou as forças de Damasco e Mossul para o serviço no Egito, e a temporada de cheias estava começando. Em 12 de julho de 1221, depois do retorno do rei João e confiantes de que o sacro imperador romano Frederico iria lançar uma Cruzada que os alcançaria em breve, os cruzados empreenderam um avanço Nilo acima. O exército era composto por 5 mil cavaleiros e cerca de 40 mil homens na infantaria, e tinha o apoio de quase 600 navios. Houve pânico no Cairo e suas defesas usaram da força para impedir que seus habitantes fugissem. Os francos tentaram forçar a retirada de al-Kamil pelo afluente do Nilo de Bahr-Ashmun, mas, com a ajuda de regimentos de Mossul, suas forças resistiram a esse ataque. Na sequência, al-Kamil enviou navios por um afluente abaixo, e um exército de Damasco se colocou entre o exército franco e Damieta. No meio de agosto, os francos foram cercados e seus suprimentos estavam acabando. Al-Kamil atacou Nilo abaixo com galeões que navegavam pelo rio ao lado do exército. Três embarcações francas foram capturadas e os francos foram empurrados para as tropas pouco receptivas do exército de Damasco. Em seguida, al-Kamil ordenou que os portões de enchente do Nilo fossem abertos, e os cruzados estavam agora com apenas uma estreita passagem sobre a água para levá-los a Damieta. Os auxiliares núbios de armamentos leves de al-Kamil caçaram os soldados extraviados pelas planícies pantanosas da enchente conforme os cruzados empreendiam a retirada. Alguns navios de cruzados conseguiram atravessar o bloqueio egípcio e voltaram a Damieta, mas milhares de soldados foram cercados e muitos navios, capturados.

Os cruzados ainda detinham Damieta, mas al-Kamil tinha o destino de um exército emboscado para negociar quando os cruzados vieram: ele ofereceu o retorno da Vera Cruz e uma passagem segura pelo Egito, em troca do retorno de Damieta, oito anos de paz e uma troca de prisioneiros. Como um epílogo curioso de todo o episódio, os francos fizeram mais uma demanda:

> No momento da paz, os francos perceberam que tinham enormes mastros para seus navios em Damieta e queriam levá-los consigo para sua terra. O governante recusou a permissão para tanto, então eles enviaram mensagens a al-Kamil protestando e dizendo que os mastros eram propriedade deles e que, de acordo com os termos do acordo, poderiam levá-los. Al-Kamil escreveu ao governante ordenando que entregasse os mastros, mas ele persistiu em sua recusa. "Os francos tomaram o *minbar* da grande mesquita de Damieta", disse ele, "cortaram-no e enviaram um pedaço a cada um de seus reis. Se o sultão mandar que devolvam o *minbar*, os mastros serão deles." O sultão escreveu aos francos sobre isso reportando a fala do governante e os francos, incapazes de devolver o *minbar*, desistiram de levar os mastros.[171]

Os filhos de al-Adil, livres das diligências da Europa Ocidental, cederam a brigas internas. Al-Kamil e al-Ashraf, o emir da Jazira, começaram a fazer intrigas contra al-Muazzan, que havia lutado com eles em Damieta. Depois de sua morte, fizeram o mesmo com seu filho e, em 1229, haviam dividido todas as antigas terras de al-Muazzan entre si, de modo que a Transjordânia e as terras da Palestina ao Egito ficaram com al-Kamil, e Damasco com al-Ashraf. Essa disposição durou até a morte de al-Ashraf, em 1237.

O trono de Jerusalém foi para o imperador germânico Frederico por meio do casamento com a filha do rei João. Em 1227, ele enviou mil homens para combater as forças do ultramar, mas só viajou à Terra Santa em setembro de 1228. Em 1226, al-Kamil tinha enviado uma comitiva a Frederico, oferecendo o retorno de todos os territórios conquistados por Saladino. Por essa estranha oferta, o sultão do Egito pretendia evitar que Frederico lançasse outra Cruzada com a cobertura da frota siciliana. Além do mais, com essa oferta não entregava nada que *ele* possuísse, visto que essas terras eram posse de al-Muazzam, com quem estava em atrito. Al-Muazzam morreu logo depois de al-Kamil começar suas intrigas ao lado de Frederico, e a necessidade de al-Kamil por uma segurança dos francos entre Damasco e Egito morreu com ele.

Na sequência, Frederico foi excomungado pelo papa e o perigo de uma Cruzada armada passou. Quando Frederico chegou ao Levante, em 1229, sem um exército, ele ainda foi cortejado por al-Kamil, que agora

---
171. Ibn Wasil em Gabrieli, p. 265-6.

estava no comando de Jerusalém e, em obediência ao acordo de Jaffa que havia assinado em fevereiro, ele entregou Jerusalém a Frederico, bem como Belém e um corredor seguro para a costa. Ele manteve o Domo da Rocha e a mesquita de al-Aqsa como um enclave muçulmano, mas os muçulmanos ficaram estarrecidos com o tratado e os cristãos igualmente enojados. O motivo para o acordo de al-Kamil parece ser que ele sabia que Jerusalém era o foco das Cruzadas, as quais haviam atacado e poderiam voltar a atacar suas terras. Essa concessão permitia-lhe tratar de problemas distantes e bem capciosos. Os exércitos dos cãs mongóis já marchavam a oeste e, se viessem ao Levante, a paz com os francos poderia ser o primeiro passo para uma aliança contra esse novo inimigo.

O verdadeiro perigo ao Islã sempre tinha vindo do Oriente. Os cruzados nunca foram numerosos o bastante para constituir um perigo real a todo o *Dar al-Islam*. As primeiras invasões do povo da estepe ocorreram com os seljúcidas e as migrações em larga escala dos turcomenos oguzes, que depois causaram o colapso do poder seljúcida no leste do Irã. Em 1194, uma nova dinastia turca *kiptchak*, os corásmios, surgiu da área leste do Mar Aral e tomou o poder no Irã. Contudo, o império nascente foi logo destruído por um ataque em três frentes de Gêngis Khan, em 1219. Em 1220, a conquista mongol dos territórios islâmicos orientais estava praticamente completa e, em 1230, aconteceram mais ofensivas ao oeste do Islã.

O ano de 1238 viu o fracasso das delegações do califa na França e na Inglaterra, que procuravam aliança contra os mongóis, bem como a morte de al-Kamil em março. Seu filho, al-Adil II, ascendeu ao trono egípcio e instalou um príncipe menor chamado al-Jawwad em Damasco. Al-Jawwad provou não ser confiável o bastante e, quando al-Adil II tentou reivindicar seu controle na cidade, al-Jawwad fugiu. Muito sabiamente, al-Jawwad então trocou Damasco por territórios na Jazira com o irmão mais velho de al-Adil II, al-Salih. Na primavera de 1229, al-Salih levou um grande exército a Nablus para ameaçar os territórios palestinos de al-Adil II. O poderio militar de al-Salih era composto por soldados refugiados dos exércitos corásmios, que os mongóis haviam destruído em 1219 e 1220; apesar dessas derrotas, eles eram soldados estupendos, mesmo que por vezes desordenados e brutais. Dos outros aiúbidas, al-Nasir, o emir de Nablus, esteve no Cairo com al-Adil II em maio, e os emires de Baalbek conspiravam para capturar Damasco na ausência de al-Salih. O único aliado de al-Salih era al-Muzaffar de Hama.

Al-Salih ocupou Gaza e ampliou o acordo de seu pai com os cruzados, mas, no final de setembro, ele perdeu Damasco para o emir de Homs. A perda de sua capital foi um golpe duro à estima de al-Salih e a maioria de seus comandantes o desertou. Em outubro, ele foi capturado por al-Nasir. Al-Adil II tinha um vasto domínio na região, e os cruzados fortificaram Ascalon temendo uma invasão egípcia; eles também fizeram incursões em Gaza, em novembro de 1239, mas o exército egípcio os derrotou com facilidade. Em dezembro de 1239, al-Nasir reconquistou Jerusalém e destruiu a Torre de Davi.

Al-Muzaffar fez as pazes com al-Nasir em março de 1240, mas então al-Nasir e al-Adil II se estranharam pela "posse" de al-Salih. Em 21 de abril, al-Nasir soltou seu prisioneiro e concordou em ajudá-lo a conquistar o Egito em troca da ajuda de al-Salih para conquistar Damasco. O novo príncipe de Damasco, Ismail, logo se aliou aos francos, enquanto al-Salih e al-Nasir entraram no Cairo quase sem oposição em junho.

Em julho de 1240, os francos atacaram as terras de al-Nasir ao longo do Jordão, avançaram para Gaza e reocuparam Jerusalém. Eles estavam se saindo muito bem nas lutas contra os aiúbidas e ganharam Sidon, Toron, Tiberíades, Safad e a fortaleza de Beaufort de seu novo aliado damasceno. Enquanto isso, no norte, Homs foi invadida por flibusteiros corásmios, que então derrotaram o exército de Alepo, em 2 de novembro, e ameaçaram a cidade. Al-Mansur, o príncipe de Homs, estava, portanto, impossibilitado de empreender qualquer campanha contra o Egito ao lado de Ismail até derrotar os corásmios perto de Edessa, em maio de 1241.

No verão de 1241, Ismail al-Mansur e os francos tentaram uma invasão conjunta no Egito; todavia, a empreitada fracassou e a aliança franco-damascena logo desmoronou. Ismail havia perdido a confiança nos francos, visto que os hospitalários tinham invadido suas terras e, na sequência, ele recebeu uma oferta melhor de al-Nasir. Al-Salih havia quebrado sua promessa de ajudar na recuperação de Damasco e um entendimento com Ismail seria o próximo passo lógico. Os francos foram deixados de lado até ser cortejados por al-Salih, que agora precisava deles como um contrapeso para a recém-unida Síria muçulmana, e só chegaram a um acordo no começo de 1241. No tratado, al-Salih prometia aos francos apenas os territórios de posse de seus oponentes aiúbidas e a única parcela "egípcia" de terra que deu a eles, Gaza, foi reconquistada pelo exército egípcio, em maio de 1241. Essa força então se deslocou até Nablus, mas as forças de al-Nasir a surpreenderam nas colinas a oeste de Jerusalém e, apesar de estarem em número bem menor, a derrotaram. Poucas semanas depois, al-Nasir reconciliou-se com al-Salih e abandonou a aliança antiegípcia. Ibn Shaddad registrou o desgosto de al-Nasir com Ismail sobre o destino dos escravos muçulmanos que eram usados pelos templários na reconstrução de Safad.[172] Os escravos planejaram um motim, mas Ismail ficou sabendo da revolta e informou o mestre dos templários: os escravos foram todos mortos.

Apesar da deserção de al-Nasir, Ismail continuou a ofensiva e tentou invadir o Egito no começo do verão. Ismail derrotou al-Nasir em Nablus e se uniu a um exército franco em Gaza, a qual havia sido abandonada pelo exército egípcio. Mesmo com esse começo promissor, a invasão foi um completo fracasso, pois muitos soldados sírios desertaram para o exército de al-Salih. O exército egípcio perseguiu os aliados pelas terras de al-Nasir e os derrotou de novo em al-Fawwar, em 22 de agosto. Em seguida, os templários mandaram emissários ao Cairo para negociar a paz.

Então, das cinzas, surgiu al-Jawwad. Depois de uma série de infortúnios e aventuras, ele retornou à cena política e se aliou a Ismail. A mãe de al-Jawwad era franca, o que fazia dele o candidato natural a ser enviado aos templários para recolocá-los na coalizão. Ele teve sucesso em sua diplomacia e se uniu aos francos para saquear Gaza. Al-Salih respondeu a al-Jawwad com a garantia do apoio egípcio à sua reivindicação de Damasco e enviou uma cavalaria de 3 mil homens para a Síria em abril de 1242. Em uma total reviravolta, al-Salih tentou prender al-Jawwad, que, porém, fugiu para Acre. As tropas de al-Salih voltaram para o Egito.

Os francos continuaram as incursões nas terras de al-Nasir. Ele respondeu com um saque brutal a Belém, em que levou as crianças em cativeiro e massacrou um comboio de peregrinos que voltava de Jerusalém. Em 30 de outubro, os cruzados se vingaram. Eles saquearam Nablus, destruíram sua mesquita da sexta-feira e mataram toda a sua população, tanto muçulmana como cristã, antes de recuarem a Jaffa. Al-Salih enviou uma cavalaria a al-Nasir para investir contra Jaffa, mas, quando o cerco se estendeu por tempo demais, eles se retiraram. Na sequência, ele manteve os francos no ostracismo por seis meses de negociações infrutíferas, e sua marinha conseguiu uma pequena vitória sobre uma esquadra franca na costa do Egito, em maio de 1243.

---

172. Em Jackson, P., "The Crusades of 1239-41 and their Aftermath", *Bulletin of the School of Oriental and African Studies*, volume 50, nº 1, 1987, p. 32-60.

Então, al-Nasir, que havia sido decepcionado tantas vezes por al-Salih, se juntou a Ismail, al-Mansur e aos francos em um novo ataque contra o Egito. Ismail partiu para Gaza; al-Nasir estava quase conquistando o forte sob domínio egípcio de Shawbak quando soube, por um mensageiro, que a campanha de Ismail havia fracassado. Na verdade, a clara suspeita de Ismail sobre al-Jawwad, que continuou com o exército franco e era muito estimado por eles, havia destruído a relação de Ismail com os francos e a invasão foi abandonada. Ismail prendeu al-Jawwad e o aprisionou em Damasco, onde ele morreu em 1244.

Na sequência, chegaram notícias funestas do norte. Os mongóis avançaram pelo Iraque até a Anatólia. O sultão seljúcida de Rum havia se aliado a Alepo e Mardin contra eles, mas, em junho de 1243, seu exército foi destruído na Batalha de Kose Dagh. O temor de uma invasão mongol na Síria forçou Ismail a abandonar seus ataques contra o Egito e, em setembro, ele negociou com al-Salih um reconhecimento mútuo dos domínios um do outro. Al-Mansur de Homs também entrou em acordo com al-Salih, mas essa nova união excluía al-Nasir. Al-Salih incitou al-Mansur a invadir as terras de al-Nasir, mas também estimulou os corásmios, que foram expulsos da Jazira pelos mongóis, a invadir a Síria. Uma de suas cartas caiu nas mãos de Ismail e uma nova coalizão contra al-Salih foi formada; dessa vez al-Nasir estava incluso, assim como os francos. Em maio de 1244, as forças de Ismail acompanhadas por um exército franco foram levadas à frente de Gaza, enquanto o exército de al-Nasir se reunia perto de Jerusalém. A aliança esperava acabar com al-Salih antes da chegada de seus novos aliados, mas os corásmios chegaram à Síria em junho de 1244. Eles vieram pelo vale de Biqa e pilharam Trípoli e, em seguida, se dividiram em dois exércitos, que foram ambos para Damasco. Ismail interceptou o primeiro grupo quando este saiu de Trípoli, mas suas unidades foram cercadas e esmagadas ao sul de Baalbek. As tropas de Ismail nos portões de Gaza se retiraram para Damasco e al-Nasir se refugiou em Karak. Depois disso, os mongóis fizeram uma incursão nos arredores de Alepo, e Ismail e al-Mansur foram forçados a seguir para o norte. Eles conseguiram repelir os mongóis, mas o desvio significou que eles não poderiam se juntar aos francos para enfrentar os corásmios antes de poder se juntar às forças egípcias de al-Salih.

Os francos, sem aliados e enfrentando 10 mil cavaleiros corásmios, logo reforçaram as defesas de Jerusalém, mas o patriarca e os mestres dos templários e dos hospitalários deixaram a cidade. Talvez eles tenham previsto o que aconteceria. Em 11 de julho, os corásmios violaram as muralhas da cidade, massacraram monges e freiras e mataram o governante da cidade quando ele liderava um destacamento contra eles. A defesa da guarnição apelou para Acre, mas, depois de não receber resposta, enviou mensagem a al-Nasir, que, afinal, havia sido o último senhor muçulmano da cidade. Ele enviou tropas para negociar com os corásmios: uma passagem segura da população foi dada em troca da rendição da cidadela. Logo depois, 2 mil cristãos voltaram para a cidade após ver os defensores dos cruzados fugirem da cidadela, mas era uma fraude dos corásmios e eles foram massacrados por trás das muralhas da cidade. Os beduínos mataram muitos outros em marcha e apenas 300 chegaram em segurança a Jaffa. Em Jerusalém, os corásmios profanaram as tumbas dos reis latinos e atearam fogo à Igreja do Santo Sepulcro. Em seguida, marcharam para o Egito para se juntar ao exército de al-Salih.

O jihad pode ter sido esquecido pelos aiúbidas, mas a destruição dos lugares sagrados de Jerusalém acendeu um fervor religioso entre os cruzados. Tropas vieram de todas as partes do reino para formar o último grande exército que o ultramar colocaria em campo. Al-Salih negou qualquer responsabilidade sobre as afrontas em Jerusalém, mas, àquela altura, ninguém mais o ouvia e ele mobilizou seus regimentos mamelucos para se juntar aos corásmios no norte de Gaza. Toda a Síria muçulmana, com a exceção de Hama, se aliou aos francos na esperança de se livrar de al-Salih, e o choque ocorreu em Harbiyya, em 17 de outubro de 1244.[173]

O exército aliado atacou assim que viu os egípcios. Eles tinham a vantagem numérica e, ao que tudo indica, pretendiam flanquear o regimento mameluco bahrida[174] que compunha a ala esquerda e o centro de al-Salih. Os francos formavam o flanco direito do exército, os exércitos de Damasco e Homs compunham o centro, e as tropas de al-Nasir formavam a ala esquerda. Os mamelucos romperam a investida dos francos e, em seguida, os corásmios, que estavam reunidos na extrema direita dos mamelucos, lançaram-se contra as tropas de al-Nasir, irrompendo em seu flanco e em seu centro. Toda a esquerda dos aliados se desintegrou e, na sequência, as tropas de Damasco entraram em pânico e fugiram. As tropas de al-Mansur tentaram manter suas posições, mas os cruzados se voltaram contra seus aliados aiúbidas, ofendidos pela covardia destes, e começou uma batalha dentro da batalha. Uma nova

---

173. Fontes ocidentais chamam a batalha de "La Forbie".
174. O regimento ganhou esse nome porque seus barracões ficavam em uma grande ilha no meio do Nilo, no Cairo. A enormidade do Nilo fez com que a palavra árabe para mar, *bahr*, fosse aplicada a ele. Os mamelucos ficavam na ilha por causa de sua conhecida propensão ao abuso e à violência contra civis.

investida corásmia, então, empurrou os cruzados e os homens de Homs contra os mamelucos, que os massacraram com maças e machados.

Os cruzados perderam, 5 mil homens e 800 foram levados como prisioneiros. Mais tarde, a perda desse último exército de campo se tornaria muito significativa quando os muçulmanos começassem a subjugar as cidades e os castelos fortificados dos cruzados. Sem uma força de alívio no reino, esses bastiões cairiam com uma rapidez crescente. Os aiúbidas da Síria também sofreram grandes perdas; Ismail foi expulso de Damasco em outubro de 1245, quando al-Nasir e al-Mansur reconheceram al-Salih como seu suserano. Apenas o jovem príncipe de Alepo, al-Nasir Yusuf, conseguiu exercer certo grau de liberdade.

Al-Salih pagou os corásmios por seu desempenho no campo de batalha exterminando-os com o emprego dos exércitos de Homs e Alepo, em 1246. Seu regimento bahrida foi reabastecido pela política contínua de aquisição mameluca. Ele havia começado a comprar garotos turcos *kiptchaks* na década de 1220. A invasão mongol no sul da Rússia havia passado pelas terras *kiptchaks* no Cáucaso: os mercados escravos do Cairo estavam, portanto, sobrecarregados de garotos *kiptchaks,* e seus preços decaíram por esse motivo, o que facilitou a tarefa de al-Salih de montar um exército mameluco. Ele também elevou os mamelucos na hierarquia militar, visto que não tinha nenhum parente em quem pudesse confiar como líder de exército, pois havia traído todos eles. Al-Salih mostrava um afeto por seus soldados escravos que nunca havia demonstrado por sua família, tanto que, depois de sua morte e da usurpação do poder no Egito, os mamelucos fizeram de seu mausoléu o centro de sua cerimônia, incluindo a alforria dos novatos.

Foram feitos chamados para uma nova Cruzada depois do desastre de Harbiyya, mas apenas o devoto rei da França, Luís IX, respondeu. Seu exército de 20 mil homens atacou o Egito em 1249. A Quinta Cruzada mostrou, pelo menos, que os senhores do Egito estavam dispostos a sacrificar Jerusalém por sua própria segurança, e a lógica de que conquistar o Egito era fundamental para manter a Síria ainda prevaleceu. Luís usou barcos de águas rasas para desembarcar uma grande força perto de Damieta, em 5 de junho, e a cidade tombou no dia seguinte.

Ibn Wasil ficou escandalizado com a fraca resistência das tropas muçulmanas, que logo abandonaram a cidade, mas, na verdade, a saúde do sultão estava mal e todo o Estado estava praticamente paralisado. Do seu leito de enfermo, al-Salih ordenou que todos os soldados da guarnição fossem enforcados. Os mamelucos que haviam sido enviados para a cidade, mas se retiraram antes dos francos, foram, no entanto, perdoados, pois ao menos haviam destruído o empório da cidade com todos os seus suprimentos. A estação das cheias chegou, mas Luís estava preparado para ela, e seu exército estava em boa forma quando começaram a marchar para o Cairo em 20 de novembro. Apesar de estar muito doente, al-Salih passou a estação em Almançora com os bahridas:

> O exército começou a construir prédios que ainda eram inabitáveis e instalar mercados. A muralha de frente para o Nilo foi reconstruída e ficou de frente para uma cortina de muralhas. Galeões e navios de fogo foram trazidos carregados com munição e tropas e ancoraram atrás da muralha, e incontáveis números de infantarias regulares e voluntários para a fé se reuniram em Almançora. Uma grande quantidade de árabes beduínos também apareceu, e começou a fazer incursões e ataques contra os francos.

Almançora foi então fortificada, mas:

> Al-Malik al-Salih estava enfraquecendo, sua força se esvaindo. Os médicos, que ficavam ao lado de seu leito dia e noite, agora se desesperavam por sua vida. Sua força mental e de vontade continuavam tão forte como sempre, mas duas doenças se combinaram para sobrepujá-lo: uma úlcera na virilha e uma tosse tísica.[175]

Al-Salih morreu em 24 de novembro. Seu herdeiro, Turanshah, estava longe, na Jazira. A viúva *kiptchak* do sultão, Shajar al-Durr, percebeu que essa era a receita para o caos político e conspirou com o emir mameluco veterano, al-Shuyukh, para omitir a morte do sultão, e ela forjou um decreto nomeando-o comandante do exército. Al-Shuyukh era um líder idoso, mas inspirador, e deteve o avanço cruzado em seu caminho pela margem do Nilo oposta a Almançora. Na sequência, moveu seus engenhos de cerco para o barranco, pronto para enfrentar qualquer tentativa Cruzada de atravessá-lo. Os cruzados se empenharam para atravessar o rio e os mamelucos despejaram uma chuva de fogo: foram usados dardos cobertos de nafta e o cruzado De Joinville conta-nos que o chão que cercava o destacamento templário não podia ser visto pela densidade dos dardos de fogo que o cobriam. Luís arquitetou abrigos de proteção para seus trabalhadores, mas ainda não havia forma de começar a construir uma travessia sob tais condições.

Em 7 de fevereiro de 1241, os cruzados descobriram um caminho mais raso rio acima. O plano dos cruzados era não atacar até que unidades suficientes tivessem atravessado e se organizado no outro lado do rio. Isso nunca chegou a acontecer, pois o irmão do rei, ignorando ordens, investiu ao longo do rio, tomou de assalto o acampamento muçulmano na margem e atacou a cidade em si. No começo, os mamelucos foram dispersados

---
175. Ibn Wasil em Gabrieli, p. 287. O sultão provavelmente estava morrendo de tuberculose.

pelas ruas pela cavalaria dos cruzados, mas logo bloquearam as ruas para impedir a retirada dos francos e mataram quase toda a força no combate corpo a corpo.

Os bahridas, sob o comando do jovem emir Baibars, saíram de Almançora para enfrentar o restante das forças do rei, que, a essa altura, haviam atravessado o rio. A luta durou pelo resto do dia. Os mamelucos atiraram flechas e dardos com nafta nas fileiras de cruzados, e Luís organizou investidas seguidas para tentar aliviar a pressão em sua infantaria. Um ataque tardio de besteiros ganhou o dia para Luís, pois ele reteve a margem do rio e os mamelucos foram forçados a se retirar para a cidade. No entanto, a campanha estava de fato escorregando de suas mãos. Reforços muçulmanos chegavam constantemente em Almançora. Os francos se concentraram em construir uma ponte de pontão e cavar trincheiras.

Os bahridas fizeram um ataque em 11 de fevereiro e dominaram diversas posições dos cruzados, mas não conseguiram queimar a ponte de pontão, apesar do uso de granadas de vidro cheias de nafta. A infantaria muçulmana removeu os cruzados das trincheiras, com o auxílio de arqueiros mamelucos montados, que atiravam dardos por tubos montados nos arcos no lugar de flechas; dois ou três dardos podiam ser carregados no tubo e atirados ao mesmo tempo para criar uma artilharia muito eficaz.

Os cruzados ainda detinham a margem do rio e o impasse durou 11 dias. O velho emir al-Shuyukh havia falecido pouco antes e o novo sultão, Turanshah, só foi chegar a Almançora em 28 de fevereiro. Uma flotilha de pequenos barcos foi transportada nas costas de camelos rio abaixo, em relação à posição dos cruzados: essa pequena frota cortou a linha de suprimentos de Damieta com sucesso. O rio e as linhas de cruzados ficaram cheios de cadáveres: a fome e a sujeira que os cercavam se combinaram para causar uma doença contagiosa no campo franco.

Luís fez uma oferta desesperada para trocar Damieta por Jerusalém; quando ela foi rejeitada por Turanshah, ele começou a retirada em abril de 1250. Os mamelucos perseguiram seu exército rio abaixo e mataram milhares de seus homens. O restante dos soldados, incluindo Luís, que estava muito doente, se rendeu. Os mamelucos, então, massacraram todas as tropas enfermas. Existe um elemento de pura brutalidade nessa ação, mas os recursos egípcios eram incapazes de lidar com o vasto número de francos infectados e os mamelucos, na qualidade de "forasteiros" no Oriente Médio, sempre sofriam de maneira desproporcional durante epidemias no Egito. Por isso, eles tinham um medo mórbido de doenças.

Luís foi resgatado em troca de Damieta e 400 mil libras. As negociações começaram sob o comando de Turanshah, mas foram finalizadas por uma junta militar de mamelucos bahridas, pois, em 2 de maio, o jovem emir Baibars invadiu a tenda de Turanshah, durante o jantar, com uma espada em mãos e golpeou a cabeça do sultão. Turanshah se esquivou do golpe e correu para pedir ajuda em uma torre de cerco de madeira. Os homens de Baibars, no entanto, cercaram a torre e atearam fogo a ela. O sultão e seus emires abriram o caminho lutando e correram para o rio, mas Baibars correu atrás dele e o matou.

Turanshah vinha indicando seus próprios homens para os cargos elevados acima dos oficiais bahridas e é possível que também estivesse um tanto quanto fora de si, pois havia sido visto perambulando por seu palácio à noite, retalhando velas com seu sabre e murmurando: "Assim devo lidar com os bahridas!". Portanto, é provável que o golpe tenha sido inevitável, dado em especial que havia agora uma hegemonia dos turcos *kiptchaks* dentro do Estado que não era contrabalançada por nenhum outro grupo étnico. Mesmo os curdos eram uma pequena minoria nos escalões mais elevados. Essa era uma das sequelas da política mameluca de al-Salih. Ademais, a lealdade dos mamelucos bahridas era apenas a al-Salih. Quando ele havia sido aprisionado, em 1240, por al-Nasil, Shajar al-Durr (na época sua empregada e servente), Baibars e outros mamelucos aprisionaram-se voluntariamente com ele. Além do mais, al-Salih havia dado a "seus homens" os melhores *iqtas* no Egito, quando chegou ao poder e distribuíra aos mamelucos terras conquistadas durante as longas guerras contra seus irmãos. Ele também havia indicado um governante mameluco para Damasco depois da conquista da cidade, em 1245, no lugar de alguém de sua família. Portanto, os mamelucos tinham muito a perder caso Turanshah se voltasse contra eles: como a lealdade deles era exclusivamente a al-Salih, seu *ustadh*, ou mestre, eles não deviam nada a seu filho e ele não devia nada a eles. Ibn al-Jawzi também sugeriu que o tratamento dado a seus compatriotas por al-Salih mostrou aos mamelucos que matar alguém da realeza não era algo importante. Seu irmão, al-Adil, estivera aprisionado desde 1240 e, quando al-Salih ouviu rumores sobre um golpe em seu nome, "dissera: vá para a prisão de meu irmão al-Adil e leve junto alguns mamelucos para estrangulá-lo (…) Eles foram a ele e o estrangularam. Então Alá colocou seu filho [Turanshah] à clemência deles e eles o mataram, molestando-o tanto quanto ele fizera a seu irmão".[176]

Depois do golpe, os mamelucos elegeram Shajar al-Durr como rainha dos muçulmanos. O papel das mulheres é bem pequeno na história islâmica, mas Shajar al-Durr havia diversas vezes administrado os assuntos do sultanato enquanto al-Salih estava fora, de modo que

---

176. Em Levanoni, A., "The Mamluks' Ascent to Power in Egypt", *Studia Islamica*, n° 72, 1990, p. 121-44.

ela tinha seu próprio selo para decretos, e os mamelucos precisavam de legitimidade para seu novo governo. Contudo, o caos logo se instaurou, pois os líderes do golpe não conseguiram angariar o apoio total do exército. Apesar de serem basicamente o núcleo do Estado e do exército, os bahridas contavam com apenas cerca de mil soldados, dentro de um exército de 12 mil homens. Além disso, a guarda pessoal do sultão, os jamdaridas, eram hostis aos líderes do golpe e existia até uma facção dentro dos bahridas que havia tentado matar Baibars por seu regicídio. A junta, então, escolheu o emir veterano al-Muizz Aybeg como comandante, pois ele era um mameluco bahrida e tinha sua própria guarda pessoal de mamelucos, os *muizzidas*. Com isso, eles esperavam aumentar sua base de apoio.

Em julho de 1250, a junta também ordenou a prisão dos emires curdos suspeitos de ser pró-aiúbidas. Isso foi uma reação à perda de Damasco para al-Nasir Yusuf de Alepo. Além disso, Shajar al-Durr foi forçada a abdicar em favor de Aybeg, que foi substituído cinco dias depois por al-Ashaf Musa, um neto de al-Salih de 10 anos de idade. A junta esperava acalmar al-Nasir Yusuf ao restabelecer a linha aiúbida no Egito. Na sequência, Aybeg celebrou um casamento político com Shajar al-Durr, pois o Estado se dividiu em facções, que seguiam Aybeg e os *muizzidas* ou Baibars, o emir Aktay e os bahridas. Aybeg reuniu apoio suficiente para se tornar *atabeg* do sultão infante e, com isso, conseguiu reunir todos os mamelucos sob seu comando, bem a tempo de impedir que al-Nasir marchasse para o Cairo, em fevereiro de 1251.

Relatos de um vasto exército mongol, prestes a invadir as terras do Islã mais uma vez, começaram a chegar a Bagdá em 1253, e o califa agiu para tentar trazer paz ao Levante, como um prelúdio à criação de uma frente unida contra o exército do cã. Em 8 de abril, foi assinado um acordo que reconhecia o governo mameluco no Egito, e uma princesa aiúbida de Hama se casou com Aktay, o comandante dos bahridas. A guerra dentro do Egito começou. O braço direito de Aybeg, Kutuz, assassinou Aktay em setembro de 1254, e Baibars e 700 soldados bahridas fugiram para a Síria para se tornar mercenários. Shajar al-Durr respondeu aos planos nupciais de seu marido, mandando matá-lo durante o banho em abril de 1257. Ela também foi morta no mesmo mês e seu corpo foi encontrado do lado de fora da cidadela do Cairo, vítima de uma facção liderada por Kutuz, que havia colocado seu enteado como herdeiro. Baibars e seus soldados exilados fizeram um ataque fracassado contra o Cairo, em 1258. Kutuz executou todos que capturou e Baibars jurou vingança. Sua desforra teria de esperar, porém, pois os mongóis haviam liberado toda a sua fúria contra o Islã.

8

JIHAD E NÊMESIS
A máquina mameluca de guerra

> Pai dos pobres e miseráveis,
> Assassino dos infiéis e dos politeístas,
> Restaurador da justiça entre todos.
>
> *Gravação na armadura mameluca*

Em 1256, o grande cã mongol, Mongke, ordenou a seu irmão, Hulegu Khan, que exterminasse os assassinos ismaelitas da Pérsia, em vingança por um atentado à vida do grande cã, e submetesse o califa de Bagdá. A primeira parte da missão de Hulegu estava praticamente executada no começo de 1258 e, em fevereiro daquele ano, ele foi de encontro a Bagdá. A cidade foi saqueada brutalmente, o Tigre ficou abarrotado de corpos, e o califa foi enrolado em um tapete e chutado até a morte. Um poeta de Damasco da época, Ibn Abul-Yusr, escreveu sobre o choque sofrido pelo mundo muçulmano:

> A coroa do califado e a casa onde os ritos de fé eram exaltados se consumiram em desolação.
> Aparecem nos fachos de luz matinal rastros do assalto da decadência em sua habitação e as lágrimas deixaram suas marcas nas ruínas.
> Oh, fogo do meu coração, pois um fogo da guerra clamorosa que o queimou, quando um rodamoinho abalou a habitação!
> No alto fica a Cruz sobre os topos de seus *minbars*, e aquele que o cinto confinava virou mestre...[177]

A sugestão de que os mongóis eram a favor dos cristãos seria importante mais tarde, quando os exércitos do cã chegassem à Terra Santa. Hulegu aceitou a submissão pacífica da Armênia e da Geórgia. Mossul

---
177. Em Somogyi, J. de, "A Qasida on the Destruction of Baghdad by the Mongols", *Bulletin of the School of Oriental Studies*, volume 7, nº 1, 1933, p. 41-8.

prestou reverências e os seljúcidas da Anatólia colocaram suas forças à disposição de Hulegu. Al-Nasir Yusuf enviou seu filho à corte de Hulegu para pedir por clemência, mas Alepo foi conquistada; seu destino foi tão sangrento quanto o de Bagdá e sua grande mesquita foi queimada pelo rei armênio em pessoa. Al-Nasir Yusuf partiu para o norte para reforçar Alepo, mas seu exército o desertou e ele foi capturado por Hulegu. Damasco se rendeu com a aproximação mongol e o Islã foi desestabilizado como principal religião da área. Boemundo VI de Antioquia se submeteu a Hulegu e foi logo excomungado pelo núncio papal de Acre por fazê-lo. Em seguida, Hulegu enviou mensageiros ao Cairo, ordenando a rendição de Kutuz, que os cortou ao meio no mercado de cavalos e colocou suas cabeças nos portões da cidade.

Kutuz havia declarado guerra contra a superpotência da Idade Média. Ele era sultão de uma dinastia instável fazia um ano e esse ato parecia loucura, mas, na verdade, ele não teve escolha. Os mamelucos eram basicamente uma dinastia minoritária estrangeira governando um grande país árabe. A rendição significaria o exílio, o que representaria ter o mesmo destino dos corásmios. Além disso, Kutuz pensava ter uma chance. Baibars e seus exilados retornaram em março de 1260, sob um juramento de segurança; eles eram os melhores soldados do Levante e todo soldado contava agora. Existiam provavelmente 10 mil homens na cavalaria do Egito na época, apesar de um grande número de tropas da Síria e da Jazira terem se unido a Kutuz depois de fugir da invasão mongol.[178]

Mais importante é que Hulegu havia retirado uma grande parte de suas forças da Síria, no verão de 1259. Mongke havia falecido em agosto de 1259 e seus irmãos Qubilai e Ariq Boke estavam dispostos a guerrear entre si pela sucessão. Hulegu, o terceiro irmão, não se considerava como candidato, mas apoiou Qubilai enquanto o cã da Horda de Ouro, Berke, apoiou Ariq Boke. O poderoso Estado de Berke ficava logo ao norte dos novos territórios de Hulegu na Pérsia, e já haviam ocorrido atritos entre eles por causa da conversão de Berke ao Islã e da perseguição de Hulegu contra os muçulmanos, assim como pelos direitos territoriais no Azerbaijão. Hulegu levou seu exército a Maragha para deter qualquer possível invasão da Horda de Ouro. Os mamelucos, portanto, enfrentariam apenas o resto de sua força, que ainda assim era considerável, liderada por Kit Buqa, um de seus generais mais experientes.

---

178. Humphreys, R. S., "The Emergence of the Mamluk Army", *Studia Islamica*, nº 45, 1977, p. 67-99.

Na primavera de 1260, os mongóis invadiram Ascalon e Jerusalém, e Kit Buqa enviou destacamentos para Gaza e Nablus, efetivamente cercando os reinos francos da costa. Em 26 de julho de 1260, Kutuz deixou o Cairo: ele havia decidido enfrentar os mongóis na Síria em vez de esperá-los no Egito. Como temia que seus emires mamelucos perdessem a vontade de lutar, ele acreditava ter de agir logo. O medo já se espalhava pelas fileiras e foi apenas quando Kutuz saiu da cidade dizendo "enfrentarei os mongóis sozinho" que seus soldados o seguiram para fora do Cairo.

Kutuz enviou uma comitiva a Acre, pois o exército precisaria passar por terras francas para interceptar o avanço mongol pela Síria. Os escritores muçulmanos da época tendem a omitir esse episódio, mas al-Zahir, que acompanhava o sultão, sugere que o este tenha pedido aos francos ajuda armada, a qual eles recusaram, concedendo apenas passagem segura. Mesmo essa concessão dos francos parece surpreendente, mas os mongóis, apesar das devastações em terras muçulmanas, pouco haviam feito para encorajar a noção de que eram aliados em potencial, e o saque deles a Sidon havia causado pânico generalizado em Acre. A política dos francos era de se sujeitar aos mongóis, mas até isso era difícil às vezes. Já em 1244, uma divisão mongol havia ordenado que as muralhas de Antioquia fossem destruídas e que 3 mil donzelas fossem entregues para entreter as tropas. Em 1256, o patriarca de Jerusalém tinha escrito ao papa sobre seu temor de uma invasão mongol e, em fevereiro de 1260, Kit Buqa escreveu aos francos informando-os de que os mongóis estavam destinados à dominação mundial e que deveriam demolir todas as muralhas de todas as cidades. A visão mongol sobre as capacidades dos francos é revelada por uma entrada na enciclopédia geográfica de al-Qazvini, escrita para os mongóis em 1276:

> A terra dos francos (Ifranja): um grande país e um vasto reino no território dos cristãos (...) Eles têm um rei poderoso, e seus homens e forças armadas são numerosos. Seu rei tem duas ou três cidades na costa marítima deste lado, no meio do território muçulmano, e ele as defende daquela direção. Todas as vezes que os muçulmanos mandam alguém para conquistá-las, ele envia alguém para defendê-las do outro lado. Seus exércitos são fortes e poderosos, e de modo algum tentam a fuga em batalha, mas preferem a morte.[179]

Em 1260, portanto, os mongóis teriam visto os francos da Síria como um oponente fraco, mas que precisava ser lidado com cuidado para evitar o risco de uma Cruzada. Para os cruzados, uma derrota mameluca contra os mongóis era então, de modo geral, algo desejável, por

---

179. Em Jackson, P., "The Crisis in the Holy Land in 1260", *English Historical Reviews*, julho de 1980, p. 481-513.

nenhuma outra razão senão a preservação do equilíbrio de poder, em especial se isso não lhes custasse nenhum homem.

Kutuz soube que Kit Buqa estava acampado em Ayn Jalut, a "Fonte de Golias", ao pé do Monte Gilboa. O exército mongol contava com cerca de 12 mil homens, mas alguns desses soldados não eram mongóis: havia tropas auxiliares da Geórgia e da Armênia, bem como soldados dos exércitos aiúbidas da Síria. A batalha aconteceu em 3 de setembro e a direita mongol logo derrotou a esquerda mameluca, porém, na sequência, os soldados da guarda pessoal de Kutuz contra-atacaram e deixaram a direita mongol em desordem. Kit Buqa logo reorganizou suas forças e voltou à batalha. Em seguida, Kutuz se desfez de seu elmo para que suas tropas o vissem com clareza e liderou uma investida frontal. Isso causou confusão nas fileiras mongóis e parece que Kit Buqa morreu nesse momento. Na sequência, as forças aiúbidas desertaram o flanco esquerdo mongol. A batalha havia começado ao amanhecer e, ao meio-dia, tornou-se um massacre.

Depois da batalha, Damasco, Hama e Alepo foram abandonadas por suas guarnições mongóis. Baibars logo massacrou uma coluna desses soldados, bem como suas mulheres e crianças em Homs.

Antes da batalha, parecia que o Islã estava no fim. Os mamelucos conseguiram, de uma só vez, se tornar os maiores guerreiros do jihad, legitimar sua dinastia e anexar a Síria. Kutuz não ficou em sua nova província por muito tempo, pois seu nervosismo crescia em direta proporção ao apoio dos emires a Baibars. Portanto, levou seu exército de volta ao Cairo, sua fortaleza política, o mais rápido que pôde, quando foi morto por Baibars e seus asseclas, enquanto caçavam no deserto. Baibars reivindicou o sultanato, que lhe foi concedido pelo amedrontado chefe do Estado-maior de Kutuz. Na sequência, cavalgou para o Cairo com o exército principal para assegurar a tesouraria e ter certeza de que seria entronado antes que o exército mudasse de ideia.

Os recursos muçulmanos foram estendidos com a aquisição da Síria, de modo que Kutuz havia recompensado al-Ashraf Musa, o príncipe aiúbida que tinha desertado os mongóis, devolvendo-lhe Homs. Al-Mansur Muhammad de Hama tinha se aliado aos mamelucos desde o princípio e também teve sua cidade de volta. Mossul voltou ao controle muçulmano e foi dada a um governante com fortes ligações familiares com os seljúcidas. O governante mameluco al-Halabi foi instalado em Damasco e *iqtas* foram distribuídos às principais famílias dos beduínos do norte da Síria; naquela conjuntura, todos os aliados eram necessários. Essas configurações, porém, logo começaram a ruir.

Al-Halabi se declarou sultão de Damasco, o governante de Alepo foi derrubado por um grupo de mamelucos que pareciam perigosamente independentes, e os mongóis começaram a invadir a região. Pagamentos secretos de Baibars a tropas curdas nas defesas de Damasco acabaram com a rebelião de al-Halabi; ele fugiu da cidade, mas logo foi capturado. O sultão aprisionou o rebelde por pouco tempo, mas depois o restaurou a seu posto. Al-Halabi era um dos *khushdash* de Baibars, o que significava que ele havia sido um soldado escravo novato do mesmo *ustadh* e eles teriam sido alojados e treinado juntos quando jovens. O *khushdashiyya* era um conjunto de relações entre os soldados escravos baseado em viver e lutar juntos, e tanto caracterizou como deu estrutura ao sultanato mameluco.

Seis mil soldados mongóis invadiram o norte da Síria em dezembro de 1260. Os novos senhores mamelucos de Alepo abandonaram os planos de independência e foram ao sul para se aliar a al-Mansur de Hama e al-Ashraf de Homs. Isso lhes garantiu uma força de apenas 1.400 homens, mas al-Ashraf decidiu enfrentar os mongóis logo ao norte de Homs. O dia estava com neblina e os mongóis temiam perder contato entre seus flancos, por isso formaram esquadrões alinhados em uma fronte curta, um após o outro. Isso lhes tirou a vantagem numérica. Há indícios também de que o reflexo do sol na neblina reduziu a visibilidade, o que impediu os arqueiros mongóis de identificar seus alvos em meio à força muçulmana que se aproximava com rapidez. Os muçulmanos lançaram uma saraivada de flechas durante sua investida e, em seguida, atacaram os mongóis com suas lanças. Os mongóis também foram atacados por beduínos pela retaguarda e aqueles que puderam fugiram do campo de batalha. Eles ocuparam Alepo por quatro meses, mas desertaram quando Baibars enviou um exército para ameaçá-los: eles foram avisados acerca da força mameluca pelos cruzados de Acre.

Os francos tentaram causar mais problemas para o novo sultão com uma incursão nas Colinas de Gola, em fevereiro de 1261, mas suas forças sofreram muito nas mãos dos turcomenos que Baibars havia posicionado na região. Por mais insignificantes que fossem esses episódios, eles levaram a atenção de Baibars aos francos e à consideração de que a eliminação deles poderia evitar que os mamelucos lutassem uma guerra em duas frontes. Ele começou a construir o exército que empurraria os francos para o mar.

O exército mameluco que Baibars montou era o único capaz de derrotar os mongóis no campo de batalha. Ele era composto por arqueiros montados, assim como as forças mongóis, mas um soldado mameluco podia ultrapassar a taxa de fogo de seu adversário e era muito mais disciplinado. Isso significava que, uma vez que os mongóis fossem derrotados ou igualados em um duelo de arqueiros, que era a primeira etapa de qualquer batalha entre os povos das estepes, os mamelucos poderiam se mover com rapidez para uma investida contra seus oponentes agora desordenados. Os mamelucos de Baibars não precisavam de um anteparo de infantaria como os cruzados, atrás do qual se ordenavam antes de avançar. Em vez disso, eles conseguiam agrupar seus esquadrões para manobrar no calor das batalhas fluidas e rápidas de cavalaria, e cronometrar suas investidas com perfeição, exatamente quando seus inimigos se desorganizavam ou estavam muito comprometidos com a batalha e incapazes de se desembaraçar. Essa destreza era inigualável na era medieval. As comunicações em campo dos mamelucos eram impressionantes para a época, e seus comandantes não ficavam atrás de nenhum outro, embora suas batalhas normalmente fossem ganhas pelo que era instilado neles nos campos de treinamento e pela habilidade de saber, quase que por instinto, como operar com unidades em uma época em que controlar um punhado de homens era quase impossível. Essa era uma consequência natural do *khushdashiyya*. Os mamelucos viviam quase como irmãos e a vida nos barracões era tudo para eles.

Lutar contra os cavaleiros e a infantaria de armaduras pesadas dos francos em combates corpo a corpo sempre se mostrou uma proposta difícil para os muçulmanos. Os soldados *askari* conseguiam desafiar um cavaleiro cruzado de igual para igual, mas havia poucos soldados mamelucos *askari* até então. Os mamelucos de Baibars, porém, eram numerosos. O exército do sultão não era um braço do Estado, ele *era* o Estado. A renda fluiu nas compras de novatos mamelucos do Cáucaso, e Baibars fechou um acordo com Berke Khan tanto como um pacto de segurança contra Hulegu como para manter o fluxo de meninos escravos. Baibars investiu em centros de treinamento e aumentou o tempo de treino dos novos recrutas. *Maydans*, ou hipódromos, foram construídos assim como muitos *tibaqs* (barracões). Também se investiu em cavalos: os mamelucos cavalgavam animais de 14 palmos de altura, assim como a média dos cavalos de guerra europeus da época, e os corcéis mamelucos ainda usavam armaduras.

Cada soldado era protegido por uma cota de malha, que ia dos joelhos ao pescoço e agia como um barrete. O *hazagand*, um justilho de couro e malha, também era usado, pois era adequado ao verão escaldante da Síria. Cada soldado carregava uma espada, uma adaga, um machado ou uma maça, uma lança e um escudo, assim como o inatingível arco composto e uma aljava de boca larga. O machado e a maça revelam que os mamelucos, tal qual em Almançora, lutariam com segurança em um combate corpo a corpo contra os *franj*.[180]

No total, Baibars aumentou o tamanho de seu exército durante seu reinado para 40 mil homens montados, além da infantaria e de tropas auxiliares. As antigas forças de elite aiúbidas, os *halqa*, foram rebaixadas e os mamelucos reais se tornaram o centro do exército. A cada novato mameluco, ensinava-se o Corão, como rezar e a lei de charia. O ensinamento religioso era intencionalmente dogmático e restrito, e a ideia de tolerância religiosa era evitada.

Todo o treinamento era conduzido de acordo com os preceitos do *Furusiyya*. Os *Furusiyya*, ou manuais de guerra, datam das primeiras dinastias do Islã, mas, sob o governo mameluco, se tornaram textos quase sagrados. Eles cobriam tudo, desde a conduta, o treinamento e o cuidado dos cavalos, táticas de cavalaria, técnicas de montaria e vestimenta de armaduras a como empunhar cada tipo de arma. Bases de ciência veterinária e a arte do jogo de polo também eram abordadas.

Todo o treinamento era organizado com cuidado, com os novatos passando por treinamentos em tarefas simples e de pouca exigência física, e depois por tarefas de alta habilidade que exigiam muita força e resistência. Os garotos *kiptchak* manejavam arcos e montavam pôneis nas estepes antes de ser "recrutados", mas o treinamento mameluco os colocava de volta ao básico. Exercícios de subir e descer dos cavalos, e com arcos em alcance total, eram praticados dia após dia. Os novatos trabalhavam por quatro arcos de força crescente. Os *qaws* finais, usados na guerra, tinham uma tração de cerca de 30 quilogramas. Obviamente, um mameluco era um arqueiro montado e o novato não poderia passar do treinamento sem demonstrar precisão com um arco a galope. As armas eram muitas vezes divididas em pares no *Furusiyya*. O *khanjar*, ou adaga, por exemplo, era juntado com a lança para combates corpo a corpo; a espada ia ao lado de armas utilizadas como projétil, como o dardo. A competência com a lança era mostrada pelos exercícios *bunud*. O recruta tinha de atirar sua lança, a galope, por um pequeno aro na altura da cabeça e colher pequenos cones do chão com a ponta da lança, também a galope. Os exercícios de espada exigiam que o novato, ao final do treinamento, fosse capaz de atingir uma estrutura de barro mil vezes sem se cansar e também conseguir cortar resmas de papel sem cortar o travesseiro de algodão macio colocado abaixo delas. A aprovação

---

180. Para mais informações sobre o treinamento, a estrutura e as divisões dentro do exército mameluco, ver Waterson, *Knights of Islam*, capítulo 5.

também exigia extrema habilidade com espadas e em equitação. Comprimentos medidos de cana tinham de ser cortados a galope e também se exigia o uso habilidoso de duas espadas.

No *maydan*, os novatos aprendiam a se movimentar como uma unidade e a agir em união; Baibars tentou assegurar o mesmo tipo de unidade em seu Estado. Os ulemás haviam começado a transferir seu poder sobre o povo a generais do jihad, já no começo do século XII, com a parceria entre Il-Ghazi e al-Kashab em Alepo. Baibars agora concluía o processo absorvendo os ulemás a serviço do Estado militar. Havia quatro escolas de jurisprudência sunita, a Shafi'i, a Hanbali, a Hanafi e a Maliki, e Baibars deu poder igual a cada uma delas.[181] Esse era um processo efetivo de dividir e conquistar. Nunca existiria uma *qadi* forte o bastante para se manifestar contra o regime porque as quatro escolas nunca estavam totalmente de acordo. Antes de concluir essa divisão habilidosa, ele usou a escola Shafi'i para aprovar a instalação de seu trunfo: um califa no Cairo. Na verdade, Baibars instalou dois califas. Ambos eram refugiados de Bagdá com conexões com a família abássida. Al-Mustansir foi empossado em 19 de junho de 1261, mas, seis meses depois, foi enviado pelo sultão para uma missão só de ida para exigir dos mongóis a devolução de Bagdá. É desnecessário dizer que nunca mais se ouviu falar dele. Em seguida, al-Hakim foi instalado e "reinou" até 1301, mas é claro que não tinha poder algum. Ele foi instalado para legitimar as ações de Baibars e para impressionar as visitas da Horda de Ouro.[182] Baibars, na verdade, tinha poucos motivos para precisar da legitimação de um califa para seu reinado: o jihad triunfante e destrutivo que ele lançaria contra os *franj* faria isso por ele.

A Guerra Santa atingiu Antioquia pela primeira vez em 1261. Os laços de Boemundo VI aos mongóis e armênios faziam de Antioquia uma ameaça às cidades de Baibars ao norte. Uma série de incursões continuou sem parar, ano após ano, e a cidade teria tombado não fosse pela ajuda mongol. Em 1262, São Simeão foi saqueado, e Jaffa e Beirute foram ameaçadas; Baibars conseguiu al-Bira e Karak, dois fortes vitais na fronteira, por trapaça e, com sua fronte mongol segura, ele voltou aos francos. A morte de Hulegu e as constantes lutas internas entre os mongóis também libertaram Baibars da agressão mongol durante esse período.

---

181. Nielsen, J. S., "Sultan al-Zahir Baybars and the Appointment of Four Chief Qadis, 663/1265", *Studia Islamica*, nº 60, 1984, p. 167-76.
182. Holt, P. M., "Some Observations on the Abbasid Caliphate of Cairo", *Bulletin of the School of Oriental and African Studies*, volume 47, nº 3, 1984, p. 501-7.

Nazaré foi saqueada em fevereiro de 1263 e a Igreja da Virgem foi destruída. Em abril, Baibars levou seus soldados a Acre, mas as muralhas da cidade o obstruíram. Ele pensou que tinha assegurado a assistência genovesa a ele para tomar a cidade, afinal, eles eram seus parceiros no comércio de escravos e também desejavam mover o comércio do Levante para os portos do Mar Negro. Ele conseguiu, no entanto, pilhar os arredores da cidade. Baibars deixou os turcomenos para trás para que saqueassem a Palestina, em 1263. Muitos senhores francos simplesmente venderam suas posses e abandonaram o Levante, tamanho era o prejuízo causado por essas depredações.

Existia, claro, o risco de provocar outra Cruzada com esses ataques ao ultramar, mas isso tinha de ser contrabalançado com o risco de uma aliança entre os cruzados e os mongóis. A rede de espionagem de Baibars havia-lhe informado de que Hulegu vinha se correspondendo com os francos da Síria e com o rei Luís IX da França. A solução de Baibars para esse problema foi evitar confrontos diretos com Acre e se voltar a outras províncias do reino cruzado. Boemundo VI de Antioquia era o franco que causava mais medo e, portanto, era um alvo óbvio. Os castelos dos hospitalários e templários também poderiam ser atacados, pois as cisões políticas que perpassavam o ultramar significavam que suas perdas iriam favorecer uma facção ou outra.

Em janeiro de 1265, Baibars seguia para o norte para enfrentar uma ameaça mongol a al-Bira, mas ela foi liquidada pela defesa do forte antes que ele chegasse. Ele então volveu contra os cruzados o exército que havia preparado contra os mongóis. Os hospitalários vinham contra-atacando os turcomenos que Baibars havia posicionado na Palestina. Por isso, o exército do sultão apareceu diante do grande castelo costeiro dos hospitalários em, Arsuf em janeiro de 1265, para ameaçar os cavaleiros. Então, ele desapareceu abruptamente e ressurgiu diante das muralhas de Cesareia. A habilidade de se reorganizar tão rapidamente era um aspecto consistente do exército mameluco, pois se baseava em um núcleo de cavalaria pesada. Sua rapidez de movimentos sempre dispersava os cruzados, pois seus reforços e o que restava de seu exército de campo nunca sabiam de onde viria o próximo ataque. Cesareia cedeu rápido em 27 de fevereiro depois de os mamelucos usarem escadas de cordas improvisadas, construídas com as rédeas de seus cavalos, para se lançarem sobre as muralhas. A cidadela se rendeu em 5 de março; Baibars destruiu a cidadela e a cidade baixa. Haifa sofreu o mesmo destino poucos dias mais tarde e ocorreu um grande massacre de civis, que não conseguiram fugir de barco. Baibars, então, instigou sua "política de castelo". Ibn al-Furat conta-nos que "o exército muçulmano extirpa as fortalezas francas e destrói seus castelos, enquanto em outros lugares os reconstruímos para enfrentar os mongóis".[183] Baibars não queria deixar nenhum lugar de desembarque para invasões europeias posteriores. Saladino não havia conseguido erradicar o ultramar pela sobrevivência e pela perda de Tiro e Acre; desde a destruição da frota de Saladino, em 1192, os muçulmanos ficaram ainda mais para trás da Europa na corrida naval.

Baibars se moveu para Atlit, o grande castelo-cidade dos templários na costa entre Haifa e Cesareia. As vilas ao redor foram queimadas e as fazendas pilhadas. Atlit, porém, resistiu às manganelas do sultão e ele voltou a Arsuf. Arsuf era defendida por 270 cavaleiros e estava bem abastecida. No entanto, os mamelucos de Baibars entraram em 26 de abril, depois de arrasar as muralhas da cidade baixa e encher o enorme fosso. Os cavaleiros se renderam três dias depois com a promessa de passagem livre para Acre; eles sabiam que nenhum reforço viria, pois o ultramar não tinha mais exército de campo depois de Harbiyya. Baibars voltou atrás em sua promessa e mandou os cavaleiros em cativeiro para assegurar que não lutassem novamente. Em seguida, levou suas tropas a Acre para guardar a nova fronteira, que agora era vista das muralhas da cidade.

Baibars retornou à Síria em junho de 1266. Ele simulou um ataque contra o castelo de Montfort, mas subitamente moveu suas forças para Safad no começo de julho. O ataque inicial de Baibars, que incluiu um bombardeio de 14 dias, não conseguiu fazer as defesas do castelo se renderem, mesmo com a promessa de mil dinares para cada pedra derrubada por seus homens, e o fato de que os mamelucos estavam atirando pedras de 450 quilogramas contra as muralhas com suas manganelas de feixe de balanço de contrapeso. O projeto pode ser de origem francesa, mas al-Tarsusi descreveu as manganelas de contrapeso *franj*, árabes e turcas como sendo bem diferentes umas das outras.

Depois de Baibars quase ser morto por um projétil franco muito bem mirado, ele procurou uma maneira diferente de derrubar o castelo. Declarou anistia a todos os nascidos sírios que desejassem se render a ele. Ele sabia que a maior parte da defesa de Safad era composta por cristãos nativos sob ordens dos templários. Com certeza não havia existido qualquer deslealdade até esse ponto, mas a garantia do sultão criou tensão e desconfiança entre as duas partes no castelo, e logo todos os sírios desertaram. Os templários tentaram defender o longo círculo

---

183. Ver Waterson, *Knights of Islam*, capítulo 5, para a análise de Ibn al-Furat e mais informações da aproximação mameluca à sua guerra de duas frontes.

de muralhas da cidade, mas foi em vão. Um dos poucos sargentos nativos restantes se ofereceu para negociar com Baibars e retornou do sultão com uma carta forjada, supostamente do mestre dos templários, chamando os cavaleiros à rendição. Eles saíram sob a promessa de passagem segura até o território dos cruzados e foram todos decapitados. Safad foi guarnecida de defesas e Baibars seguiu adiante. Toron se rendeu em seu primeiro ataque e Qara, um pequeno vilarejo sírio-cristão a oeste de Damasco, teve todos os seus habitantes assassinados por um pequeno destacamento de seu exército, pois estavam vendendo muçulmanos como escravos. O exército voltou ao Egito no outono de 1266, pela costa, e participou no que pode ser chamado de limpeza étnica nos vilarejos e cidades cristãos ao sul de Acre.

Baibars também havia mandado um de seus emires veteranos, Kalawun, com um exército para a Armênia e para invadir os arredores de Trípoli, no verão de 1266. Muitos fortes e cidades foram conquistados na região e o exército seguiu para se juntar ao príncipe aiúbida, al-Mansur, antes de entrar na Armênia. O rei armênio havia invadido os territórios de Baibars ao norte, em diversas ocasiões entre 1262 e 1264, mas em nenhuma das vezes havia conseguido uma vitória. O rei, então, havia negociado com Baibars por neutralidade e pagamento de tributo ao Egito, mas Baibars exigiu que ele entregasse os fortes da fronteira e o rei não podia obedecer por medo dos mongóis. Baibars queria pacificar a Armênia a fim de isolar Antioquia e Trípoli. O exército armênio esperou pela invasão de Kalawun nos Portões da Síria, mas ele evitou a passagem, foi pelas montanhas e começou a pilhar suas terras. Na sequência, o exército armênio foi eliminado de uma vez por todas na planície do Tarso. Kalawun saqueou as cidades de Ayas, Adana, Tarso e a capital Sis. Quarenta mil cativos foram levados de volta a Alepo.

Os cavaleiros das ordens e o regimento francês de Acre, um presente de Luís IX, fizeram incursões pelas terras recém-adquiridas pelos muçulmanos na Galileia, em outubro de 1266. Contudo, o acampamento do exército cruzado foi atacado por beduínos e sua vanguarda foi emboscada pela nova defesa mameluca de Safad. Baibars também tinha enviado um exército a Antioquia, no outono de 1266. Contudo, Boemundo VI conseguiu pagar propina aos emires que iam em sua direção para que recuassem.

O exército de Baibars retornou à Síria em maio de 1267. Ele usou os estandartes capturados dos hospitalários e dos templários para aproximar suas forças das muralhas de Acre, mas a fraude não conseguiu fazê-lo entrar na cidade. Seus soldados, então, destruíram os arredores e os cruzados, em desespero, mandaram emissários pedindo uma trégua, a qual lhes foi concedida, pois Baibars havia recebido informações de que Luís IX da França estava planejando uma nova Cruzada para março de 1267. O sultão temia que se formasse uma coalizão entre Luís e Abagha, o novo ilcã da Pérsia; portanto, decidiu atacar Jaffa no começo de 1268, pois era a última cidade Cruzada ao sul de Acre. Em 7 de março, apareceu diante das suas muralhas. Uma manganela franca mais uma vez quase liquidou o sultão, matando, na verdade, três homens que estavam perto dele, porém, depois de apenas 12 horas, seus homens conquistaram a cidade. Permitiu-se aos soldados da cidadela que deixassem Acre, mas a população civil foi morta ou escravizada. As fortificações da cidade foram destruídas; todos os objetos de mármore e madeira foram enviados ao Cairo, para fazer parte da nova mesquita de sexta-feira do sultão.

Para a existência de um ataque conjunto entre o ilcã e os europeus, Boemundo VI seria uma peça chave. Baibars, então, rumou em direção ao norte para Antioquia, mas, no caminho, apareceu uma oportunidade boa demais para deixar passar. Os templários do castelo de Beaufort vinham construindo um forte perto dele para aumentar as suas defesas. Infelizmente para eles, apenas as fundações do forte estavam completas quando o exército de Baibars chegou; elas providenciariam uma base de nível perfeita para a artilharia do sultão em uma região surpreendentemente montanhosa. As muralhas foram demolidas depois de dez dias e os templários capturados foram mandados para mercados de escravos. O castelo foi reconstruído, pois bloqueava uma possível rota de invasão mongol. Baibars, então, seguiu para Trípoli, mas julgou que ela era forte demais para ser conquistada facilmente; ele não percebeu, porém, que Boemundo VI estava na cidade e poderia ter sido morto ou capturado. Se isso houvesse acontecido, teria sido muito provável que Antioquia fosse forçada a se render. Ele também passou ao largo das fortalezas de Tortosa e Safita, sob o comando dos templários, depois de ambas pedirem por clemência.

O exército mameluco chegou a Antioquia em 14 de maio. Baibars investiu contra as muralhas com um terço de suas forças; São Simeão foi cercado e os Portões da Síria foram defendidos para prevenir qualquer intervenção mongol. O condestável de Boemundo VI fez um movimento muito infeliz ao liderar uma incursão. Ele foi capturado e Baibars o colocou para trabalhar na rendição da cidade. Os defensores, porém, se recusaram a ouvi-lo, e os bombardeios e ataques logo começaram. A defesa mal distribuída não era capaz de cobrir todas as partes das muralhas da cidade; por isso, em 18 de maio, Baibars fez um ataque geral a todos os setores. A invasão inevitável veio do setor do Monte Silpius e foi seguida por um dia inteiro de assassinato e pilhagem. Os portões da cidade foram trancados para garantir que nenhum civil escapasse da morte ou do resgate. Baibars cessou a matança no dia seguinte; escravos e ricos foram distribuídos entre seus emires veteranos. Baibars escreveu a Boemundo sobre o saque:

> Regozijai-vos por não haver visto vossos cavaleiros deitados sob os cascos dos cavalos, vossos palácios pilhados, vossas damas vendidas nos quarteirões da cidade, conseguindo um mero dinar, dinar esse tomado de vossas próprias hordas. Se houvésseis visto vossas igrejas destruídas, vossas cruzes serradas ao meio, as páginas dos evangelhos jogadas expostas, se houvésseis visto vosso inimigo, os muçulmanos, pisando nos santuários, com os monges, os padres e o diácono sacrificados no altar (...) as Igrejas de São Paulo e São Pedro derrubadas e destruídas, haveríeis dito: "Seria pela Graça do Senhor que eu houvesse sido transformado em pó ou seria pela Graça do Senhor que eu não houvesse recebido a carta que me conta de tal ignóbil catástrofe".[184]

A derrota de Antioquia praticamente acabou com os cruzados do norte da Síria. Os templários abandonaram todos os seus castelos na região, e outras cidades simplesmente foram entregues aos muçulmanos. Antioquia foi refortificada porque protegia a rota que vinha da Anatólia, controlada pelos mongóis, mas nunca foi repovoada.

Baibars agora havia tornado suas fronteiras mais seguras contra o ataque mongol; com a destruição dos portos, ele havia reduzido o risco de ataques vindos da Europa. Ele também trabalhou nas comunicações e nos primeiros sistemas de aviso na Síria. O excelente sistema postal militar *yam* dos mongóis, que cobria todas as terras, foi imitado, o que fez nascer o *barid*, ou serviço expresso de pôneis. O *barid* reduziu com efeito 20 dias de cavalgada para três e cobria todo o sultanato. Uma rede de torres pombais sempre tripuladas também foi instaurada, além de torres de vigia nas fronteiras que avisavam sobre qualquer ataque iminente com sinais de fumaça e faróis. Estações de milícia guardavam as estradas do sultanato e várias pontes sobre o Jordão permitiam a rápida disposição do exército egípcio pela Síria. Baibars se fez mais seguro em casa com o expurgo de emires, em 1263, 1265 e 1270; ele também se aliou a Kalawun casando a filha do emir com seu filho.

Para ser legitimado, o jihad de Baibars precisava preencher os requisitos de um regime doméstico justo e do mérito dos seus participantes. Para esse fim, ele ordenou que seus emires alimentassem os

---
184. Em Hillebrand, p. 320.

pobres com seus próprios recursos em 1263, quando o Nilo não subiu e o povo do Cairo ficou faminto. Ele também tornou a disciplina do exército mais rígida. Ibn al-Furat conta-nos que "o exército não trazia vinho em seu trem, tampouco existiam práticas libidinosas: só apareciam mulheres virtuosas, que levavam água aos soldados no meio da luta"; e existiam leis contra o consumo de haxixe. Baibars aumentou suas "credenciais islâmicas" em 1269, quando trouxe os lugares sagrados do Islã para sua tutela. Assim como Saladino, Baibars era intolerante com a "heresia" dentro do Islã e, por isso, começou uma grande campanha contra os assassinos ismaelitas da Síria e contra outros grupos xiitas. A campanha contra os fortes dos assassinos no norte da Síria continuou de 1265 a 1273. Depois disso, os membros da seita viraram pouco mais do que mercenários, e Baibars os usava sempre que precisava de um assassinato político.

Ao contrário de Saladino, Baibars fez a economia de base do seu Estado prosperar. Foram instauradas relações de comércio com Aragão e com o senhor da Sicília, Carlos de Anjou. Carlos era particularmente importante para Baibars por causa da reivindicação dele ao trono de Jerusalém, de suas ambições territoriais na Itália e de seus planos para a reconquista de Constantinopla. Tudo isso aterrorizou as repúblicas marítimas italianas e levou-as a fazer tratados com Baibars: Alexandria se expandiu enquanto os portos comerciais dos cruzados foram diminuindo.

A Cruzada ameaçada de Luís IX voltou a crescer e, então, Baibars concluiu tratados com a Armênia, pelos quais ganhou fortalezas na fronteira perto de Trípoli, e fechou uma trégua com Acre. Ele também fez com que os assassinos ismaelitas matassem Filipe de Montfort, que era o líder efetivo de Acre. Baibars, então, completou a demolição de Ascalon e revisou as fortificações de Alexandria e Damieta; o Nilo foi dragado para assegurar que o dilúvio de 1218, que havia acabado com a Quinta Cruzada, pudesse ser repetido, e o sultão tentou importar elefantes de guerra da Índia para soltar contra os cruzados, embora isso tenha sido provado impossível em termos de logística.

As preparações de Baibars nunca foram testadas. Os italianos, que iriam carregar a Cruzada ao Egito, estavam relutantes, assim como em 1204, a atacar seu parceiro de comércio, e o irmão do rei, Carlos de Anjou, pode muito bem ter sugerido que mudassem de rota para a Tunísia com a ilusória hipótese de que seu governante gostaria de se converter ao Cristianismo. A pestilência, então, causou um dano gigantesco ao exército cruzado e o rei Luís morreu de disenteria, assim como grande parte de seu exército, em uma margem perto de Túnis. Dada a "descrição", de

Ibn al-Athir, de que a Primeira Cruzada, em 1907, havia sido desviada de uma invasão à África e, então, invadiu a Síria, parece quase irônico que a última grande campanha dos cruzados tenha sido divergida da Terra Santa para a África.

A última campanha de Baibars contra os cruzados começou em 1271 e, para evitá-la, Boemundo VI pagou assassinos ismaelitas para tentar matar o sultão. A tentativa fracassou e, em fevereiro, o Castelo Branco dos templários tombou com facilidade para Baibars. Na sequência, ele soube que o mesmo erro de Beaufort foi cometido na fortaleza Krak des Chevaliers, com a diferença de que, dessa vez, os francos abandonaram a fortificação em uma colina vizinha ao gigantesco castelo. Mais uma vez, o forte semiacabado serviu de plataforma perfeita para os engenhos de cerco de Baibars. O castelo foi cercado em 3 de março, mas uma chuva forte reduziu a velocidade do transporte dos engenhos de cerco, de modo que a barragem só começou em 15 de março. Escavadores derrubaram uma das torres externas das muralhas e um ataque bem-sucedido foi lançado ao longo do único pico da montanha acessível que a torre protegia. No entanto, isso apenas possibilitou a entrada no círculo externo de defesas, e demorou mais duas semanas para que o muro interno tombasse. Os cavaleiros que se renderam conseguiram salvo-conduto até Trípoli.

O castelo hospitalário de Gilbecar foi o próximo a ceder. O sultão mostrou o caminho, ao ajudar a cavar as plataformas para os engenhos de cerco e manobrar as carretas que traziam as manganelas desmontadas pela floresta espessa que cercava o castelo. Ele tombou em apenas 12 dias. Em 12 de junho, os cavaleiros teutônicos perderam sua fortaleza em Montfort. Nenhum castelo no interior restava para os francos.

Baibars se excedeu em junho de 1271, quando enviou uma frota de navios disfarçados de cristãos para saquear Chipre. Ele estava preocupado que, depois da chegada do príncipe Eduardo da Inglaterra, pudesse existir uma nova união entre Chipre e Acre. Marinheiros incompetentes e um clima rigoroso arrasaram a frota com a perda de 1.800 marinheiros e soldados, e Baibars recebeu uma carta ultrajante do rei Hugo de Chipre sobre o desastre. O sultão respondeu:

> Vós nos informastes de que o vento destruiu certo número de nossos galeões, chamais isso de mérito pessoal e vos parabenizais por isso. Agora, nós, em nossa vez enviamos a notícia da queda de [fortalezas] (...) No vosso caso, não há nada notável para bradardes que tenhais capturado algum ferro e madeira. Destruir poderosos castelos é algo de fato notável! (...) Confiais em vosso Deus e nós no nosso. Aquele que confia em Deus e

em Sua espada é diferente daquele que confia no vento. A vitória advinda da ação dos elementos é menos nobre do que a vitória pela espada. Em um único dia, podemos enviar mais galeões, enquanto vós não conseguis reconstruir nenhum pedaço de vosso castelo. Podemos armar cem navios, mas em mil anos não conseguis armar uma única fortaleza. Qualquer um que receba um remo pode remar, mas não são todos os que têm uma espada que conseguem usá-la. Se faltam alguns marinheiros, nós temos mais milhares (...)[185]

Contudo, isso era apenas um blefe e a frota também naufragou em Maraclea, um pequeno forte no mar perto de Tortosa. Baibars havia expandido a marinha com quase 40 navios, mas era impossível se equiparar à potência marítima do Ocidente. Foi o medo que inspirou a destruição que os mamelucos infligiram aos portos da Síria: em longo prazo, sua estratégia traria enormes danos para a causa muçulmana. Com essas ações, o mundo islâmico se retraiu, exatamente quando os europeus começavam a abraçar a aventura e a expansão por completo. A vantagem que os europeus ganhariam com seu investimento continuado em marinha e navegação levaria à dominação do Ocidente. Os sultões mamelucos estavam ganhando a Guerra Santa, mas, com isso, perdiam o futuro.

O príncipe Eduardo da Inglaterra estava em Acre, em 1271, e suas negociações com Abagha Khan, descobertas pela excelente rede de espionagem do sultão, que se estendeu de Acre até Ilcanato, causaram preocupação a Baibars. Uma força mongol de 10 mil soldados havia entrado na Síria sob o comando do príncipe, e Baibars teve de trazer a cavalaria pesada do Cairo para impedi-los de avançar mais. Os mongóis estavam se infiltrando em outros pontos da fronteira e Baibars também teve problemas com uma incursão núbia no Alto Egito. Ele então decidiu negociar com Eduardo e usar Carlos de Anjou como mediador. Carlos era ideal para o papel aos olhos do sultão, pois ele queria que a fraqueza do Estado cruzado se mantivesse para que parecesse mais bem preparado para se tornar seu salvador e monarca. A *hudna* foi assinada por dez anos, dez meses, dez dias e dez horas, em 22 de maio de 1272. Como uma segurança extra, Baibars decidiu mandar matar Eduardo. O príncipe foi esfaqueado por uma adaga envenenada enquanto dormia em seus aposentos: seu ferimento não foi fatal e seu atacante foi morto, mas o veneno o manteve perto da morte por vários meses depois disso. Ele partiu para a Europa assim que conseguiu viajar e o fiasco de Abagha em fazer mais contra os mamelucos na campanha do príncipe danificou bastante a confiança dos cruzados na aliança com os mongóis.

---

185. Em Gabrieli, p. 321.

Baibars se voltou para seus problemas com os núbios, com uma rápida campanha e trocando o rei deles por um monarca mais tratável. O restante de seu reino estava voltado quase exclusivamente para a guerra mongol. A guerra havia chegado a um nível leve, que exigia abastecimento de fortalezas, o envio de patrulhas de saque e de reconhecimento, e a negociação com os inimigos mongóis do ilcã. Era efetivamente um impasse. Do ponto de vista mameluco, isso era perfeito, pois seus objetivos de guerra estavam limitados a apenas manter os mongóis fora da Síria e a evitar qualquer ligação entre os ilcãs e os cruzados.

Em 1274, Baibars ficou sabendo dos planos do papa Gregório para uma Cruzada em coalizão com os mongóis não batizados. O velho papa, porém, morreu logo depois, mas Baibars tinha sido obrigado a mobilizar os exércitos do sultanato e, em fevereiro de 1275, empregou essas forças para fazer incursões nas áreas de controle mongol da Jazira e invadir a Armênia novamente. Ele derrotou uma força de cruzados e armênios na costa antes de invadir Tarso. Na sequência, retornou para Damasco em junho de 1275. Para desviar ainda mais os mongóis de uma conspiração com os francos, Baibars entrou em negociações secretas com o governador seljúcida dos mongóis da Anatólia, para ajudar que ele e os outros príncipes seljúcidas se livrassem do controle mongol. Baibars sabia que essa campanha estava fadada ao fracasso, mas estava preparado para ajudá-la apenas para aumentar os problemas do ilcã. A fim de apoiar uma rebelião seljúcida simulada, o exército do Egito partiu para a Anatólia em fevereiro de 1277. Baibars destruiu um exército mongol perto da cidade de defesa de Abulustayn e conquistou a capital, Qaysariyya. Contudo, não foi capaz de manter o sultão seljúcida sob sua influência e logo decidiu que o risco de tentar manter a Anatólia era grande demais. Em maio de 1277, o exército já estava de volta à Síria.

Baibars morreu em 1º de julho de 1277, em Damasco, com cerca de 50 anos de idade. Seus feitos foram imensos. O sultanato mameluco foi criado por suas próprias mãos e o Estado militar era poderoso e bem organizado. Ele o deixou com as fronteiras seguras, uma burocracia eficiente e uma economia de base firme. Ele foi, sem dúvida alguma, um dois maiores homens da época e, mesmo que não tivesse os ideais de Saladino, suas habilidades militares e administrativas eram muito superiores. Apesar de ter matado o último sultão aiúbida com suas próprias mãos, ele continuou, mesmo como sultão, a lutar sob o estandarte amarelo de Saladino. Talvez depois dos anos de transigência e trapaças que personificaram os últimos aiúbidas, ele procurou completar o jihad de Saladino. A morte roubou-lhe a chance de terminar a Guerra Santa, mas ele colocou tudo nos eixos para que seus sucessores terminassem a tarefa.

O filho de Baibars, Baraka, o sucedeu, mas não conseguiu equilibrar as forças em seu Estado. Os mamelucos zaíridas pessoais de seu pai ainda detinham as posições mais altas do governo, e Baraka agiu contra eles em purgações desajeitadas para abrir espaço à promoção de homens da sua própria guarda pessoal. Ele foi removido do poder, em março de 1279, por um pequeno grupo de emires bahridas liderados por seu sogro, Kalawun. Por meio de concessões generosas para seus associados na nova junta, Kalawun teve sucesso sendo eleito sultão e, com um toque político habilidoso, conseguiu subornar ou expurgar zaíridas suficientes para ficar em segurança. Ele também formou uma nova base de força dentro do Estado com a criação de seu próprio regimento pessoal, os mansuridas.

Entretanto, apesar dessa cuidadosa habilidade política, houve uma rebelião em Damasco, que logo se espalhou por Hama, Alepo e Safad. Os oficiais de Kalawun enfrentaram as forças rebeldes em batalha em Gaza, em maio de 1280, e mais uma vez em Damasco, em 21 de junho, e derrotaram-nos ambas as vezes. No entanto, o norte da Síria ainda estava praticamente fora de controle quando chegou a notícia de uma invasão mongol iminente em larga escala próxima à fronteira.

Kalauren rapidamente renovou um tratado de paz que Baibars havia originalmente feito com Boemundo VII de Trípoli e, além disso, fechou um novo acordo com os francos do Acre. Ele também negociou com as tribos beduínas, por seu apoio no conflito iminente. Na véspera da batalha, houve relatos de espiões em Trípoli de que mongóis foram vistos em barcos que chegaram na cidade e de que Abagha Khan estava tentando abrir uma segunda fronte. Informações posteriores, no entanto, confirmaram que se tratava de *franj* usando capacetes mongóis para confundir a estratégia de Kalawun. Os mongóis chegaram ao campo de batalha perto de Homs com 44 mil mongóis, 5 mil georgianos e 3 mil turcos anatolianos e armênios. Os cavaleiros hospitalários de Margat também haviam se aliado ao exército e sua frente se estendia por 24 quilômetros de Hama a Salamiyya. Kalawun tinha cerca de 30 mil homens para lutar contra essa força.

A batalha começou na manhã do dia 29 de outubro e a ala esquerda dos mamelucos logo se rompeu. Os mongóis da direita perseguiram a infantaria local de Homs e, na sequência, convencidos da completa vitória mongol, pararam ao lado do Lago Homs para repousar. Seus companheiros, porém, estavam sendo completamente derrotados no resto do campo de batalha. Os mongóis do centro e da esquerda haviam se tornado uma multidão confusa, massacrados entre um centro mameluco fortemente seguro e uma direita mameluca que avançava em alta velocidade. Eles irromperam e fugiram, sendo perseguidos por todo o exército mameluco. Kalawun então se viu praticamente sozinho, não fosse por sua guarda pessoal, quando os mongóis que estavam descansando ao lado do lago de repente retornaram ao campo. O sultão apressou seus soldados da infantaria quando viu do topo das colinas, durante o lento retorno dos mongóis, que o restante de seu exército estava em completa retirada. Eles então partiram, obviamente na expectativa de não ser deixados para trás. A retirada se transformou em um massacre, e as perdas entre os mongóis e seus aliados foram imensas.

Pouco seria preciso para que Kalawun perdesse a batalha. Abagha Khan havia se esforçado muito para estimular os monarcas europeus a juntar-se a ele, mandando enviados à Itália, em 1276, e à Inglaterra, em 1277; a presença de uma força inimiga franca, ainda que pequena, na retaguarda dos mamelucos poderia ter sido o suficiente para desestabilizar o equilíbrio. Essas abordagens continuariam até o fim do ultramar, como mostra uma carta de 1289 do ilcã Arghun a Filipe, o Belo, da França:

> Concordamos com a proposta que nos enviastes no ano passado (...) "Se os exércitos dos ilcã forem para a guerra contra o Egito, nós também partiremos daqui e iremos à guerra para atacar (...) em uma operação conjunta."
>
> E decidimos (...) depois de nos reportarmos aos céus, montar em nossos cavalos no último mês do inverno [1290] (...) e descer deles diante de Damasco no dia 15 do primeiro mês na primavera [1291] (...) se por autoridade do céu, conquistarmos aquele povo, vos daremos Jerusalém.[186]

Não era para ser. Falta de confiança e distância seriam suficientes para destruir qualquer acordo desse tipo. Naquele momento, os francos do ultramar pareciam ter chegado à conclusão de que não havia esperança de resgate, nem do Ocidente nem do Oriente, e buscavam sobreviver simplesmente por meio de tratados benévolos com o sultão. Seu novo rei ausente, Carlos de Anjou, havia sido morto, em 1285, na guerra que se seguiu à conspiração conhecida como "Vésperas Sicialianas", e toda a Europa estava em desacordo quanto à sucessão de seu trono. Outro *hudna* foi concedido a Acre em 1283, sobretudo porque derrotar os mongóis havia abalado gravemente o exército mameluco, que precisava

---

186. Em Morgan, D., *The Mongols*, Oxford, Blackvell, 1990, p. 184.

ser reconstruído. Tréguas e tratados poderiam, claro, ser armas, pois eram capazes de explorar as fissuras políticas que percorriam todo o ultramar. Em 1267, Baibars fez um acordo com os hospitalários e, na sequência, guerreou contra os templários e Antioquia. Seu acordo com Beirute, em 1269, fez da cidade quase um protetorado do sultão mameluco, separando-a efetivamente do reino cruzado.[187]

A sobrevivência, portanto, foi garantida para os latinos de Acre por um pouco mais de tempo. No entanto, as fraquezas da Armênia convidaram ao ataque, e os mamelucos lutaram lá tanto em 1283 como em 1284, em grande parte para obter madeira e ferro para as armas de cerco mamelucas. A Armênia teve direito a um humilhante acordo de paz com pagamento de tributos, em 1285.

Uma sucessão realmente assustadora de ilcãs ascendeu ao trono da Pérsia mongol entre 1282 e 1295. Eles deixaram seu Estado perto do colapso, de modo que Kalawun não tinha muito com que se preocupar em sua fronteira oriental, o que lhe dava certa liberdade contra os francos. Em 1285, ele levou seu exército às muralhas de Margat. Os hospitalários, assim como os armênios, precisavam pagar por sua presença na Batalha de Homs. O cerco começou mal: o castelo estava posicionado no alto de uma montanha e as catapultas superavam as armas de cerco dos mamelucos. Também levou um mês para que os engenheiros de Kalawun cavassem e explodissem uma mina que haviam enterrado sob uma das torres principais e por baixo das muralhas internas do castelo. Quando as paredes vieram abaixo, no entanto, não houve resistência e os hospitalários tiveram permissão de partir para Trípoli; o castelo foi reconstruído e provido de tropas.

O pequeno forte de Maraclea, que havia desafiado Baibars, ainda era um problema na ausência de uma frota eficaz, mas, quando Kalawun ameaçou Trípoli, ele fez de sua destruição o preço por ter de recuar seu exército. Então, em 1287, um terremoto pôs abaixo as muralhas de Laodiceia, que estava mais uma vez sob controle dos cruzados, e a cidade se rendeu ao sultão. Em outubro de 1287, Boemundo VII de Trípoli morreu e facções começaram a destruir a harmonia da cidade. Desde 1279, Kalawun vinha conspirando contra Boemundo VII com a família Embracio, cujo antecedente encontramos pela primeira vez diante das muralhas de Jerusalém, já em 1099. Na sequência, sua conspiração abarcou os venezianos, que por fim apelaram à assistência do sultão contra os genoveses na cidade. Imediatamente, Kalawun revogou o tratado de 1283.

---

187. Ver Holt, P. M., *Early Mamluk Diplomacy* 1260-1290: Treaties of Baybars and *Kalavun with Christian Rubers*, Leiden, Brill, 1955.

A morte do filho favorito de Kalawun havia interrompido os planos para a dominação de Trípoli, em 1288, mas, em março de 1289, o exército egípcio começou o cerco. Isso foi o suficiente para unir os cristãos de trás das muralhas da cidade: galeões sob o comando de venezianos, genoveses e pisanos encheram o porto, trazendo suprimentos para a cidade; o regimento do rei Luís IX de Acre e cavaleiros de Chipre se juntaram à guarnição. Trípoli foi cercada pelo mar e somente poderia ser atacada por uma estreita passagem. Kalawun alinhou suas catapultas do lado oposto da cidade para dar cobertura com fogo, mas era difícil para seus homens, já que o fino istmo de terra tornava difícil fazer valer seu número superior deles e, além disso, os defensores conseguiam usar todas as suas forças em uma pequena parte da muralha. Por isso, Kalawun optou por se apoiar na concentração de sua artilharia no canto sudoeste das muralhas em terra. Depois de um mês, duas torres cederam e os navios venezianos e genoveses no porto imediatamente levantaram âncora e partiram da cidade condenada. Essa deserção causou caos em Trípoli; vendo isso, Kalawun ordenou um ataque geral, em 26 de abril. Francos de alto escalão pegaram o navio para Chipre e abandonaram os cidadãos. Todos os homens cristãos foram mortos, e todas as mulheres e crianças foram escravizadas; o prefeito, Embracio, estava entre os mortos. Mamelucos até cavalgaram o mais longe que puderam para dentro do mar, enquanto puxavam suas montarias pelos arreios para uma ilha perto de Trípoli na qual muitos cristãos haviam se refugiado. O príncipe aiúbida Abu'l Fida, que estava presente no massacre, visitou a ilha depois da carnificina e afirmou que não poderia ficar lá mais tempo em razão do mau cheiro dos cadáveres.

Os ossos de Boemundo VII foram exumados e espalhados ao longo da cidade, pelos cidadãos muçulmanos e pelos *ghazi* que haviam se aliado ao jihad de Kalawun. As pequenas fortalezas de Botro e Nephi também foram facilmente conquistadas depois da captura de Trípoli. As muralhas de Trípoli foram derrubadas, enquanto Kalawun continuou a política de Baibars de "terra queimada" ao longo da costa da Síria, e outro Embracio, Pedro, ofereceu a submissão de Jibail.

Os emires de Kalawun agora pediam a liquidação de Acre, mas ele sabia que sua submissão iria exigir um investimento pesado em armas de cerco. Por isso, renovou a trégua com a cidade, mas usou o novo *hudna* para construir, entre outras máquinas, a maior catapulta jamais vista no Oriente Médio: Almançora, "a Vitoriosa". Ele sabia que Acre utilizaria esse tempo para tentar conseguir apoio do Ocidente, mas que as consequências correntes das Vésperas Sicilianas garantiriam a vida de poucos reforços. Na verdade, os únicos "cruzados" que responderam ao chamado eram perturbadoramente semelhantes aos que haviam participado da Cruzada Popular em 1095. Grupos de desempregados da população das cidades de Lombardia e Toscana juraram sob a cruz. Eles foram transportados para Acre por venezianos, que, apesar de sua competição comercial com Gênova, se importavam o suficiente com Acre para enviar 20 galeões em sua defesa.

A maior parte de 1290 foi de paz, porém, em agosto, uma revolta ocorreu em Acre, depois que um mercador oriental seduziu uma mulher cristã casada. Todos os homens de barba que a multidão italiana pôde encontrar foram mortos e, apesar das autoridades da cidade logo restabelecerem a ordem, Kalawun teve seu *casus belli* e seu exército estava pronto. Ele mandou mensagens enganosas de que lideraria um exército em direção à Núbia e partiu do Cairo em 4 de novembro de 1290. No entanto, faleceu apenas oito quilômetros depois de iniciada a marcha. A tarefa de finalmente remover os *franj* da Síria seria, portanto, deixada a seu jovem filho, Khalil al-Ashraf, em quem o sultão nunca havia confiado e sobre quem uma vez tinha afirmado: "Eu não vou colocar Khalil no comando dos muçulmanos".

Apesar das dúvidas de seu pai, alguns assassinatos judiciosos bastaram para que Khalil se instaurasse. Na verdade, Kalawun tinha sido tão eficiente quanto Baibars, mesmo que talvez mais sutil, ao extinguir toda resistência dentro de seu reino. Esse fato e o entusiasmo contínuo pelo jihad contra Acre foram o suficiente para garantir a segurança do trono de Khalil e para que ele rejeitasse os pedidos de Acre por clemência, em janeiro de 1291. Ele usou o funeral de seu pai para inflamar ainda mais o fervor dos egípcios pela Guerra Santa, antes de levar o exército para a Síria em março. O chamado aos sírios para o jihad foi feito na grande mesquita de Damasco e os *ghazis* recrutados lá na verdade superavam o número dos soldados regulares. Ulemás ajudaram a empurrar as novas catapultas para os arredores de Damasco. A neve atrasou o exército de Hama e o deslocamento da grande catapulta, Almançora, para Acre. Uma jornada que normalmente levaria apenas oito dias acabou levando um mês, uma vez que o gado que puxava os cem carros que carregavam suas partes desmontadas morreu pela exposição às intempéries climáticas.

A guarnição de Acre foi amparada pela chegada da tropa cipriota, e os hospitalários e templários alojados na cidade tinham fortalecido suas muralhas. A artilharia marítima franca no porto disparou contra o flanco direito do exército sitiante, até que uma tempestade destruiu grande parte dela. Os cruzados também tiveram a bravura desesperada de se recusar a fechar os portões da cidade: eles os deixaram abertos e lutaram ao pé das muralhas. Cavaleiros cristãos também saíam diariamente para batalhas e combates corpo a corpo. As fontes de registro muçulmanas registram vitórias dos defensores mamelucos em todos esses duelos.

O bombardeio da cidade durou seis semanas e envolveu 90 catapultas, o maior número já utilizado no Oriente Médio. Os francos cobriram as muralhas com palha para minimizar o impacto dos mísseis, mas os mamelucos atiraram com flechas em chamas. O avanço para dentro da cidade estava se tornando difícil e lento. As armas de cerco causavam buracos na muralha e, logo em seguida, grupos de infantaria os atravessavam para tentar reter uma posição. Outras tropas trabalhavam para encher as valas com os escombros das muralhas caídas enquanto eram atacadas por flechas das torres acima deles. Os cavaleiros das ordens militares viviam contra-atacando durante essas operações, e o equipamento que roubavam dos mamelucos mortos era exposto nas muralhas internas de Acre. O sultão ficou furioso com essa falta de progresso e fez com que muitos de seus emires fossem presos sob suspeita de conluio com o inimigo. O rei de Chipre chegou a Acre, mas estava doente e logo percebeu que a situação da cidade era irrecuperável, partindo três dias depois. O bombardeio foi redobrado e os escavadores cavaram em todas as torres da cidade. Os cruzados queimaram a Torre do Rei Hugo em 8 de maio, enquanto ela desmoronava por causa das minas colocadas sob ela. A Torre dos Ingleses logo cedeu, bem como a Torre da Condessa Blois. Uma seção da muralha, acima do Portão de Santo Antônio, então caiu e, com ela, a Torre de Henrique II. Os mamelucos atacaram pelo que era agora um buraco entre as muralhas externas, mas foram detidos no Portão de Santo Antônio e tiveram sua entrada impedida na cidade por uma formação desesperada de templários e hospitalários.

No dia 17 de maio, os *franj* pleitearam uma trégua com tributo, a qual foi recusada, mas Khalil ofereceu passagem segura sob a condição de que abandonassem a cidade. As negociações acabaram subitamente quando os cruzados tentaram matar o sultão com uma pedra de catapulta bem mirada. Khalil ordenou uma ofensiva geral. O ataque começou na manhã do dia 18 de maio, com o rufar contínuo de 300 tambores. As cabeças dos defensores foram mantidas baixas por diversas saraivadas de flechas e todas as seções das muralhas foram atacadas. Os mamelucos derrubaram a Torre Amaldiçoada e então lutaram ao longo das muralhas para assegurar o Portão de Santo Antônio. O portão foi aberto e as tropas invadiram. Em menos de três horas, bandeiras *ghazis* estavam penduradas em todas as muralhas.

Quatro torres altas continuaram intocadas e muitos dos cavaleiros da cidade haviam fugido para elas. Foi oferecida passagem segura para que se rendessem, mas, quando os mamelucos entraram na primeira torre para esvaziá-la, eles começaram a agarrar as mulheres que também se alojavam lá. Os cavaleiros rapidamente fecharam o portão da torre e mataram todos os mamelucos que haviam ficado do lado de dentro. As outras torres se renderam sob novas promessas de segurança, mas os cavaleiros da primeira torre ficaram dentro dela por mais três dias antes de aceitar se render de maneira honrosa. Mesmo assim, enquanto deixavam a torre, houve mortes, pois mamelucos buscaram vingança pela morte de um emir que havia sido assassinado durante as negociações. Os cavaleiros que ainda estavam na torre jogaram cinco prisioneiros muçulmanos pela janela, o que foi seguido por uma luta sangrenta. O sultão exasperado ordenou que a torre fosse minada. As tropas muçulmanas evacuaram a torre e ela tombou matando todos que estavam dentro dela. Enquanto isso, um saque brutal acontecia na cidade, conduzido pelas tropas irregulares *ghazis*. Os homens que habitavam a cidade foram mortos independentemente de sua fé, enquanto as mulheres e crianças eram levadas para servir como escravos. Os habitantes mais ricos não conseguiram escapar como em Trípoli: foram torturados até que revelassem onde estavam escondidos seu ouro e sua prata.

Khalil ordenou a destruição das muralhas de Acre e então aceitou a rendição das últimas cidades controladas pelos francos. Saida, Beirute e Tiro foram todas evacuadas e demolidas. A Guerra Santa tinha chegado ao fim. Suas feridas, no entanto, persistiriam.

Epílogo

UMA COSTA ASSOMBRADA
As consequências do jihad

É preferível ouvir a flatulência de camelos às orações de peixes.

Provérbio medieval árabe

Durante a pilhagem de Trípoli, os mamelucos tinham cavalgado e nadado com seus cavalos no mar para alcançar um dos postos avançados da ilha. No século XVI, os portugueses professaram abertamente um plano para conquistar Meca, com uma operação anfíbia e uma troca forçada da cidade mais sagrada do Islã por Jerusalém,[188] enquanto os diários de Colombo continham um plano magistral para recuperar o Levante para a Cristandade, por vias de uma aliança com o grande cã e da criação de um estrangulamento do comércio do Egito com as Índias. Desde 1321, com o estabelecimento da Ordem de Cristo em Portugal, tais esquemas de Cruzada "alternativos" existiam em abundância. Nenhum deles nunca alcançou seus objetivos, mas eram tão significativos quanto a recusa dos mamelucos de abandonar seus corcéis quando encontravam o mar como obstáculo.

Os muçulmanos venceram a Guerra Santa pelo Levante no século XIII, mas as sequelas dessa vitória foram altamente desastrosas para a civilização que conseguiu esse objetivo. Os muçulmanos destruíram a costa da Síria e, com ela, grande parte de sua economia nos séculos seguintes, por medo de um retorno dos *franj*, mas haveria mais consequências dessa destruição do que apenas as financeiras. A razão pela qual os *franj* tinham sido capazes tanto de sobreviver em seus postos isolados como de atacar o Islã em Cruzadas sucessivas foi que eles obtiveram controle do mar. Os aiúbidas e os mamelucos vinham de povos das montanhas

---

188. Hamdani, A., "The Ottoman Response to the Discovery of America and the New Route to India", *Journal of the American Oriental Society*, julho-setembro de 1981, p. 323-30.

e das estepes, estando, por isso, acorrentados à terra. A destruição da costa síria foi uma afirmação audaciosa de que aquela era uma fronteira que não deveria ser ultrapassada por nenhum dos lados. Os muçulmanos, exceto pela atividade de pirataria dos emirados norte-africanos e por um breve fluxo de construção de navios e ataques navais contra Chipre, sob o comando do sultão mameluco Baibars nos anos 1420,[189] abandonaram os navios e as estratégias de guerra navais. Nesse meio-tempo, os europeus estavam usando bússolas e cartas marítimas para se aventurar cada vez mais longe do Mediterrâneo, com galeões totalmente equipados. Ver o mar como fronteira fez mais do que render o Mediterrâneo Oriental aos europeus: restringiu os horizontes do mundo muçulmano no momento exato em que a Europa estava olhando para as águas dos oceanos. Quando a Europa realmente se "globalizou" em suas visões comerciais e, mais importante, estratégicas, o mundo muçulmano ficou em uma posição incapaz de acompanhar, apesar dos melhores esforços e intenções dos otomanos.

É consenso o fato de que algumas das razões para a "ascensão do Ocidente" estão bem longe do Oriente Médio, tendo-se sugerido que o impacto devastador da peste negra, o colapso do regime mongol na China e a reorientação da nova dinastia Ming, no norte da China, tiveram muito a ver com isso. O fato de os chineses terem abandonado o Mar da China Meridional e o comércio marítimo real permitiram aos portugueses, holandeses e ingleses criarem uma nova ordem de comércio e um novo sistema geopolítico mundiais. Nessa teoria, houve uma "queda do Oriente" que pavimentou o caminho para a nova hegemonia ocidental,[190] mas permanece o fato de que os muçulmanos entregaram o controle do Mediterrâneo, um mar disputado durante muito tempo e que os separava de seus rivais europeus, em uma conjuntura crucial, facilitando o nascimento do Ocidente.

Em 1291, o Islã havia destruído os *franj*, e o Estado dos persas mongóis entraria em colapso em 1335, de modo que o grande "declínio" que estava por vir teria sido impensável para os mamelucos, mas a semente da decadência estava plantada. O Islã medieval, na verdade, nunca tinha dado muita atenção à Europa cristã; se tivesse, talvez pudesse ter visto a reconquista da Espanha como uma ameaça maior ao mundo muçulmano do que simplesmente a al-Andalus e como um precursor das invasões europeias subsequentes do Levante. Essa atitude

---

189. Os navios do sultão, na verdade, costumavam ser tripulados por renegados venezianos..
190. Abu-Lughod, J. L., *Before European Hegemony: The World System, A. D. 1250-1350*, Oxford, Oxford University Press, 1989.

foi fortalecida pela vitória contra os cruzados. O mundo muçulmano se tornou até mesmo mais presunçoso e desdenhoso em relação a seus adversários europeus brutos. A Cristandade latina foi banida, e os mercadores ocidentais tiveram os lugares onde podiam aportar ou viajar restringidos. Havia interesse somente na tecnologia militar do Ocidente e não na cultura que a havia produzido, mas a militarização da sociedade muçulmana que os cruzados tinham imposto no mundo islâmico talvez tenha tornado isso inevitável. A supressão da criação e da expansão de horizontes foi inevitável, dado que os mamelucos eram um grupo militar que representava uma minoria no Estado que governava; qualquer mudança seria potencialmente perigosa e poderia levar a problemas à dinastia. Também seria improvável a ocorrência de oposição intelectual dentro do Estado, visto que o jihad tinha sido uma empreitada sunita e seus paladinos, desde Nuredin até os sultões mamelucos, não toleraram a heterodoxia ou os conceitos de pensamento livre, permanecendo tacanhos e dogmáticos em sua fé.

No princípio do conflito entre cruzados e muçulmanos, uma potente unidade cristã superou a força dos regimes políticos muçulmanos independentes, que se descortinaram à sua frente. Também havia falta de tropas regulares muçulmanas bem treinadas na área síria, ausência de vontade política para se opor aos francos, e nenhuma identificação entre a população da Síria e os militares turcos. O jihad que se cristalizou entre os príncipes da Jazira e que teve um progresso hesitante entre eles até Zengi, o conquistador de Edessa, levaria à unificação da Síria sob o comando de Nuredin. Desse ponto em diante, a futura queda do ultramar tornou-se inevitável, mas foram necessárias a tenacidade, a conduta e a coragem de Saladino para apressar o fim do reino franco e o ideal de jihad, para manter um exército no campo de batalha por tempo suficiente para derrotar as ambições da Terceira e da Quinta Cruzadas. Com a evolução do exército mameluco dos aiúbidas e do sultanato mameluco, o exército muçulmano tornou-se essencialmente o próprio Estado, o que produziu os melhores soldados do mundo medieval. A unidade dos francos também os havia abandonado a essa altura, ao passo que os mamelucos tinham controle tanto do califado quanto dos ulemás, e iriam se tornar o regime político mais importante do Oriente Médio até o começo do século XVI. O fim do jihad a Síria e o Egito se tornar os Estados mais importantes em todo o Islã, ao passo que o Iraque e a Pérsia tinham sido desolados pelas invasões mongóis, mas também plantou as sementes do declínio desses Estados. O legado do jihad contra os cruzados também alimentaria as lendas fundadoras de uma nova dinastia, que estava apenas começando a subir ao poder. No fim do século XIII, a dinastia otomana cresceu a partir da destruição da Anatólia pós-mongol. No futuro, o Império Otomano convocaria os *ghazis* para seu estandarte e levaria um tipo bem diferente de Guerra Santa até os portões de Viena.

Infelizmente, uma última tendência pode ser vista nesse período: a crescente brutalidade da guerra, bem como o aumento na incidência do assassinato de prisioneiros e civis. A maneira de guerrear no Oriente Médio, antes dos cruzados, consistia em guerras limitadas com objetivos específicos. No fim desse período, pode-se ver o que Von Clausewitz chamou de "guerra total", uma situação na qual a destruição tinha se tornado um fim em si mesmo. A sangrenta pilhagem de Jerusalém durante a Primeira Cruzada talvez fosse convencional para os padrões europeus da época, mas era estranha à cultura e às tradições do Levante. No entanto, na metade do século XIII, o Oriente Médio havia entrado em uma era sangrenta. A represália e a exterminação de oponentes eram características da invasão dos mongóis no Oriente Médio, mas também se tornaram cada vez mais comuns nas condutas tanto de muçulmanos como de cristãos em relação aos oponentes derrotados. Abu'l Mahasin resume essa mentalidade em sua descrição do tratamento dos defensores de Acre:

> É maravilhoso observar que o Todo-Poderoso Deus tenha permitido que os muçulmanos conquistassem Acre no mesmo dia e na mesma hora em que os francos o fizeram. Eles ganharam o controle de Acre em 1191, depois do famoso cerco, na sexta-feira, dia 17 de Jumada, na terceira hora do dia. Prometeram salvar as vidas dos muçulmanos e depois os mataram de forma traiçoeira. Deus permitiu que os muçulmanos os reconquistassem na terceira hora de 17 de Jumada. O sultão deu sua palavra aos francos e depois os massacrou como os francos fizeram com os muçulmanos. Dessa maneira, o Todo-Poderoso Deus foi vingado em seus descendentes.[191]

O caminho de volta de um ponto de tamanha violência é uma longa jornada. E ainda não retornamos dele.

---

191. Em Gabrieli, p. 349.

REFERÊNCIAS BIBLIOGRÁFICAS

Abu-Lughod, J. L., *Before European Hegemony: The World System, A.D. 1250-1350*, Oxford: Oxford University Press, 1989.
Al-Sarraf, S., "Mamluk Furusiyah Literature", *Mamluk Studies Review*, vol. 8, nº 1, 2004, p. 141-200.
Amitai-Preiss, R., "Mamluk Espionage Among the Mongols and Franks", *Asian and African Studies*, 1988, p. 173-81.
_____. *Mongols and Mamluks: The Mamluk-Ilkhanid War, 1260-1281*, Cambridge: Cambridge University Press, 1995.
Angold, M., *The Byzantine Empire 1025-1204: A Political History*, second edition, London: Longman, 1997.
Asbridge, T., "The Significance and Causes of the Battle of the Field of Blood", *Journal of Medieval History*, vol. 23, nº 4, 1997, p. 301-16.
_____. *The First Crusade: A New History*, London: The Free Press, 2005.
Ayalon, D., "Studies on the Structure of the Mamluk Army-III", *Bulletin of the School of Oriental and African Studies*, 1954, p. 57-90.
Bacharach, J. L., "African Military Slaves in the Medieval Middle East: The Cases of Iraq (869-955) and Egypt (868-1171)", *International Journal of Middle East Studies*, November 1981, p. 471-95.
Barber, M., "Frontier Warfare in the Latin Kingdom of Jerusalem: The Campaign of Jacob's Ford, 1178-79", in J. France and W. G. Zajac (eds.), *The Crusades and their Sources: Essays Presented to Bernard Hamilton*, London: Ashgate, 1998.
Bent, S., *Justice Oliver Wendell Holmes*, New York: Vanguard Press, 1932.

Blair, S., *Islamic Inscriptions*, Edinburgh: Edinburgh University Press, 1988.
Bosworth, C., "The Political and Dynastic History of the Persian World 1000-1217", in J. Boyle (ed.), *The Cambridge History of Persia. Volume Five: The Saljuq and Mongol Periods*, Cambridge: Cambridge University Press, 1968.
_____. "Abu 'Amr 'Uthman al-Tarsusi's Siyar al Thughur and the Last Years of Arab Rule in Tarsus", *Graeco Arabica*, 5, 1993, p. 183-95.
Brett, M., "The Battles of Ramia (1099-1105)". in *Orientalia Lovaniensia Analecta: Egypt and Syria in the Fatimid, Ayyubid and Mamluk Eras*, edited by U. Vermeulen and D. Louvain de Smet, Leiden: Brill, 1995.
Brundage, J., *The Crusades: A Documentary History*, Milwaukee: Marquette University Press, 1962.
Byrne, E. H., "Genoese Trade with Syria in the Twelfth Century", *American Historical Review*, January 1920, p. 191-219.
Cahen, C., "The Turkish Invasion: The Selchukids", in K. Setton (ed.), *A History of the Crusades, Volume One*, London: University of Wiscosin Press, 1969.
Cameron Lyons, M. e Jackson, D. E. P., *Saladin: The Politics of the Holy War*, Cambridge: Cambridge University Press, 1982.
Creasy, E. S., *Fifteen Decisive Battles of the World: From Marathon to Waterloo*, London: Bentley, 1851.
Croce, Benedetto, *La Storia Come Pensiero e Come Azione*, Naples: Bibliopolis, 1938/2002.
Crone, P., *Slaves on Horses: The Evolution of the Islamic Polity*, Cambridge: Cambridge University Press, 1980.
Darke, H., *The Book of Government or Rules for Kings: The Siyar al-Muluk or Siyasatnama of Nizam al-Mulk*, London: Routledge, 1960.
De Rachewiltz, I., *Papal Envoys to the Great Khans*, London: Faber and Faber, 1971.
_____. Dekmejian, Ryand Thabit A, "Machiavelli's Arab Percursor: IBN Zapr al Siquilli", *British Journal of Middle Eastern Studies*, november 2000, p. 125-37.
_____. Edbriry, P., and (Rowe) J. William of Tyre, *Historian of the Latin East*, Cambridge: Cambridge University Press, 1988
Ehrenkreutz, A. S., "The Place of Saladin in the Naval History of the Mediterranean Sea in the Middle Ages", *Journal of the American Oriental Society*, April-June 1955, p. 100-16.

_____. "The Crisis of Dinar in the Egypt of Saladin", *Journal of the American Oriental Society*, July-September 1956, p. 178-84.

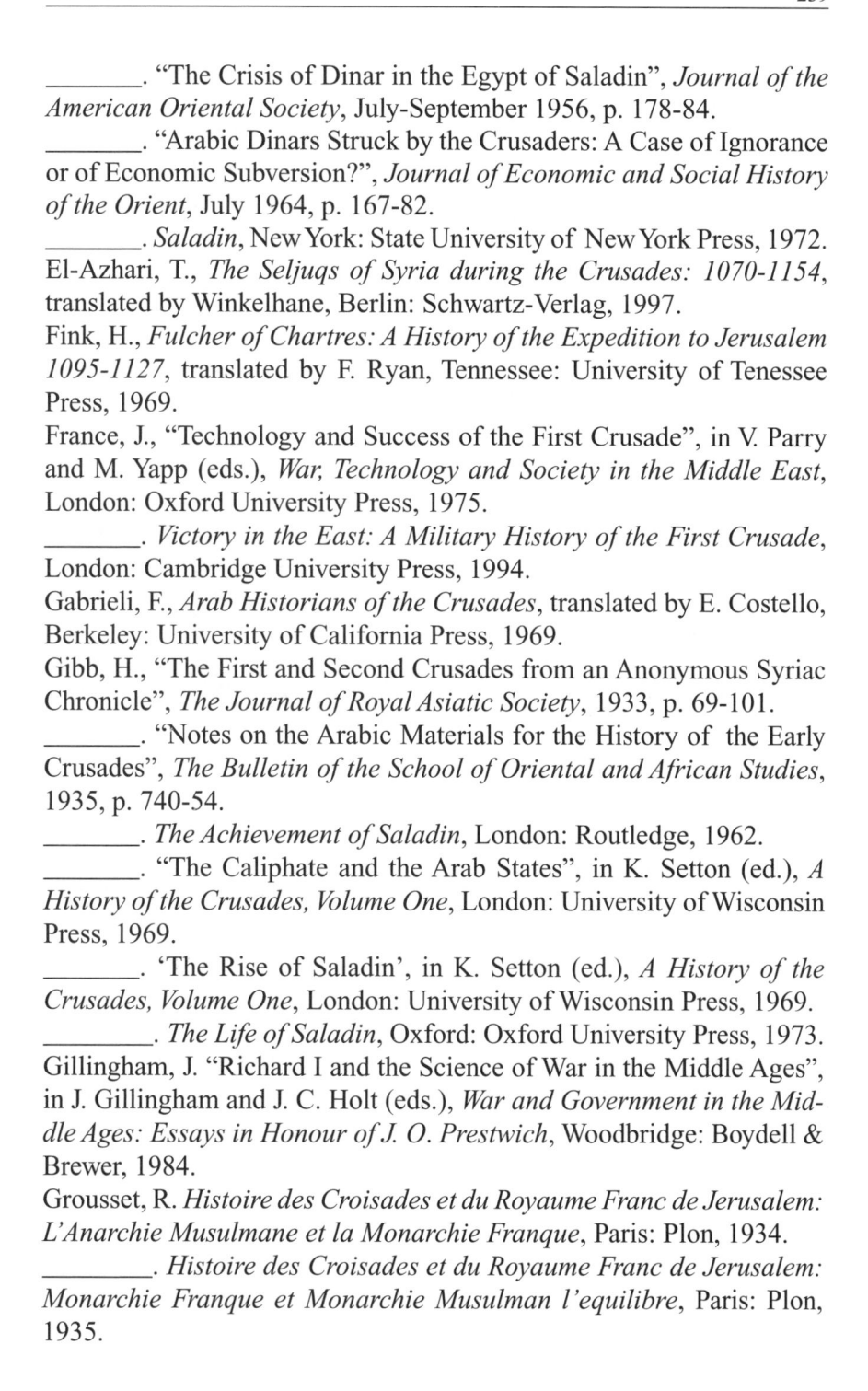

_____. "Arabic Dinars Struck by the Crusaders: A Case of Ignorance or of Economic Subversion?", *Journal of Economic and Social History of the Orient*, July 1964, p. 167-82.

_____. *Saladin*, New York: State University of New York Press, 1972.

El-Azhari, T., *The Seljuqs of Syria during the Crusades: 1070-1154*, translated by Winkelhane, Berlin: Schwartz-Verlag, 1997.

Fink, H., *Fulcher of Chartres: A History of the Expedition to Jerusalem 1095-1127*, translated by F. Ryan, Tennessee: University of Tenessee Press, 1969.

France, J., "Technology and Success of the First Crusade", in V. Parry and M. Yapp (eds.), *War, Technology and Society in the Middle East*, London: Oxford University Press, 1975.

_____. *Victory in the East: A Military History of the First Crusade*, London: Cambridge University Press, 1994.

Gabrieli, F., *Arab Historians of the Crusades*, translated by E. Costello, Berkeley: University of California Press, 1969.

Gibb, H., "The First and Second Crusades from an Anonymous Syriac Chronicle", *The Journal of Royal Asiatic Society*, 1933, p. 69-101.

_____. "Notes on the Arabic Materials for the History of the Early Crusades", *The Bulletin of the School of Oriental and African Studies*, 1935, p. 740-54.

_____. *The Achievement of Saladin*, London: Routledge, 1962.

_____. "The Caliphate and the Arab States", in K. Setton (ed.), *A History of the Crusades, Volume One*, London: University of Wisconsin Press, 1969.

_____. 'The Rise of Saladin', in K. Setton (ed.), *A History of the Crusades, Volume One*, London: University of Wisconsin Press, 1969.

_____. *The Life of Saladin*, Oxford: Oxford University Press, 1973.

Gillingham, J. "Richard I and the Science of War in the Middle Ages", in J. Gillingham and J. C. Holt (eds.), *War and Government in the Middle Ages: Essays in Honour of J. O. Prestwich*, Woodbridge: Boydell & Brewer, 1984.

Grousset, R. *Histoire des Croisades et du Royaume Franc de Jerusalem: L'Anarchie Musulmane et la Monarchie Franque*, Paris: Plon, 1934.

_____. *Histoire des Croisades et du Royaume Franc de Jerusalem: Monarchie Franque et Monarchie Musulman l'equilibre*, Paris: Plon, 1935.

Haarmann, U. W., "Ideology and History, Identity and Alterity: The Arab Image of the Turk from the Abbasids to Modern Egypt", *International Journal of Middle East Studies*, May, 1988, p. 175-96.

Hamdani, A., "The Ottoman Response to the Discovery of America and the New Route to India", *Journal of the American Oriental Society*, July-September, 1981, p. 323-30.

Hammad. M., *Latin and Muslim Historiography of the Crusades: A Comparative Study of William of Tyre and Ibn al-Athir*, PhD thesis. UMI Dissertation Services, Michigan, 1987.

Hillenbrand, C. *The Crusades: Islamic Perspectives*, Edinburgh: Edinburgh University Press, 1999.

Hitti, P. K., *An Arab-Syrian Gentleman and Warrior in the Period of the Crusades: Memoirs of Usama Ibn Muniqdh*, Columbia, NY: Columbia University Press, 1929.

Holt, P., *The Memoirs of a Syrian Prince*, Wiesbaden: Steiner, 1983.

_____. "Saladin and His Admirers: A Biographical Reassessment", *The Bulletin of the School of Oriental and African Studies*, vol. 46, 1983, p. 235-9.

_____. "Some Observations on the Abbasid Caliphate of Cairo", *The Bulletin of the School of Oriental and African Studies*, vol. 47. nº 3, 1984, p. 501-7.

_____.*The Age of the Crusades: The Near East from the Eleventh Century to 1517*, London: Longman, 1986.

_____. *Early Mamluk Diplomacy 1260-1290: Treaties of Baybars and Kalavun with Christian Rulers*, Leiden: Brill, 1995.

Hourani, A., *History of the Arab Peoples*, London: Faber and Faber, 1991.

Humphreys, R. S., "The Emergence of the Mamluk Army", *Studia Islamica*, nº 45, 1977, p. 67-69.

_____. *From Saladin to the Mongols: The Ayyubids of Damascus, 1193-1260*, New York State University of New York Press, 1977.

Ibn Al-Qalanasi, *Dhayl Tarikh Dimashq (Damascus Chronicle of the Crusades)*, translated by H. A. R. Gibb, London: Luzac and Company, 1932.

Ibn Khaldun, *The Muqaddimah: An Introduction to History: Volume I*, translated from the Arabic by F. R. Rosenthal, edited by N. J. Dawood, London: Routledge and Kegan Paul, 1958.

Irwin, R., *The Middle East in the Middle Ages: The Early Mamluk Sultanate*, London: Croom Helm, 1986.

_____. "Church of Garbage", *London Review of Books*, 3 February 2000, p. 38-39.

Jackson, P., 'The Crisis in the Holy Land in 1260', *English Historical Review*, July 1980, p. 481-513.

_____. "The Crusades of 1239-41 and their Aftermath", *Bulletin of the School of Oriental and African Studies*, vol. 50, nº 1, 1987, p. 32-60.

_____. *The Mongols and the West, 1221-1410*, Harlow and New York: Pearson and Longman, 2005.

Kennedy, H., *The Prophet and the Age of the Caliphates: The Islamic Near East from the Sixth to the Eleventh Century*, London: Longman, 1986.

Krey, A. C., *The First Crusade: The Accounts of Eyewitnesses and Participants*, Princeton: Princeton University Press, 1921.

Labib, S., "The Era of Suleyman the Magnificent: Crisis of Orientation", *International Journal of Middle Eastern Studies*, November 1979, p. 425-51.

Lambton, A. K. S., "The Theory of Kingship in the Nasihut al-Muluk of Ghazali" in *Theory and Practice in Medieval Persian Government*, London: Variorum Reprints, 1954.

Lane, F., "Tonnages, Medieval and Modern", *Economic History Review, New Series*, vol. 17, nº 2, 1964, p. 213-33.

Leisten, T., 'Mashhad Al Nasr: Monuments of War and Victory in Medieval Islamic Art', *Muqarnas*, vol. 13, 1996, p. 7-26.

Lev, Y., "Army, Regime, and Society in Fatimid Egypt, 358-487/968-1094", *International Journal of Middle East Studies*, August 1987, p. 33-65.

_____. *State and Society in Fatimid Egypt*, Leiden: Brill, 1991.

Levanoni, A., "The Mamluks' Ascent to Power in Egypt", *Studia Islamica*, nº 72, 1990, p. 121-44.

Lewis, B., "Kamal al-Din's Biography of Rashid al-Din Sinan", *Arabica. Revue D'Études Arabes*, vol. XIII, fasc. 3, 1966, p. 231-2.

Lilie, R., *Byzantium and the Crusades States: 1966-1204*, translated by J. Morris and J. Ridings, Oxford: Clarendon Press, 1988.

Little, D., "The Fall of Akka in 690/1291: The Muslim Version", in M. Sharon (ed.), *Studies in Islamic History in Honour of Professor D. Ayalon*, Leiden: Brill, 1986.

Maalouf, A., *The Crusades through Arab Eyes*, translated by J. Rothschild, London: Al-Saqi Books, 1983.

Melville, C. P. e Lyons, M. C., "Saladin's Hattin Letter", in B. Z. Kedar (ed.), *The Horns of Hattin*, London: Variorum, 1992.

Morgan, D., "The Mongols in Syria 1260-1300", in P. Edbury (ed.), *Crusade and Settlement*, Cardiff: University College Cardiff Press, 1985.

_____. *Medieval Persia*, London: Longman, 1988.

_____. *The Mongols*, Oxford: Blackwell, 1990.

Nicolle, D., "Medieval Warfare: The Unfriendly Interface", *Journal of Military History*, vol. 63, nº 3, July 1999, p. 579-99.

Nielsen, J. S., "Sultan al-Zahir Baybars and the Appointment of Four Chief Qadis, 663/1265", *Studia Islamica*, nº 60, 1984, p. 167-76.

Paine, L., *Saladin: A Man for All Ages*, London: Hale and Co., 1974.

Peters, E., *The First Crusade: The Chronicle of Fulcher of Chartres and Other Source Materials*, 2. ed., Philadelphia: University of Pennsylvania Press, 1998.

Peters. P., *Jihad in Medieval and Modern Islam*, London: Nisaba-Brill, 1977.

Pryor, J. H., *Geography, Technology and War: Studies in the Maritime History of Mediterranean 649-1571*, Cambridge: Cambridge University Press, 1988.

Queller, D. E. e Day. G. W., "Some Arguments in Defense of the Venetians on the Fourth Crusade", *American Historical Review*, October 1976, p. 717-37.

Raymond d'Aguilers, *Historia Francorum Qui Ceperunt Iherusalem*, translated by J. Hill and L. Hill, Paris: Bibliothèque National de France, 1969.

Richard, J., "An Account of the Battle of Hattin Referring to the Frankish Mercenaries in Oriental Moslem States". *Speculum*, April 1952, p. 168-77.

Richards, D., "Ibn al-Athir and the Later Parts of the Kamil: A Study of Aims and Methods", in D. Morgan (ed.), *An Introduction to Medieval History Writing in the Christian and Islamic Worlds*, London: SOAS Publications, 1982.

Riley-Smith, J., *The Crusades: A Short History*, London: Athlone Press, 1990.

Runciman, S., *A History of The Crusades. Volume One: The First Crusade and the Foundation of the Kingdom of Jerusalem*, Cambridge: Cambridge University Press, 1951.

Sachedina, A., "The development of Jihad in Islamic Revelation and History", in J. Turner-Johnson and J. Kelsay (eds.), *Cross, Crescent and*

Sword: The Justification and Limitation of War in Western and Islamic Tradition, New York: Greenwood Press, 1990.
Scanlon, G., *A Muslim Manual of War*, Cairo: American University at Cairo, 1961.
Sivan, E., *L'Islam et la Crosaide: Ideologie et Propagande dans le Reactions Musulmanes aux Croisades*, Paris: Librairie d'Amerique et d'Orient, 1968.
Smail, R. C., *Crusading Warfare 1097-1193*, second edition, Cambridge: Cambridge University Press, 1995.
Somogyi, J. de, "A Qasida on the Destruction of Baghdad by the Mongols", *Bulletin of the School of Oriental Studies*, vol. 7, nº 1, 1933, p. 41-8.
Stern, M. S., "Petitions from the Ayyubid Period", *Bulletin of the School of Oriental and African Studies*, vol. 27, nº 1, 1964, p. 1-32.
Tritton, A. S., "The Tribes of Syria in the Fourteenth and Fifteenth Centuries", *Bulletin of the School of Oriental and African Studies*, vol. 12, 1948, p. 567-73.
Tyerman, C., "Were there any Crusades in the Twelfth Century?" *English Historical Review*, June 1995, p. 553-77.
Waterson, J., *The Knights of Islam: The Wars of the Mamluks*, London: Greenhill Book, 2007.
_____. *The Ismaili Assassins: A History of Medieval Murder*, London: Frontline Books, 2008.
White, L. Jr., "The Crusades and the Technological Thrust of the West", in V. J. Parry and M. E. Yapp (eds.), *War, Technology and Society in the Middle East*, Oxford: Oxford University Press, 1975.

Índice Remissivo

A

Abagha, Ilkhan Mongol 220, 224, 226, 227
Abu'l Fida, Príncipe Aiúbida
   229
Acre 10, 11, 62, 66, 70, 93, 107, 135, 140, 152, 159, 171, 173, 174, 175, 176,
   177, 179, 180, 181, 182, 183, 187, 189, 192, 196, 200, 202, 210, 211, 213,
   217, 218, 219, 220, 222, 223, 224, 226, 227, 228, 229, 230, 231, 232, 236
Ager Sanguinis 79, 81, 96, 106, 141
Ager Sanguinis – ver Sarmada, Batalha de
   Cerco Cruzado de
      8, 10, 19, 30, 33, 38, 39, 40, 41, 42, 43, 44, 45, 46, 48, 49, 50, 51, 52, 53, 55,
      56, 58, 67, 68, 70, 72, 73, 74, 75, 76, 79, 81, 83, 88, 89, 90, 91, 93, 102,
      103, 106, 107, 109, 110, 111, 112, 113, 115, 116, 120, 131, 148, 155, 162,
      166, 172, 173, 174, 210, 211, 216, 217, 219, 220, 221, 228
Aktay, Emir Mameluco Veterano 207
Al-Adil II, Sultão Aiúbida do Egito 199
Al-Adil, irmão de Saladino, Sultão do Egito 162, 172, 184, 192
Al-Afdal, filho de Saladino 168, 169
Al-Ashraf, Emir Aiúbida da Jazira 197, 212, 213, 230
Al-Ashraf Musa 212
Al-Ashraf Musa, Príncipe Aiúbida 195, 197
Al-Azhar, universidade Islâmica 28
Al-Aziz, filho de Saladino, Sultão do Egito 168, 169
Al-Babayn, Batalha de 116
Al-Bira, Fortaleza 216, 217
Al-Bursuqi, Emir de Mossul 80, 81
Aleixo 37, 43, 45, 57, 65, 72, 158
Aleixo II, Imperador Bizantino 158

Alepo 7, 8, 10, 29, 30, 31, 32, 40, 42, 45, 46, 47, 56, 71, 72, 73, 74, 75, 76, 77,
    78, 79, 80, 81, 87, 88, 89, 90, 91, 93, 94, 96, 99, 100, 103, 104, 105, 107,
    108, 109, 110, 123, 126, 127, 128, 129, 130, 132, 140, 143, 146, 153, 154,
    155, 160, 161, 162, 173, 191, 192, 194, 199, 201, 203, 207, 210, 212, 213,
    216, 219, 226
Alexandria 12, 117, 118, 132, 133, 150, 160, 163, 178, 193, 222
Al-Hakim, Califa Fatímida 18, 26, 27, 216
Al-Jawwad, Príncipe Aiúbida de Damasco 198, 200, 201
Al-Kamil, Sultão Aiúbida do Egito 194, 195, 196, 197, 198
Al-Kashab, Qadi de Alepo 76, 216
Al-Mashtub, general de Saladino 180, 187, 188
Al-Muazzam, sobrinho de Saladino, Príncipe da Transjordânia 155, 168
Al-Muizz Aybeg, Emir Mameluco Veterano 207
Al-Muqtadi, Califa Abássida 30
Al-Muzaffar, Emir Aiúbida de Hama 198
Al-Nasir, Emir Aiúbida de Nablus 7, 139, 195, 198, 199, 200, 201, 202, 203,
    207
Al-Nasir Yusuf, Emir Aiúbida de Alepo 203, 207
Al-Sinnabrah, Batalha de 74, 96
Al-Tarsusi, escritor 41, 59, 218, 238
Al-Zahir, genro de Saladino, Príncipe de Alepo 179, 192, 211, 216, 242
Amalrico, Rei de Jerusalém 113, 114, 115, 116, 117, 118, 119, 120, 121, 126,
    127, 133, 192, 194
Anatólia 7, 9, 26, 29, 30, 32, 34, 35, 39, 40, 70, 71, 72, 89, 90, 91, 101, 102,
    109, 112, 113, 150, 160, 201, 210, 221, 225, 236
Antioquia 8, 10, 19, 30, 33, 38, 39, 40, 41, 42, 43, 44, 45, 46, 48, 49, 50, 51, 52,
    53, 55, 56, 58, 67, 68, 70, 72, 73, 74, 75, 76, 79, 81, 83, 88, 89, 90, 91, 93,
    102, 103, 106, 107, 109, 110, 111, 112, 113, 115, 116, 120, 131, 148, 155,
    162, 166, 172, 173, 174, 210, 211, 216, 217, 219, 220, 221, 228
  Cerco Cruzado de 8, 10, 19, 30, 33, 38, 39, 40, 41, 42, 43, 44, 45, 46, 48, 49,
    50, 51, 52, 53, 55, 56, 58, 67, 68, 70, 72, 73, 74, 75, 76, 79, 81, 83, 88, 89,
    90, 91, 93, 102, 103, 106, 107, 109, 110, 111, 112, 113, 115, 116, 120,
    131, 148, 155, 162, 166, 172, 173, 174, 210, 211, 216, 217, 219, 220, 221,
    228
Antioquia, Batalha de 8, 30, 34, 42, 52, 55, 79, 81, 82, 96, 106, 116, 141, 147,
    149, 156, 158, 201, 228
Aragão 222
Ariq Boke, Khan Mongol 210
Armênia, Armênios 39, 179, 196, 209, 212, 219, 222, 225, 228
Arsuf 11, 62, 64, 176, 182, 183, 184, 189, 217, 218
Ayla, cidade Fortaleza 121, 160
Ayn Jalut, Batalha de 11, 212
Azaz, Fortaleza 81, 130
Azerbaijão 28, 164, 210

B

Baalbek 10, 11, 92, 109, 129, 155, 198, 201
Bagdá 10, 26, 27, 28, 30, 31, 41, 55, 72, 73, 74, 75, 76, 78, 81, 87, 88, 90, 103,
    104, 129, 134, 146, 153, 179, 207, 209, 210, 216
Baha al-Din 123, 154, 177, 178, 180, 181, 182, 185
Balak 80, 82, 83, 96
Balduíno III, Rei de Jerusalém 19, 93, 106, 107, 111, 112, 113
Balduíno I, Rei de Jerusalém 73
Balduíno IV, Rei de Jerusalém 127, 130, 131, 151, 152, 155, 156, 162, 163, 164
Baraka, Sultão Mameluco 226
Baybars, Sultão e Emir Mameluco 216, 228, 240, 242
Beaufort, Castelo Cruzado 11, 199, 220, 223
Beirute 10, 11, 66, 107, 139, 156, 157, 159, 160, 161, 171, 173, 177, 192, 193,
    216, 228, 232
  Cavalaria Berbere 10, 11, 66, 107, 139, 156, 157, 159, 160, 161, 171, 173,
    177, 192, 193, 216, 228, 232
Belvoir, Castelo Cruzado 11, 159, 174
Berke 210, 214
Berkyaruq, Sultão Seljúcida 30, 31, 74
Bilbays 12, 114, 115, 118
  Vale de Biqa 12, 114, 115, 118
Boemundo II de Antioquia 88
Boemundo III de Antioquia 115, 162
Boemundo VI de Antioquia 210, 217
Buri, Príncipe de Damasco 83, 84, 85, 87, 89

D

Damasco 7, 8, 10, 11, 29, 30, 31, 32, 40, 42, 43, 44, 47, 48, 50, 62, 64, 68, 69,
    70, 73, 74, 75, 83, 84, 85, 87, 89, 90, 91, 92, 93, 95, 96, 100, 101, 103,
    105, 107, 108, 110, 111, 112, 114, 123, 125, 126, 127, 128, 129, 131, 134,
    138, 140, 142, 143, 145, 153, 154, 156, 157, 165, 171, 174, 176, 177, 187,
    190, 191, 192, 195, 196, 197, 198, 199, 200, 201, 202, 203, 206, 207, 209,
    210, 212, 213, 219, 225, 226, 227, 230
Damieta, cidade fortaleza 12, 120, 121, 133, 157, 160, 194, 195, 196, 197, 203,
    205, 222
Dandanqan, Batalha de 28
Danishmend, Emir da Anatólia 35, 36, 37, 70, 72, 88
Dirgham, Wazir do Egito 114
Diyarbakir 187
Doriléia, Batalha de 8, 30, 34, 42, 52, 55, 79, 81, 82, 96, 106, 116, 141, 147,
    149, 156, 158, 201, 228

E

Edessa 9, 10, 55, 56, 62, 70, 72, 73, 75, 79, 80, 81, 83, 88, 89, 90, 93, 94, 95, 96, 97, 99, 100, 103, 131, 135, 179, 199, 235
Embracio, família genovesa 228, 229

F

Farrukhshah, sobrinho de Saladino
  Campo de Sangue, Batalha de – ver Sarmada, Batalha de 155, 156, 157, 159, 161
Fons Muratus, Batalha de
  Quarta Cruzada 193, 194
Furusiyya 215

G

Gaza 10, 11, 12, 47, 119, 121, 133, 151, 171, 199, 200, 201, 202, 211, 226
Genovês 58
Gibelcar 246
Godofredo, Advocatus do Santo Sepulcro 59, 60, 62, 70
Gumushtigin, Atabeg de al-Salih 126, 128, 129, 130
Guy de Lusignan, Rei de Jerusalém 162, 164, 185

H

Haifa 11, 62, 175, 217, 218
Hama 10, 50, 75, 83, 84, 87, 90, 110, 127, 129, 151, 155, 160, 161, 173, 192, 198, 202, 207, 212, 213, 226, 230
Harbiyya, Batalha de 147, 202, 203, 218
Harran 179
Hattin, Batalha de 42, 100, 145, 147, 167, 168, 169, 170, 183, 189, 242
Hebron 11, 62
Henrique de Champagne, Rei de Jerusalém 177, 185
Heracleia 39, 71
Hisn Kaifa 160
Hisn Kaifa, cidade fortificada
  Lança Sagrada, descrição da descoberta 52
Homs, Batalhas de 10, 50, 56, 89, 92, 110, 127, 128, 129, 155, 192, 199, 201, 202, 203, 212, 213, 226, 228
Horns e Hama, Batalha de 170, 242
Hulegu, Ilkhan Mongol 209, 210, 214, 216, 217

I

Ibn al-Athir, historiador 24, 31, 40, 41, 47, 49, 50, 52, 57, 59, 64, 70, 73, 83, 90, 95, 99, 105, 115, 118, 119, 122, 162, 164, 165, 166, 167, 169, 171, 176, 185, 223, 240, 242

Ibn al-Qalanasi, historiador 24, 32, 37, 38, 39, 43, 45, 48, 50, 63, 64, 66, 70, 72, 78, 83, 84, 85, 88, 89, 92, 94, 95, 96, 97, 101, 106, 108, 111, 132
Ibn Zafir al-Siqilli, escritor 34
Il-Ghazi, Príncipe de Mardin e Alepo 75, 76, 77, 78, 79, 80, 83, 96, 154, 216
Imad al-Din, historiador 155, 157, 161, 162, 166, 170, 173, 190
Iraque 18, 26, 27, 28, 30, 31, 32, 42, 72, 75, 88, 161, 201, 235
Ismail, Príncipe aiúbida de Damasco 8, 144, 199, 200, 201, 203
Izz al-Din, Emir Zenguida 129, 161, 164

J

Jaffa 7, 10, 11, 58, 62, 63, 64, 66, 68, 75, 82, 107, 140, 151, 171, 176, 181, 182, 183, 184, 187, 188, 189, 192, 194, 198, 200, 202, 216, 220
Jazira 7, 10, 50, 80, 87, 96, 129, 142, 161, 162, 176, 178, 191, 196, 197, 198, 201, 204, 210, 225, 235
Jerusalém 8, 10, 11, 19, 23, 24, 25, 26, 29, 31, 33, 34, 48, 49, 55, 56, 57, 58, 59, 60, 62, 64, 66, 67, 68, 70, 71, 72, 73, 75, 79, 81, 82, 83, 84, 88, 100, 101, 103, 107, 108, 109, 111, 113, 114, 117, 126, 127, 128, 132, 147, 148, 150, 151, 153, 154, 156, 157, 158, 159, 162, 163, 164, 166, 167, 171, 172, 178, 181, 184, 185, 186, 187, 189, 190, 193, 195, 196, 197, 198, 199, 200, 201, 202, 203, 205, 211, 222, 227, 228, 233, 236
João de Brienne, Rei de Jerusalém 194
João II, Imperador Bizantino 89, 90, 91
Jocelino de Tel-Bashir 73, 74

K

Kalavun, Sultão, Mameluco 228, 240
Karak, castelo cruzado 7, 10, 11, 122, 135, 159, 160, 163, 164, 165, 172, 201, 216
Karbuqa, Atabeg de Mossul 50, 51, 52, 53, 55, 72
Khalil, Sultão Mameluco 135, 230, 231, 232
Khila 64
Khurasan 36, 94
Kilij Arslan II, Sultão da Anatólia 111, 122, 150, 160
Kilij Arslan, Sultão da Anatólia 34, 35, 36, 37, 38, 39, 43, 70, 71, 72, 102, 111, 122, 150, 160
Kit Buqa, General mongol 210, 211, 212
  Curdos 210, 211, 212
Kutuz, Emir e Sultão Mameluco 207, 210, 211, 212

L

La Forbie, Batalha de – ver Harbiyya, Batalha de 202
Limassol 196
Luís IX, Rei da França 203, 217, 219, 220, 222, 229
Luís VII, Rei da França 115

M

Maarrat al-Numan 56, 57, 76
Malatya 9, 10, 35
Malikshah, Sultão Seljúcida 30, 31
Manbj 10, 80, 130
Manganela 136
Manuel, Imperador Bizantino 112, 120, 150, 151
Maraclea, fortaleza cruzada 224, 228
Margat, castelo cruzado 226, 228
Marj, ao-Suffar, Batalha de 81, 156, 158
Marj Ayyun, Batalha de 156, 158
Marqab, castelo cruzado 174, 246
Masyaf, castelo ismaelita 131
Mawdud, Comandante de Expedição do Sultão 74, 75
Meca 13, 153, 154, 160, 161, 170, 172, 193, 233
Melisende, Rainha de Jerusalém 93, 95
Mongke, Grande Khan Mongol 209, 210
Montfort, castelo cruzado 218, 222, 223
Montreal, castelo cruzado 172
Mossul 9, 10, 28, 29, 42, 50, 70, 72, 73, 74, 75, 80, 81, 85, 87, 88, 90, 96, 105,
    122, 123, 126, 128, 129, 130, 160, 161, 162, 163, 164, 176, 178, 181, 187,
    196, 209, 212, 246
Muhammad, Sultão Seljúcida 31, 74, 212
Muin al-Din, Emir Veterano de Damasco 100, 103, 104, 105, 107
Myriokephalon, Batalha de 150

N

Nablus 10, 11, 171, 198, 199, 200, 211
Nahr Zerka, "Rio de Crocodilos" 182
Nazaré 11, 171, 217
Nizam al-Mulk, Wazir
    África do Norte 28, 29, 30, 47, 238
Nusrat al-Din, irmão de Nur al-Din
    Império Otomano 111, 112

P

Pelúsio
    Cruzada Popular, destruição da 114
Pérsia
    Filipe 13, 24, 26, 27, 28, 29, 31, 33, 41, 146, 161, 209, 210, 220, 228, 235
Pisa, República Italiana 72, 117, 150, 194
Portugal 233

Q

Qubilai, Grande Khan Mongol 210

R

Raimundo, Conde de Saint Gilles 44, 59, 66, 70, 88, 89, 93, 96, 101, 103, 106, 129, 162, 163, 164, 165, 166, 168, 169
Raimundo de Antioquia 88, 93
Raimundo de Trípoli 89, 96, 129, 162, 164
Ramla, Batalhas de 11, 34, 58, 62, 63, 64, 65, 151, 184, 194
Reconquista
 Mar Vermelho 27, 114, 121, 160
Ricardo Coração de Leão, Rei da Inglaterra 140, 179, 180
Ridwan, Príncipe de Alepo 32, 45, 46, 47, 48, 50, 71, 72, 73, 74, 75, 76, 77, 87, 146
Rio Balkh, Batalha do 73
Roseta 132
Rum 90, 201

S

Safad, castelo cruzado 11, 156, 157, 174, 199, 200, 218, 219, 226
Saladino, Sultão da Síria e do Egito
 Turcos Seljucidas, Império e Sultanato de Rum 5, 7, 8, 19, 41, 61, 68, 77, 114, 116, 117, 118, 119, 120, 121, 122, 123, 125, 126, 127, 128, 129, 130, 131, 132, 133, 138, 139, 140, 141, 145, 147, 150, 151, 152, 153, 154, 155, 156, 157, 158, 159, 160, 161, 162, 163, 164, 165, 166, 167, 168, 169, 170, 171, 172, 173, 174, 175, 176, 177, 178, 179, 180, 181, 182, 183, 184, 185, 186, 187, 188, 189, 190, 191, 192, 196, 197, 218, 222, 225, 226, 235
São Simeon 50
Sarkhad, cidade fortaleza 10, 11, 100
Sarmada, Batalha de 79
Sayf al-Din, Príncipe de Mossul, irmão de Nur al-Din 96, 105, 130, 155
Segunda Cruzada 101, 105, 140, 144
Shajar al-Durr, Sultana do Egito 204, 206, 207
Shawar, Wazir do Egito 113, 114, 116, 117, 118
Shawbak, fortaleza cruzada 10, 11, 122, 165, 201
Shayzar 75, 90, 91, 110, 155, 178
Shirkuh, General de Nur al-Din, tio de Saladino 111, 112, 114, 115, 116, 117, 118, 127, 192
Sicília 25, 65, 132, 133, 222
Sinan, Grão Mestre dos assassinos ismaelitas 128, 131, 132, 185, 241
Sinjar, cidade fortaleza iraquiana 10, 129, 161, 162, 185, 187

Síria, mistura étnica e religiosa 5, 7, 10, 11, 13, 23, 24, 25, 26, 27, 28, 29, 30,
    31, 32, 33, 39, 40, 41, 42, 47, 48, 49, 50, 53, 57, 60, 62, 63, 65, 66, 67, 68,
    70, 72, 74, 75, 77, 78, 80, 82, 83, 85, 87, 88, 89, 90, 91, 96, 97, 100, 103,
    104, 106, 107, 109, 110, 113, 115, 116, 117, 120, 121, 122, 123, 124, 125,
    126, 127, 128, 129, 130, 131, 132, 134, 139, 142, 143, 146, 152, 153, 154,
    155, 156, 157, 158, 159, 160, 162, 172, 174, 176, 178, 179, 181, 182, 186,
    195, 199, 200, 201, 202, 203, 207, 210, 211, 212, 213, 214, 217, 218, 219,
    220, 221, 222, 223, 224, 225, 226, 229, 230, 233, 235
Siyasatnama, "Livro de Governo" 28, 238
Suez 12, 157

T

Tácito, Comandante Bizantino 45
Taj al-Muluk, irmão de Saladino 162
Taktika de Leão o Sábio 43, 78
Tal Danith, Batalha de 75
Tall al-Sultan, Batalha de 130
Tancredo da Galileia 73
Tapi al-Din Umar, sobrinho de Saladino 132, 150
Taqi al-Din, sobrinho de Saladino 155, 160, 161, 168, 169, 174, 175, 179, 192
Tarso
  Montes Taurus 40, 41, 90, 219, 225
Terceira Cruzada 58, 140, 163, 171, 179, 189, 192, 194
Tinnis 132, 133, 159
Tiro 10, 11, 34, 41, 66, 68, 69, 70, 72, 75, 80, 82, 83, 94, 104, 105, 107, 110,
    112, 121, 157, 171, 172, 173, 174, 175, 176, 178, 185, 218, 232
Toron 11, 117, 129, 155, 156, 171, 192, 199, 219
Tortosa 157, 174, 220, 224
Tours, Batalha de
  Comércio 38
Trípoli 10, 41, 56, 66, 69, 75, 76, 81, 88, 89, 90, 96, 129, 155, 162, 164, 172,
    173, 174, 178, 201, 219, 220, 222, 223, 226, 228, 229, 232, 233
Tughtigin, Atabeg de Damasco 68, 69, 70, 74, 75, 81, 83, 89
Turanshah, irmão mais velho de Saladino 119, 131, 154, 204, 205, 206
Turanshah, Príncipe Aiúbida do Egito 119, 131, 154, 204, 205, 206
Turbessel 95
Tutush, Sultão seljúcida 30, 31, 32

U

Usama Ibn-Munqidh, historiador 33, 75

V

Veneza, Venezianos
  Guilherme de Tiro, historiador 194

X

Xerigordos 34, 246

Y

Yaghi Siyan, Governador da Antioquia 40, 41, 42, 44, 45, 49
Yibneh, Batalha de 82

Z

Zengi, Atabeg de Mossul
  Dinastia Zengida 5, 87, 88, 89, 90, 91, 92, 93, 94, 95, 96, 97, 106, 113, 132, 135, 140, 154, 235, 246

Leitura Recomendada

Aikidô e a Esfera Dinâmica
Adele Westbrook e Oscar Ratti

O aikidô ("caminho do espírito da harmonia") tem sido frequentemente referido como a arte da luta entre cavalheiros.

Sua essência está, parcialmente, no estilo sofisticado e, particularmente, em suas motivações intrínsecas. *Aikidô e a Esfera Dinâmica* — uma introdução ilustrada com mais de 1.200 figuras — fornece um guia completo para a prática dessa distinta e eficaz arte, como método de autodefesa que pode ser usado contra qualquer modo de ataque e, em seus níveis mais altos, uma disciplina de coordenação, uma "forma" de harmonizar todos os poderes humanos vitais.

Dominando a Arte da Guerra
Comentários sobre o clássico de Sun Tzu

Liu Ji e Zhuge Liang — Coordenação de Thomas Cleary

A China, uma das civilizações mais antigas da Terra, já se preocupava com a luta da humanidade pela sobrevivência. Os filósofos chineses estudavam estratégias para enfrentar as constantes mudanças sociais que traziam instabilidade, manifestadas em conflitos de classes, intranquilidade social e, finalmente, em agressão armada.

A Arte da Guerra
Espiritualidade para o Conflito

Sun Tzu – Anotações de Thomas Huynh

Escrita há mais de 2.500 anos pelo general chinês Sun Tzu, *A Arte da Guerra* é um tratado poético e potente sobre estratégia militar ainda em uso nas escolas de guerra de todo o mundo. Mesmo assim, seus princípios transcendem a guerra e têm aplicações práticas em todos os conflitos e crises que encontramos em nossa vida, em nosso local de trabalho, em nossa família e até mesmo dentro de nós.

www.madras.com.br

MADRAS® Editora
CADASTRO/MALA DIRETA

Envie este cadastro preenchido e passará a receber informações dos nossos lançamentos, nas áreas que determinar.

Nome _____
RG _____ CPF _____
Endereço Residencial _____
Bairro _____ Cidade _____ Estado ____
CEP _____ Fone _____
E-mail _____
Sexo ❏ Fem. ❏ Masc.   Nascimento _____
Profissão _____ Escolaridade (Nível/Curso) _____

Você compra livros:
❏ livrarias   ❏ feiras   ❏ telefone   ❏ Sedex livro (reembolso postal mais rápido)
❏ outros: _____

Quais os tipos de literatura que você lê:
❏ Jurídicos   ❏ Pedagogia   ❏ Business   ❏ Romances/espíritas
❏ Esoterismo   ❏ Psicologia ❏ Saúde   ❏ Espíritas/doutrinas
❏ Bruxaria   ❏ Autoajuda   ❏ Maçonaria   ❏ Outros:

Qual a sua opinião a respeito desta obra? _____
_____

Indique amigos que gostariam de receber MALA DIRETA:
Nome _____
Endereço Residencial _____
Bairro _____ Cidade _____ CEP _____

Nome do livro adquirido: **Espadas Sacras**

Para receber catálogos, lista de preços e outras informações, escreva para:

MADRAS EDITORA LTDA.
Rua Paulo Gonçalves, 88 – Santana – 02403-020 – São Paulo/SP
Caixa Postal 12183 – CEP 02013-970 – SP
Tel.: (11) 2281-5555 – Fax.:(11) 2959-3090
www.madras.com.br

Este livro foi composto em Times New Roman, corpo 11,5/13.
Papel Couche 150g
Impressão e Acabamento
Neo Graf Ind Gráfica e Editora
Rua João Ranieri, 742 – Bonsucesso – Guarulhos
CEP 07177-120 – Tel/Fax: 3333 2474